HISTOIRE
DES CRIMES
DU 2 DÉCEMBRE,

par

V. SCHOELCHER,

Représentant du Peuple.

Édition considérablement augmentée.

TOME I.

Bruxelles,

CHEZ LES PRINCIPAUX LIBRAIRES.

1852

HISTOIRE

DES CRIMES

DU 2 DÉCEMBRE.

Il fallait, sous peine de défaite honteuse et de guerre civile, non pas seulement prévenir, mais épouvanter. En matière de coup d'état on ne discute pas, on frappe; on n'attend pas l'ennemi, on fond dessus; on broye ou l'on est broyé
P. Mayer.

L'histoire enregistrera ce scandale, que l'aristocratie des richesses s'est faite l'auxiliaire des pillards. Quand on a relevé les cadavres des émeutiers, qu'a-t-on trouvé en majorité ? Des malfaiteurs et des gants jaunes !
Granier Cassagnac.

Tout individu convaincu d'avoir fourni des secours en vivres ou en argent à un insurgé, ou de lui avoir donné asile, sera considéré comme complice de l'insurrection, et puni avec toute la rigueur des lois qui régissent l'état de siége.
Colonel Fririon.

On doit leur courir sus comme à des bêtes fauves.
Colonel Denoue.

HISTOIRE

DES CRIMES

DU 2 DÉCEMBRE,

PAR

V. SCHOELCHER,

Représentant du peuple.

ÉDITION CONSIDÉRABLEMENT AUGMENTÉE.

TOME PREMIER.

BRUXELLES,

CHEZ TOUS LES LIBRAIRES.

PRÉFACE.

L'opinion publique de l'Europe libre a déjà flétri l'attentat du 2 décembre, mais il ne lui a pas été donné d'en juger toute l'horreur. Après avoir tenté ce que nous avons pu, dans la mesure de nos forces, pour empêcher la consommation de ce crime épouvantable; vaincu, forcé de quitter la France, il nous reste un devoir, c'est de raconter par quelles fourberies, quelles corruptions, quelles violences et quelles cruautés la conjuration militaire a pu réussir, c'est de montrer comment les nouveaux Vandales ont usé de la victoire.

On ne sait rien de la vérité ; ils en ont étouffé les cris en confisquant toute presse indépendante. Nous avons au moins, sur la terre d'exil, la faculté d'écrire ; nous en profitons pour dire ce qu'ils ont fait.

Il ne faut pas que de pareilles monstruosités passent sans être révélées au monde. Nous voulons évoquer toutes les lumières de la morale et de la conscience universelle pour éclairer l'Europe et la France sur les mille maux sortis du 2 décembre. Nous voulons qu'après nous avoir lu, il n'y ait pas un homme « de bonne volonté » qui ne demeure convaincu que jamais usurpation ne s'accomplit par des moyens plus lâches, plus sanguinaires, plus odieux, que jamais conquérants plus cruels ne mirent le talon sur un peuple subjugué.

La terreur, sous le régime des sauveurs de la société, est telle que personne n'ose plus parler en France. Chacun redoute la prison ou la transportation. Aussi, malgré notre soin scrupuleux à ne produire que des faits irréfutables, il en est pour lesquels nous ne pouvons apporter le nom des témoins. Nous les publions sous notre autorité, nous en prenons toute la responsabilité.

Les décembriseurs ont accumulé sur la résistance qu'a rencontrée leur criminelle entreprise les plus noires calomnies. Républicain, socialiste, nous nous sommes attaché à venger les républicains, les socialistes des accusations de jacquerie portées contre eux. C'est en partie dans ce but que fut conçu le projet de notre ouvrage.

Ce livre est un livre de bonne foi. On y trouvera des faits authentiques, irrécusables, prouvés à la honte éternelle de nos diffamateurs.

Quelle que soit l'insuffisance de l'auteur, la voix toute-puissante de la vérité parlera, et « les méchants qui font trembler les bons » seront cloués au pilori de l'histoire.

En achevant cette première partie de la tâche que nous nous sommes imposée, nous sentons en nous le besoin de rendre hommage à la grandeur des institutions anglaises sur la liberté individuelle.

Expulsé de la Belgique uniquement à titre de proscrit, nous n'eussions pu faire ce livre sans la faculté dont jouit ici tout citoyen du monde de vivre en paix et d'y publier sa pensée.

Dans ces tristes jours où l'humanité rétrograde un moment, l'Angleterre, seule restée libre, accueille depuis l'esclave fugitif des États-Unis jusqu'au représentant du peuple français. Elle protége les hommes du devoir contre les persécutions de toutes les tyrannies, et elle le fait noblement, sans condition, sans demander où ils vont ni d'où ils viennent, sans leur appliquer d'autres lois que celles qui régissent ses propres enfants.

Nous voudrions que notre voix fût de celles que le monde écoute, pour témoigner, devant la postérité, du beau rôle que joue à cette heure la Grande-Bretagne devenue la terre d'asile des deux hémisphères.

Gloire et merci à vous, nation anglaise,

pour la généreuse hospitalité que vous accordez aux vaincus dans la lutte universelle de la démocratie contre l'absolutisme, de la lumière contre l'obscurité, de la liberté contre l'esclavage, du bien contre le mal!

V. SCHOELCHER,
Représentant du peuple.

Londres, 10 août 1852.

INTRODUCTION.

La marche de l'humanité dans la voie du progrès, bien que constante et continue à l'œil exercé du philosophe, paraît souvent tout autre au regard de l'observateur superficiel. Le mouvement n'est pas uniforme. A des enjambées gigantesques succèdent des temps d'arrêt, parfois même des temps rétrogrades.

Depuis les néfastes journées de décembre 1851, la France est entrée à reculons dans une de ces périodes fatales qui feraient douter du progrès même, si du point de vue culminant de l'histoire, les accidents passagers ne disparaissaient dans l'ensemble de l'évolution humanitaire.

Que la grande nation sorte bientôt de cette impasse pour reprendre son rang à la tête de la civilisation, c'est mieux que notre espoir, c'est notre foi. Puisse ce livre, en l'éclairant, contribuer à sa délivrance !

Nous peindrons les derniers événements tels qu'ils sont, dans le cynisme et pour ainsi dire dans la naïveté de leur dégradation. Noblesse des caractères, élévation du but, éclat des actes, ici tout fera défaut. Jusqu'à ce semblant d'héroïsme que prennent parfois les crimes d'État, et qui en déguise l'horreur, tout a été refusé à cette entreprise pécuniaire et politique, la plus triste qui ait jamais affligé les annales d'un grand peuple. L'histoire n'y verra qu'une œuvre de voleurs de nuit ramassant de l'or dans une mare de sang et de boue.

Oui, de l'or, du sang et de la boue, voilà tout le 2 décembre, dans son but et dans ses moyens.

A le décrire, on rougit plus encore qu'on ne s'indigne, et le principal sentiment à surmonter, c'est le dégoût.

Les serments les plus solennels violés, une Constitution déchirée, le pouvoir usurpé par un guet-apens nocturne, les représentants du peuple conduits en voitures de galériens, dans la cellule des escrocs ; les magistrats chassés de leurs sièges à la pointe des baïonnettes ; les défenseurs de la loi assassinés par des soldats trompés, égarés, gorgés d'eau-de-vie; la liberté individuelle plus méprisée qu'à Moscou ; Paris, la Rome moderne, aux mains des modernes Vandales; la France exploitée grossièrement par une tourbe de malappris; les torches de la guerre civile promenées dans quarante départements, au nom de l'ordre; les meilleurs citoyens déportés ou bannis par milliers ; les villes et les campagnes dépeuplées; les familles dépouillées ; puis, comme de raison, l'outrage aux martyrs, l'apologie aux bourreaux ! Voilà quelles séries de turpitudes l'historien est condamné à parcourir pour dresser l'acte d'accusation de la conspiration militaire du 2 décembre.

Et tout cela, le croira-t-on, à quelques années, à quelques jours de cette révolution de février, la plus généreuse, la plus pure qui ait éclairé le monde, de cette révolution qui n'exerça pas une vengeance, qui abolit la peine de mort, qui n'exila personne, qui n'emprisonna personne, et qui n'imposa rien à ses ennemis, rien qu'une leçon d'oubli et de clémence! Est-ce bien le même peuple? Quiconque n'a pas suivi de près la marche des événements de 1848 à 1852 comprendra difficilement que la France ait pu reculer ainsi, en un jour, de plus d'un siècle. Nous-même, nous aurions peine à nous expliquer la soudaineté de la catastrophe, si nous n'avions vu charger la mine longtemps avant l'explosion.

Au moment de commencer notre triste récit, un coup d'œil rétrospectif paraît donc indispensable pour l'intelligence de l'histoire. Les décembristes ne sont pas les seuls coupables, et la justice commande de faire à chacun sa part de responsabilité.

C'est une conjuration militaire qui a éclaté le 2 décembre, mais ce n'était pas la seule conspiration qui menaçât la république. Il y en avait trois. Celle que les démocrates redoutaient le moins l'a emporté en corrompant l'armée. Les autres attendent encore; et, il faut l'avouer, jusqu'à ce que la dernière espérance monarchique ait été balayée par le souffle de l'esprit républicain, jusqu'à ce que la bourgeoisie ait abandonné ses injustes préjugés contre la démocratie, la France restera ce qu'elle est depuis plus d'un siècle, ballottée entre les factions royalistes, déchirée par les intrigants, ou mise à l'enchère par des généraux vendus.

A ce triple complot légitimiste, orléaniste et impérialiste, ajoutez la connivence des principaux fonctionnaires, les peurs inoculées à la bourgeoisie, les soupçons follement jetés dans le cœur du peuple, l'impuissance enfin des républicains en minorité dans l'Assemblée, et tout s'expliquera.

Le mal assurément date de loin. Les ennemis

de la république, impuissants à l'emporter de vive force, se glissèrent dans son sein en l'acclamant dix-sept fois, le 4 mai 1848, lors de la mémorable séance d'installation de l'Assemblée constituante. Dès la première heure, ils envahirent les fonctions publiques afin d'être mieux placés pour battre en brèche les institutions nouvelles. Le premier coup porté fut la suppression brusque et violente des ateliers nationaux qu'il fallait dissoudre peu à peu, avec de grands ménagements, et remplacer par des entreprises sérieuses. Heureux d'exciter les ressentiments contre les hommes du 24 février, ils jetèrent ainsi, en pleine connaissance de cause, une masse d'ouvriers dans cette anxiété du lendemain, dans ce désespoir de la faim qui déterminèrent les fatales journées de juin. Sondez bien les mystères de la terrible insurrection, vous y verrez la main des royalistes, et surtout celle de l'échappé de Ham. La célèbre enquête Bauchard en a découvert assez de preuves saisissables, bien qu'elle ait été dirigée par nos plus dangereux ennemis. Nous aurons à dire, dans le cours de cet ouvrage, d'où sortait l'or qui paya les assassins du général Bréa.

Déguisé sous le nom de « parti de l'ordre, » la coalition s'organise puissamment après cette victoire. Elle établit son siége rue de Poitiers, d'où ses journaux et ses brochures, répandus à profusion, commencent et entretiennent, contre les républicains, cette guerre de mensonges qui vient aboutir à la grande fantasmagorie de la Jacquerie. Dans l'Assemblée constituante, les coalisés font échouer tous les projets qui peuvent populariser la république, et adoptent tous ceux qui peuvent lui nuire. Ils refusent le droit au travail, mais ils votent la transportation sans jugement et l'institution de la présidence.

Bifurquer le pouvoir, diviser pour affaiblir, donner à la souveraineté du peuple une double expression dans un président et une assemblée émanant tous deux d'une même origine, c'était créer, de propos délibéré, un sujet de conflits incessants. Nos ennemis le savaient bien. Malgré une opposition des plus vives, malgré une discussion prophétique en quelque sorte et dont le souvenir n'est pas perdu pour la France, ils déposèrent un germe de mort dans la Constitution de 1848.

Vint alors l'élection du président. Les royalistes n'eurent pas de candidat de leur couleur. Le vent de la révolution soufflait encore trop fort pour leur drapeau. Mais, exploitant un déplorable et funeste préjugé populaire, ils poussèrent au triomphe d'un homme qu'ils méprisaient, comptant se servir de son nom pour écraser plus facilement la démocratie. M. Louis Bonaparte fut élu, et l'on vit aussitôt les pèlerins de Wiesbaden et de Claremont se faire les ministres de la république démocratique !

Les républicains dit modérés, dont les votes donnèrent la majorité à la réaction, purent alors juger de l'immensité de leurs fautes. Ils gênaient tout autant que les rouges ; on résolut de se débarrasser des uns et des autres. Dans la presse rétrograde succède bientôt aux insultes contre les républicains l'insulte à l'Assemblée constituante. Une émeute de pétitions est organisée ensuite pour abréger son existence, le gouvernement y pousse ; l'Assemblée, première expression du suffrage universel, ne tarde pas à perdre son prestige, elle est obligée de céder et se dissout avant d'avoir complété la Constitution par le vote des lois organiques.

Avec elle disparut le plus solide rempart qui restât à la république depuis que les vainqueurs de juin avaient désaffectionné ses meilleurs défenseurs en désarmant le peuple.

Maîtresse du terrain, la réaction domine les nouvelles élections législatives.

Et, qu'on le remarque bien, il n'y a encore que deux camps en France. D'un côté, les républicains déjà débusqués de toutes les positions, leurs journaux frappés de cautionnements, saisis, chassés de la place publique ; leurs réunions fermées et leurs associations poursuivies. De l'autre, les factions monarchiques libres d'agir dans l'association de la rue de Poitiers, immense pandœmonium où venaient fermenter en se rapprochant toutes les haines amoncelées contre la démocratie. Là se coalisent, au nom de l'ordre, contre la liberté, valets de l'empire et chevaliers de l'émigration, *brigands de la Loire* et fuyards de Gand, assassins du duc d'Enghien et meurtriers du maréchal Ney, aventuriers de Boulogne et ministre de Louis-Philippe, preux de M. le comte de Chambord et geôliers de madame la duchesse de Berry, flétrisseurs et flétris, renégats de tous les autels, déserteurs de tous les drapeaux, traîtres de tous les régimes, parjures de tous les serments ! Que d'intrigues ! que de viles concessions réciproques ! La branche aînée et la branche cadette n'ont rien à refuser aux prétendants impérialistes qui font si bonne guerre aux socialistes; MM. Bonaparte et Persigny, à leur tour, se prêtent volontiers aux vœux des royalistes, et l'on vit jusqu'à l'ancien président de la chambre introuvable de 1815, M. Ravez, patroné par le gouvernement, ressusciter pour maudire encore une fois la révolution.

Les élections du 13 mai 1849 ainsi fabriquées par la rue de Poitiers, cinq cents monarchistes avérés s'installèrent au *Palais Bourbon*, comme ils dirent. C'était la contre-révolution !

Légitimistes et orléanistes devinrent aussitôt les conseillers de MM. Persigny et Bonaparte.

Les burgraves s'installèrent à l'Élysée. Entre les complices, dont les uns devaient plus tard encelluler les autres, un accord parfait régna tant qu'il n'y eut qu'à démolir pièce à pièce l'édifice de 1848. Expédition de Rome; assassinat d'un peuple; restauration d'un pape; proscription de trente représentants; rétablissement de l'impôt des boissons; lois contre la presse, contre le colportage, contre les réunions, contre les associations, contre l'instruction publique, contre la garde nationale; enfin, pour couronner cette œuvre détestable, mutilation du suffrage universel : tout se fit de concert en moins d'une année, de telle sorte que, déjà au 31 mai 1850, la république, privée de ses éléments essentiels, n'existait plus que de nom.

Du reste, en votant cette loi fatale du 31 mai, ses coupables auteurs ne savaient guère où elle les mènerait. Les royalistes si joyeux ne se doutaient pas qu'ils signaient leur propre condamnation, qu'ils creusaient entre l'Assemblée et le peuple un abîme où le peuple laisserait précipiter l'Assemblée. Le président n'imaginait pas non plus qu'il pourrait écraser la majorité sous le poids de leur crime commun avec ce mot qui fut magique : *Le suffrage universel est rétabli*.

Et pendant ce temps, la grande entreprise de calomnie contre les républicains poursuivait le cours de sa propagande empoisonnée. En vain les démocrates, les socialistes protestaient à la tribune ou par la voix de leurs journaux; en vain ils en appelaient à l'histoire des trente dernières années pour témoigner de la générosité de leurs doctrines, on criait toujours aux anarchistes, aux partageux, et les classes aisées se laissaient persuader que les classes laborieuses aspiraient à les dépouiller.

1852 arrivait; les habiles commencèrent à avoir peur les uns des autres. La coalition se rompit d'elle-même. Chaque faction reprit son drapeau et agit pour son propre compte.

Ce fut un lamentable et honteux spectacle. On mit le feu aux quatre coins de la France, toujours à propos d'ordre; et l'on se traita en plein parlement de *coquins*, toujours en s'intitulant le parti des hommes bien élevés et des honnêtes gens.

Quels honnêtes gens! L'élu du suffrage universel verse du vin de Champagne aux soldats de Satory, pour leur faire crier vive l'Empereur! les représentants du peuple s'en vont demander la consigne à leurs principicules de droite et de gauche, puis ils reviennent crier vive le Roi! à la même tribune où la veille ils votaient la république démocratique!

En menaçant la France de l'anarchie royale, les revenants de Wiesbaden et de Claremont servaient les projets élyséens. Le *neveu de l'Empe-*

reur livra sa première bataille le 12 octobre 1850 dans les plaines de Satory. Il eut peu de succès. Aussi s'empressa-t-il d'envoyer à l'Assemblée un message conciliant qui semblait jeter un voile sur le passé : « *Entendons-nous*, disait-il, *pour que ce ne soit jamais la violence qui décide des destinées de notre pays.* » Cela, signé de la main qui préparait les félonies et les massacres du 2 décembre !

Que pouvait la minorité? Que pouvaient 200 contre 500 ?.Rien. Toujours fidèles à la loi, à la Constitution et au droit, ils signalaient l'hypocrisie de ce langage; ils combattaient la majorité et ils attendaient 1852 avec confiance dans le succès de la lutte électorale ou de la résistance au coup d'État.

Cependant, l'embauchage de l'armée, les séductions de cantine, les cris inconstitutionnels, le renvoi des généraux suspects de fidélité à l'Assemblée, les ouvertures de corruption faites à d'autres, tout annonçait un troisième acte à la comédie de Strasbourg et de Boulogne. Hélas! à lui seul, celui-là devait être une horrible tragédie !...

Des législateurs souverains, animés du sentiment de leur devoir et forts du témoignage de leur propre conscience, n'eussent point hésité à traduire le coupable à la barre d'une haute cour de justice. Au lieu de cela, que fit la majorité?

Une petite guerre misérable, qui ne la déconsidéra pas moins aux yeux de la bourgeoisie qu'elle ne s'était déconsidérée précédemment à ceux du peuple. Elle s'en prend aux subalternes, elle chasse les Baroche et les Rouher de leurs bancs par un vote de méfiance. L'Élysée la met au régime, il lui envoie un ministère provisoire. Elle l'accepte. Puis il lui renvoie les mêmes Rouher et Baroche, et elle les accueille!! Était-il possible de servir mieux les intérêts de ceux qui voulaient l'amoindrir? Quand on subit de pareils affronts, on les mérite.

A partir de ce moment, l'Assemblée était perdue. Le président, enhardi, la menace du haut de la tribune des banquets et des inaugurations de chemins de fer; ses ministres la bravent, ses journaux la vilipendent, et la bourgeoisie qui la méprise, le peuple qui la déteste regardent ces avilissements avec dédain. Pour que le premier sergent de ville venu la prenne au collet sans que personne la défende, il suffira d'écrire sur ses portes insolemment fermées : *Le suffrage universel est rétabli.*

Nous nous trompons peut-être. Il restait encore une ancre de salut, la maîtresse ancre, la Constitution. Quoique faussée en maint endroit, la Constitution était encore assez forte pour résister. C'était donc le moment de s'y rattacher. O comble d'aveuglement! c'est celui que

l'on choisit pour la ruiner dans l'esprit public
Au mois de juillet 1851, à propos de révision, la majorité s'embarque, de gaieté de cœur, dans une discussion où chacun de ses orateurs s'efforce de mettre en lambeaux le pacte fondamental. Ce radeau de sauvetage, comme ils l'appellent eux-mêmes, c'est à qui le coulera bas. Insensés! les généraux vendus au crime sourient à vous entendre; vos discours montent jusqu'aux tribunes des gardes nationaux dont vous réclamerez bientôt le concours au nom de cette loi que vous bafouez. Et puis, ne voyez-vous pas, plus loin, le singe de Boulogne prêt à vous répéter, comme autrefois le traître du 18 brumaire : « La Constitution! mais vous l'avez violée le 12 juin, le 31 mai, à Rome, à Paris, partout. Il n'y a pas un de vos actes, pas une phrase de vos journaux, pas un de vos derniers discours qui n'aient insulté avant moi, plus que moi, à la majesté de la loi. »

Après cette habile campagne, l'Assemblée met deux ou trois départements de plus en état de siége et se proroge.

Au retour, elle apprend qu'un coup d'État préparé pendant son absence n'a reculé que devan les mesures bien prises de la présidence, occupée par le général Bedeau, et de son bureau. Elle commence, enfin, à croire qu'elle a trop fortifié les décembristes, et elle veut se défendre.

Les questeurs déposent une proposition tendant à confirmer un article de la Constitution (c'était mettre en doute la Constitution elle-même), et à faire revivre un ancien décret qui plaçait la force publique à la disposition non pas de l'Assemblée, mais du *président* de l'Assemblée : c'était demander protection seulement à l'armée.

En face d'une telle proposition, que devait faire la minorité dont l'appoint devenait nécessaire par suite des divisions de la majorité?

Il y avait un moyen sûr, infaillible, de réduire à néant toutes les machinations élyséennes, c'était de mettre confiance dans le peuple, c'était de parler au peuple dont la moindre intervention aurait fait rentrer tous les *coquins* sous terre ; c'était de le rattacher à la Constitution et à l'Assemblée, en lui rendant le suffrage universel. On le propose ; la majorité, y compris les questeurs eux-mêmes, refuse! On ne voulait donc recourir qu'aux baïonnettes seules. Pourquoi? N'était-ce pas pour s'en servir contre la République, quand on les aurait employées à réduire le président conspirateur? La Montagne ne pouvait en douter, surtout à voir les dispositions haineuses que l'on montrait toujours envers elle. Un de ses membres, M. Sartin, rouge plein de modération, digne de toute confiance, vinet se plaindre à la tribune, avec une convenance parfaite, de brutalités révoltantes dont il a été l'objet pendant la prorogation. Le sabre a été levé sur sa tête : c'est un avant-goût du sort qu'on réserve à tous. La majorité en prend-elle souci? Nullement ; elle rit aux éclats! Entre deux affirmations, celle d'un représentant du peuple, et celle d'un gendarme, la majorité des représentants du peuple déclare qu'elle croit le gendarme et passe à l'ordre du jour !

Arrive la discussion de la proposition des questeurs. Ils la développent, et l'un d'eux, le général Leflô, trouve le moyen d'insulter la révolution de février, cette révolution qui a fondé la République et dont il fait l'œuvre « de quelques hommes. » Un orateur de la minorité dit que c'est au peuple qu'il faut demander secours si l'on est en péril; que le peuple suffit à tout : le rapporteur déclare que le peuple, c'est l'*insurrection*, et que la proposition est dirigée autant contre lui que contre le pouvoir exécutif.

Les républicains ne pouvaient hésiter, ils votèrent en masse contre la proposition. Elle fut rejetée.

On a dit qu'ils donnèrent ainsi l'armée à l'assassin de Boulogne. Nous n'en croyons rien. Le rejet de la proposition des questeurs n'a pu revêtir la dissolution de l'Assemblée d'un caractère légal aux yeux de personne. L'armée a parfaitement su qu'en soutenant les décembriseurs elle violait la Constitution; les hommes les plus notables « du grand parti de l'ordre » le lui ont dit solennellement, et elle a répondu en les arrêtant comme de vils démagogues. Le 2 décembre est une conjuration militaire, ni plus ni moins, un coup de main de prétoriens renouvelé du Bas-Empire en plein dix-neuvième siècle. La corruption des généraux l'a commencé, la stupide et abrutissante doctrine de l'obéissance passive l'a consommé. Quelqu'eût été le vote du 17 novembre, les conspirateurs n'auraient pas moins commandé le crime, ils en avaient besoin; les officiers subalternes n'auraient pas moins répondu, comme ils l'ont fait : « Nous avons des ordres. » Le vote de la proposition ne les eût pas dégagés à leurs propres yeux de l'obéissance aux chefs dont on a fait pour l'armée un principe supérieur à la loi. Après tout, l'armée eût pu céder devant le peuple et la garde nationale, s'ils se fussent montrés comme en 1830 et en 1848; elle n'eût jamais obéi à une Assemblée méprisée.

Mais en supposant même que les troupes réunies à Paris ne fussent pas vendues par les traîtres qui en disposaient au nom de l'obéissance passive comme un cavalier dispose de son cheval; en supposant même que l'adoption de la proposition des questeurs eût réellement fixé les baïonnettes d'un côté plutôt que de l'autre, le vote de la démocratie ne devait pas moins être ce qu'il a été. La minorité se trouvait en face de deux ennemis également hostiles à la République, son devoir était de ne pas fortifier le plus redoutable. Si l'on mettait le peuple hors de cause; si l'on ne voulait pas laisser le suffrage universel, dans sa plénitude et son intégrité, décider de l'avenir; si toute la question se réduisait là : « A qui le canon? » pourquoi le donner à une Assemblée dont les tendances et le but ne se déguisaient plus, à une Assemblée qui l'aurait tourné contre la République avec une apparence de légalité, contre le rétablissement du droit de réunion et de la liberté de la presse qu'elle avait supprimés, contre la restauration du suffrage universel dont elle venait, à l'instant même, de maintenir la mutilation? Mieux valait, nous le croyons encore aujourd'hui, laisser cette force brutale et aveugle du canon au président, qui ne pouvait en user qu'en foulant aux pieds toutes les lois divines et humaines.

A vrai dire, d'ailleurs, nous ne pensions pas qu'elle se mettrait si aisément à ses ordres; nous supposions qu'il y avait plus d'honneur et de loyauté, moins de démoralisation et de cupidité dans l'état-major de l'armée française; nous n'imaginions pas que des personnages de l'espèce de MM. Persigny et Bonaparte y trouveraient jamais assez de traîtres pour une entreprise dont la criminalité n'était et ne pouvait être douteuse pour qui que ce fût au monde ; nous jugions le palais de l'Assemblée imprenable ; nous croyions que le prétendu *neveu de l'Empereur*, au lieu de devenir un triomphateur atroce, comme il l'a été à Paris, resterait un aventurier ridicule, comme il l'avait été à Strasbourg et à Boulogne.

Quant à nous personnellement, la question fût-elle encore à vider, nous voterions toujours de même. Nous sommes convaincus qu'en enlevant au successeur du traître du 18 brumaire, par le refus de la proposition des questeurs, jusqu'à l'apparence même d'un prétexte pour son coup d'État, qu'en le condamnant à faire du brigandage par la force brutale, le mensonge et l'assassinat, qu'en provoquant les plus nombreuses protestations armées qu'ait jamais rencontrées aucune usurpation, les représentants républicains ont rendu le bonapartisme impossible et préparé une voie sûre à la révolution prochaine.

Nous avons esquissé la situation telle que l'avait faite la majorité de l'Assemblée. Si nous avons été clair, on s'expliquera plus facilement l'incroyable succès du parjure du 2 décembre. Les intrigues des factions royalistes leur avaient aplani les voies ; elles avaient pratiqué, de complicité avec eux, les brèches par où ils sont entrés tout seuls.

La conjuration devait-elle rencontrer de plus grands obstacles dans la nation? Non. Depuis longtemps les menées et les infâmes calomnies de la réaction avaient jeté la France dans un état d'inquiétude fiévreuse. Ses deux grandes fractions, la bourgeoisie et le peuple, étaient profondément divisées. La bourgeoisie craignait le peuple. Le peuple, offensé de ces doutes, se méfiait de la bourgeoisie. De là leurs hésitations, de là leur inaction qui a donné la victoire au crime! La bourgeoisie a dit : « Oui, cet attentat est exécrable, mais, maintenant que l'on a commencé la guerre civile, cela ne peut plus finir que par une révolution, et une révolution, c'est l'avénement des brigands, des niveleurs, des partageux, des ennemis de la famille et de la propriété, des enfants de la guillotine!!! Attendons. » — Le peuple a dit de même dans un sens contraire : « Le dé est jeté; si le président est vaincu, c'est la dictature de la majorité parlementaire, c'est la toute-puissance des royalistes, des transporteurs, des intrigants, des égoïstes et des Trestaillons! Laissons faire. ». Et l'attentat n'a ainsi trouvé de résistance que dans les hommes les plus dévoués de la bourgeoisie et du peuple. Ils ont été vaincus par 120,000 soldats!

Que la leçon nous profite à tous : le peuple et la bourgeoisie doivent être unis. Alliés, ils résisteront sans peine à tous les usurpateurs et à toutes les armées. Ennemis, ils tomberont ensemble sous le sabre des prétoriens ou sous l'éteignoir des Jésuites.

Arrêtons-nous encore un instant au seuil de cette lamentable histoire, et que le lecteur recueille ses forces pour nous y suivre. Nous l'en prévenons, le cœur lui manquera plus d'une fois en route. Il éprouvera, comme nous, ces défaillances que cause le dégoût. Mais qu'une pensée consolante, toujours présente à ses yeux, le relève et le fortifie. Le 2 décembre est un accident, malheureux, funeste, mais ce n'est qu'un accident. La révolution n'est pas finie. Commencée il y a soixante ans, elle poursuit sa marche nécessaire à travers victoires et défaites ; elle accomplira son œuvre, la fondation de la République démocratique, le meilleur des gouvernements, parce qu'il est celui de tous, par tous et pour tous.

CHAPITRE I.

ARRESTATIONS PRÉVENTIVES.

§ I.

Lorsqu'un ambitieux accomplit une révolution avec audace, en plein soleil, grâce à la puissance d'un esprit supérieur, le crime de l'homme capable de préférer son élévation aux libertés de son pays reste toujours odieux, mais il se sauve en apparence par la grandeur des moyens. Que César passe le Rubicon, que Cromwell aille fermer de sa main la porte du parlement, on les déteste ; mais pour les mépriser on a besoin de se renfermer dans les régions supérieures de la morale absolue. Les conspirateurs du 2 décembre ne laissent pas aux hommes d'honneur cette sorte d'embarras ; pour eux, on a peine à les haïr, tant ils sont vils.

Forme et fond, tout répugne dans la manière dont ils ont dérobé le pouvoir, clandestinement, lâchement, la nuit, comme des bandits qui dévalisent un passant au coin d'un bois.

Une série de faits destinés à masquer le guet-apens des insurgés, témoigne qu'on y songeait, qu'on l'avait résolu, qu'on y travaillait depuis plus d'un jour. Les bruits qui en couraient ne provenaient pas seulement des ouvertures de corruption faites à des officiers supérieurs, ils étaient entretenus par certains actes du genre des revues de Satory, par des alertes habilement ménagées, pendant que les intimes niaient de leur côté tout projet inconstitutionnel. Si bien qu'à force d'entendre parler du coup d'État sans le voir se réaliser, l'opinion publique avait fini par passer du doute à l'incrédulité ; on tournait presque en ridicule les Cassandre qui faisaient la veillée et criaient sans cesse : Citoyens, prenez garde à vous !

Il fallait aussi que la population ne soupçonnât rien, le jour où l'on ferait sortir les soldats de leurs casernes à une heure indue pour les répandre dans la ville. A cet effet, il y eut, longtemps d'avance, une ou deux fois par semaine, des réunions militaires au Champ-de-Mars et des manœuvres avant le lever du soleil. On avait, de cette façon, habitué les voisins des casernes à des sorties extra-matinales de la troupe, et personne ne fut étonné de ses mouvements le 2 décembre.

Rien de tout cela n'eût servi, si l'on ne se fût pas assuré du concours de l'armée de Paris. On s'y prit, on dut s'y prendre longtemps à l'avance. Le complot date de loin. On donna des généraux gagnés à l'armée de Paris. Quoiqu'ils n'aient été que les serviteurs de l'Élysée et se soient vendus à beaux deniers comptants, la conjuration du 2 décembre est, à vrai dire, une conjuration militaire. Presque tous les officiers supérieurs de la garnison parisienne étaient complices.

Avec le déplorable principe de l'obéissance passive absolue, même à l'intérieur, on a l'armée quand on a ses chefs. On avait donc songé aux chefs. Mais ceux qui étaient en France avaient accepté le gouvernement établi; les plus illustres siégeaient à l'Assemblée nationale, et aucun ne se montrait d'humeur à servir d'instrument aux messieurs de Strasbourg et de Boulogne. On reconnut qu'il était impossible de compter sur l'état-major général tel qu'il se trouvait dans la métropole, et l'on résolut d'en aller chercher un plus facile en Afrique. C'est ce qu'un historien du 2 décembre, confident de l'Élysée, M. P. Mayer, s'est naïvement ou très-intentionnellement chargé de confesser. Nous ne pouvons mieux faire que de le citer, car nous

ne pourrions rien dire de plus formellement accusateur pour les coupables : « *Les tiraille-
« ments partis de l'Assemblée*, l'exemple de
« quelques généraux, les séductions de la
« presse... pouvaient *faire craindre* des hésita-
« tions, des SCRUPULES, de l'*opposition* au sein
« de l'état-major... Composé comme il l'était
« encore, l'état-major général n'offrait peut-être
« pas D'ASSEZ COMPLÈTES GARANTIES... LES GÉ-
« NÉRAUX SEULS ÉTAIENT A CRAINDRE. Car les
« plus âgés pouvaient manquer d'audace, et la
« grande majorité des plus jeunes figurait dans
« le parlement. Une idée *tout impériale* triom-
« pha de cette alternative, et M. de Persigny,
« cet ardent et infatigable chevalier du napo-
« léonisme, se voua avec enthousiasme à la réa-
« lisation *de ce mot de génie* négligemment jeté
« par le président, et dont l'expédition de Kaby-
« lie peut expliquer aujourd'hui la profondeur
« et la portée : *Si nous faisions des généraux ?*
    « La graine n'en manquait pas. Un des plus
« brillants officiers de notre cavalerie, le brave
« et sympathique commandant Fleury (aujour-
« d'hui colonel), fut chargé *d'apprécier les cou-
« rages, d'invoquer les dévouements*, DE CER-
« TIFIER LES ESPÉRANCES. Sa mission ne fut ni
« longue, ni pénible ; généraux de division ou
« de brigade, colonels, lieutenants-colonels, au-
« cun de ceux à qui son entraînante parole

« peignit les dangers du pays, n'avaient besoin
« d'être convaincu. Tous avaient *une égale hor-*
« *reur* DU PARLEMENTARISME *et du socialisme,*
« *qui dissolvent,* AVEC UNE ÉGALE RAPIDITÉ,
« *l'honneur militaire, la foi au drapeau et l'o-*
« *béissance aux consignes.* » « ... C'est ainsi
« *que les cadets devinrent les aînés,* et que le
« cadre de l'armée active s'habitua aux noms
« de Saint-Arnaud, de Cotte, Espinasse, Maru-
« laz, Rochefort, Feray, d'Allonville, Garda-
« rens de Boisse, de Lourmel, Herbillon, Du-
« lac, Forey, Courtigis, Canrobert et quelques
« autres [1]. » Ces quelques autres, qu'il est bon
de connaître, sont : MM. Carrelet, Levasseur,
Renaud, Korte, Reybell, Bourgon, Sauboul,
Tartas et Ripert.

Ainsi, nous n'avons pas à chercher les noms :
l'Élysée même se charge de les dénoncer, sans
doute pour les engager davantage encore. Nous
savons maintenant comment tous ces jeunes capitaines ont été successivement tirés du théâtre
de la grande guerre et amenés à Paris, pour faire
dans nos rues la guerre civile la plus déshonorante et la plus atroce qui fut jamais. Ce ne
sont pas même de ces grossiers soldats, si bien
pénétrés de l'esprit de discipline qu'ils tire-

---

[1] *Histoire du Deux Décembre*, par P. Mayer, pages 129, 131, 133.

raient sur leurs pères et mères si le ministre de la guerre ou le commandant le leur ordonnait : ce sont des habiles, venus précisément afin de cueillir les lauriers du boulevard Poissonnière et de prendre part au bénéfice de la terreur. La cupidité, l'ambition ne servirent pas seules à les entraîner ; l'envie est entrée pour beaucoup dans leur défection. Seconde couche des officiers supérieurs africains, après avoir brillamment commencé leur carrière, ils l'ont à jamais souillée par jalousie de la position politique des anciens.

Qu'ajouter au dire de M. P. Mayer? Nous affirmions que les généraux et colonels du 2 décembre avaient été corrompus ; où en trouver une preuve plus éclatante que dans le propre aveu des corrupteurs ? Nous le constatons bien, on est allé en Afrique « assurer *aux cadets la place des aînés* et *leur certifier des espérances* » en exploitant « leur horreur du *parlementarisme,* » c'est-à-dire, leurs sentiments d'envie contre les aînés qui étaient à l'Assemblée nationale.

L'Europe le voit-elle assez clairement ? L'insurrection du 2 décembre n'a trouvé ses moteurs que dans les plus mauvaises passions du cœur humain.

Donc, l'état-major, c'est aussi M. P. Mayer qui le dit, « ne comptait plus que des généraux » décidés à passer le Rubicon ou à mourir. »

Ce n'était pas encore assez : on chercha tous les régiments qui s'étaient trouvés, à diverses époques, en collision avec le peuple, et on les rassembla à Paris ; c'est ainsi, par exemple, que le 14e de ligne, celui dont un bataillon se trouvait à l'affaire du boulevard des Capucines, était maintenu dans la capitale depuis 1849. On comptait entraîner plus facilement ces régiments à toutes les violences qu'on voudrait leur demander.

Les hommes du passé, y compris M. le général Changarnier, la première victime de la conjuration militaire des généraux, avaient pris soin d'animer l'armée entière contre la population. Ils lui répétaient sans cesse que l'uniforme avait été déshonoré en février 1848 et qu'un baptême de sang était nécessaire pour lui rendre son premier lustre. Ils lui faisaient croire qu'elle avait été vaincue, parce que, très-volontairement, elle n'avait pas voulu soulever une guerre civile en tournant ses baïonnettes contre la population. Le 2 décembre, dans son placard aux soldats, M. Bonaparte ne manqua pas d'exploiter ces éléments de haine ; il leur dit avec une noire perfidie : « En 1830 comme en 1848 on vous a
« *traités en vaincus.* Après avoir flétri votre dés-
« intéressement héroïque, on a dédaigné de
« consulter vos sympathies et vos vœux, et ce-
« pendant vous êtes *l'élite de la nation.* » Que

l'on juge de l'effet d'aussi perpétuelles excitations sur l'esprit des soldats !

Tous les moyens de compression militaire étaient fortement organisés. Dix ou douze jours avant l'attentat, le colonel d'un régiment (et il est probable que même chose eut lieu partout) réunit ses officiers pour leur lire les instructions, en cas de combat, laissées par les différents généraux en chef qui s'étaient succédé : MM. Changarnier, Baraguay d'Hilliers et Magnan. » Au premier signal, tous les hommes devaient être conduits rapidement au lieu désigné d'avance pour le régiment, les officiers ralliant les retardataires et ne laissant dans les casernes que les cantinières et les élèves musiciens. Les cuisiniers mêmes, ce qui n'arrive pas d'ordinaire, étaient tenus de suivre. Les troupes, campées dans les baraques du quai de l'Archevêché et des Invalides, avaient ordre de tout abandonner. Les officiers étaient chargés de parcourir, en bourgeois, les terrains assignés à leur régiment, afin d'étudier les moyens de communication, de défense, etc. Une fois sur le terrain, on devait placer des sentinelles pour empêcher qui que ce fût d'approcher de la troupe à plus de cinquante pas. De fortes patrouilles devaient parcourir incessamment les environs et disperser tout *rassemblement* PAR LA FORCE ET SANS SOMMATION. S'il était permis d'user de quelques ménagements envers les *citoyens inoffensifs*, il fallait être sans pitié pour les *ennemis de l'ordre* et s'emparer, sans formalités, des maisons dont l'occupation deviendrait nécessaire pour les opérations militaires. »

Le cahier contenant ces instructions, confié aux officiers supérieurs, fut simplement lu aux autres officiers. Ceux-ci, pour la plupart, traitèrent cela de précautions superflues ; les autres prirent la chose au sérieux et firent du zèle. Quelques-uns furent choisis pour faire un rapport sur l'attaque et la défense de certains points. On voit que les mesures étaient bien prises.

Tout étant ainsi préparé, les principaux conspirateurs, MM. Persigny, Maupas, Bonaparte, Saint-Arnaud et Morny procédèrent à la perpétration du crime dans la nuit du 2 décembre. C'est M. Maupas qui, à titre de préfet de police, en eut la part la plus laborieuse. On avait résolu d'arrêter préventivement seize représentants du peuple et soixante et dix-huit citoyens dont on redoutait l'influence sur le peuple ou sur l'armée. Dans ce but, les officiers de paix, qui sont les lieutenants des commissaires de police et qui commandent à un certain nombre d'agents, eurent ordre de prévenir leur personnel et de se réunir à cinq heures du matin chez leurs commissaires respectifs. Les sergents de ville furent de leur côté consignés à la préfecture à onze heures du soir. La veille, pour justifier ces préliminaires, on répandit le bruit dans le monde de la rue de Jérusalem qu'il s'agissait de faire une grande razzia de réfugiés étrangers et de proscrits français revenus de Londres. Enfin, ceux des commissaires de police que l'on voulait employer furent appelés à la préfecture à minuit et introduits successivement un à un dans le cabinet de M. Maupas, qui leur confia les projets du gouvernement et le rôle qu'ils avaient à y jouer. Presque tous ces hommes avaient été choisis de longue main parmi les bonapartistes ; si bien que pas un ne refusa d'entrer dans le complot, que pas un seul n'eut assez d'honneur, de patriotisme et de respect de la loi, sinon pour révéler les criminels desseins dont il recevait l'ouverture, du moins pour ne pas s'y associer. Nous ignorons quelle somme leur a été donnée à chacun. M. Maupas leur remit des mandats d'arrêt préparés à l'avance, tous uniformément motivés sur l'accusation « de complot contre la sûreté de l'État et de détention d'armes de guerre. »

L'historiographe M. Mayer a de grandes admirations pour M. Maupas signant ces mandats d'arrêt. « Il lui fallait surtout, dit il, cette chaleur de cœur, cet enthousiasme de dévouement dont la jeunesse ne fait qu'exciter les élans. Quelle responsabilité de signer de son nom, sans hésitation aucune, et en temps de paix, l'ordre d'arrêter des généraux et des représentants que l'on considérait comme les gloires militaires et parlementaires de la France !* » Tout ce qui ajoute à l'énormité du crime, le panégyriste le fait ressortir lui-même pour en parer son héros ! De même que certains individus exceptionnels sont privés de la sensibilité physique, ces gens-là sont privés, eux, du sens moral. On serait presque tenté de les absoudre comme on absout les fous homicides.

Quant au complot imaginaire, il ne servit pas seulement, si l'on peut dire, de maintien plus ou moins décent aux mandats d'arrêt, on en fit courir la rumeur dans les casernes, où l'on disait, le matin du 2 décembre, que le président avait failli être assassiné par le général Changarnier ! Quels honnêtes gens que les bonapartistes !

Les commissaires de police quittèrent leur chef à cinq heures du matin. Chacun d'eux alla prendre chez lui ses autres agents et remplir sa mission. Ils étaient accompagnés de sergents de ville qui, habituellement chargés de la police de l'Assemblée, connaissaient bien de vue les représentants.

§ II.

Les mandats d'arrêt comprenaient : MM. Beaune, Baze, le général Bedeau, le général Cavaignac, le colonel Charras, le capitaine Chollat, Greppo, Lagrange, le général Lamoricière, le général Leflô, Miot, Nadaud, Roger (du Nord), Thiers et le lieutenant Valentin. Les agents de police n'ignoraient pas qu'il s'agissait d'attenter à l'inviolabilité des représentants du peuple, et cependant ils obéirent tous. Que l'on juge par là du degré de démoralisation où est tombée cette classe d'employés de la police.

Nous ne connaissons pas les particularités de toutes les arrestations, mais pour celles dont nous avons eu connaissance, nous pouvons dire que le récit qu'en ont fait MM. Mayer et Granier Cassagnac est souvent d'une fausseté poussée jusqu'à l'infamie. A qui, des historiographes de l'Élysée ou des commissaires de police en revient la honte? Sans doute aux uns et aux autres. Pour de tels caractères, rien n'est sacré. Comme les païens, ils polluent leurs victimes. Nous voulons rétablir la vérité. C'est M. Greppo qu'ils ont le plus lâchement insulté, c'est de lui que nous parlerons le premier; nous avons hâte de démentir l'attitude dégoûtante que les exécuteurs lui ont prêtée.

Le commissaire de police M. Gronfier, accompagné de six agents, dont l'un portait une lanterne sourde et un autre un merlin, sonne chez M. Greppo; celui-ci va ouvrir sans défiance: à peine avait-il donné le dernier tour de clef, que la porte est poussée vivement, cinq ou six alguazils s'élancent sur lui et le renversent par terre en même temps que le commissaire de police lui dit : « Au nom de la loi, je vous arrête ; n'essayez pas de résister, nous sommes en force ; toute tentative de défense serait inutile. » On laissa M. Greppo se relever. Il vit bien à qui il avait affaire et défendit aux agents d'entrer dans sa chambre avant que madame Greppo fût habillée. Ils s'arrêtèrent deux ou trois minutes à peine, et se mirent à visiter l'appartement. Cette perquisition eut pour résultat la découverte d'une hache marine, trouvée sur une bibliothèque et non sous l'oreiller de M. Greppo ; d'un pistolet de poche et de deux poignards, qui étaient dans un tiroir et non pas encore sous cet oreiller dont les *graziosi* de la compagnie du 2 décembre trouvent plaisant de faire un arsenal. Quant au « superbe bonnet rouge, » dont ils ont parlé, c'était tout simplement une de ces toques de drap rouge que portent tous les habitants des Hautes-Alpes et de la Catalogne.

Lorsqu'on eut bien fouillé partout, on mena M. Greppo à Mazas, où, malgré son prétendu état d'accablement, il refusa de signer le procès-verbal d'écrou, et protesta de nouveau contre l'illégalité de son incarcération.

M. Nadaud arrivait au moment même où l'on entraînait M. Greppo vers les cellules. Il nous a raconté qu'ils s'étaient donné une poignée de main et que M. Greppo lui avait parlé avec beaucoup de sang-froid. « Quand, plus tard, à Sainte-Pélagie, ajouta le citoyen Nadaud, j'ai lu une brochure dans laquelle M. Granier-Cassagnac cherche perfidement à faire planer sur notre brave ami le soupçon de lâcheté, je fus d'autant plus indigné de cette infâme calomnie, que j'avais pu le voir de près. Greppo était alors calme et mélancolique comme il l'est d'habitude. »

Pourquoi M. Bonaparte épargnerait-il l'insulte à M. Greppo, qui n'est que le plus habile ouvrier en velours de l'Europe, quand il cherche à ravaler même ceux de ses anciens amis, qui ont un nom célèbre sur la scène du monde ? Ainsi, à en croire ses historiens, « le courage de
« M. Thiers ne s'est pas élevé au-dessus de la
« fermeté de M. Greppo. L'assurance que lui
« donna M. Hubault aîné, le commissaire de po-
« lice, qu'on n'en voulait point à ses jours, sem-
« blait nécessaire, car il était atterré [1]. *C'est sur*
« *sa demande expresse* qu'un agent de l'auto-
« rité l'a conduit à la frontière, et pendant les
« premiers moments de la route il versa d'abon-
« dantes larmes [2]. »

Les écrivains de l'Élysée ont été plus odieux

---

[1] *Récit complet, etc.*, par Granier-Cassagnac, page 22;
[2] Idem, page 24.

encore envers le général Changarnier, tout en affichant pour lui les plus grands égards. L'un et l'autre lui font dire que « M. Maupas est un « homme bien né, bien élevé ! » au moment où M. Maupas le fait enlever de chez lui par des mouchards; l'un et l'autre vont plus loin, ils lui mettent ces mots dans la bouche : « Si jamais « le président a la guerre avec l'étranger, il sera « peut-être content de me trouver pour me con- « fier le commandement d'une armée ; » à quoi le commissaire de police, M. Lerat, qui, à ce qu'il semble, est en relation directe avec M. Bonaparte, aurait répondu : « Je suis heureux, gé- « néral, de voir que vous appréciez si bien le « cœur du président, et j'essayerai de lui trans- « mettre vos paroles. » Quel goût! le général Changarnier affirmant la réussite du crime, et offrant son épée au criminel à l'heure même où celui-ci l'enferme dans une cellule de Mazas ! Il n'y a que de pareilles gens pour inventer de pareilles choses.

Quant au général Cavaignac, après « s'être « emporté en injures, en exclamations de caser- « ne, » il serait devenu merveilleusement calme, et se serait regardé comme si bien pris, « qu'il « *offrit et donna sa parole* au commissaire de « police, M. Colin, lui demandant comme grâ- « ce unique de se rendre à destination avec lui « seul ! » Pour M. Lagrange, il aurait murmuré plusieurs fois dans le trajet de son domicile à Mazas : « Le coup est hardi, mais c'est très bien « joué ; » et, rencontrant au greffe de la prison M. Lamoricière, il lui aurait dit : « Eh bien, gé- « néral, nous voulions le f.... dedans, mais c'est « lui qui nous y met. » M. Roger (du Nord), se méprisant davantage encore lui-même, aurait gaiement ordonné à ses domestiques de présenter du vin de Xérès et des biscuits aux policiers qui insultaient en sa personne la majesté des lois, et se serait écrié : « Ma foi, j'aime encore « mieux cela que le rôle stupide que nous jouions « à la Chambre. Napoléon va réussir, c'est in- « contestable, mais gare à l'avenir! Enfin, il a « été plus adroit que nous. »

Nous rougissons en transcrivant tous ces propos indignes, impossibles, qui n'ont pas été tenus, qui ne peuvent l'avoir été ; mais il était nécessaire de montrer à quels ennemis nous avons affaire ; il était utile, pour l'édification du monde civilisé, de montrer que les hommes de décembre poussent la perversité jusqu'à tenter de déshonorer leurs victimes.

Contre ceux-mêmes pour lequels ils affectent hypocritement le plus de respect, ils avaient lancés des sbires si grossiers, des ordres si brutaux, que ces hommes, considérables à leurs propres yeux, n'ont pas échappé aux plus intolérables outrages. Un M. Blanchet, chargé d'appréhender au corps le général Lamoricière, ose lui promettre d'avoir « des ménagements, s'il veut lui « donner sa parole de ne pas chercher à « fuir. » Le général répond naturellement qu'on ne donne point sa parole à pareille engeance ; et il ne se trompait pas dans son mépris. On va en juger. Placé dans un fiacre avec trois agents de police armés, il se pencha vers la portière au moment où l'on passait devant le poste de la Légion d'honneur. Le commissaire de police crut qu'il voulait haranguer la troupe. Il sortit aussitôt UN BAILLON de sa poche et LE LUI MONTRA, en disant : « Gé-« néral, *si vous dites un mot*, JE VOUS BAILLON-« NE. » — Voici la version de M. Granier-Cassagnac : «.... Le commissaire ne lui laissa pas le « temps de proférer une parole, et lui fit obser-« ver *qu'il se verrait forcé de le traiter avec* « *rigueur*, s'il faisait une nouvelle tentative. » Le général répondit : « Faites de moi ce que vous « voudrez. »

M. Granier-Cassagnac est toujours beaucoup plus haineux, plus cynique que l'autre historiographe des mitrailleurs ; il n'y a pas chez lui l'ombre d'un sentiment humain. Eh bien, ce que lui-même n'a pas osé rapporter, MM. Bonaparte, Saint-Arnaud et Maupas, après l'avoir ordonné, avaient découvert un homme pour l'exécuter. Il est positif que M. Blanchet a menacé M. Lamoricière de lui mettre un bâillon ! ! ! Nous tenons la chose de source certaine. Il y un monde entre les opinions de M. Lamoricière et les nôtres, mais nous n'en éprouvons pas moins d'indignation à l'idée de le sentir ainsi exposé à de pareils outrages. N'aurait-il pas fait beau voir le général Lamoricière aux prises, dans un fiacre, avec trois agents de police lui mettant de force un morceau de bois dans la bouche ! ! !

Les choses n'en vinrent pas là avec le général Bedeau ; mais il a entendu un des hommes de la rue de Jérusalem, M. Hubault jeune, « *lui or-* « *donner* de se lever, lui dire *qu'il fallait* qu'il « se soumît sans violence, ou qu'autrement on « *emploierait les moyens extrêmes* [1]; » il a senti sur lui la main de la police !...

Oui, une douzaine de mouchards ont traîné M. Bedeau le général, M. Bedeau l'un des premiers capitaines de la France moderne, M. Bedeau le vice-président de l'Assemblée nationale, M. Bedeau le blessé de l'ordre en juin 1848, une douzaine de mouchards l'ont traîné par le collet, du haut en bas de ses escaliers ; ils l'ont rudement jeté dans un fiacre, encellulé à Mazas, par ordre de MM. Saint-Arnaud et Bonaparte ; et cela parce que MM. Saint-Arnaud et Bonaparte étaient sûrs que M. Bedeau les empêcherait de sauver la société européenne de la Jacquerie qui la menaçait !

---

[1] *Récit, etc.*, par Granier-Cassagnac.

Nous avons eu occasion, dans une réunion à Bruxelles, d'entendre le général raconter cet épisode essentiellement décembriste; chacun le questionnait avec avidité, et il fut insensiblement amené à entrer dans des détails circonstanciés que nous avons recueillis. Nous croyons devoir les donner; ils sont curieux ; on y voit ce que furent ces exécutions nocturnes ; ils rendent à son véritable rôle M. Hubault jeune, qui n'a toujours été que le digne agent de l'Élyse, et non pas un fonctionnaire poli, comme les récits officiels le représentent ; enfin ils replacent dans son vrai jour M. Bedeau, homme de cœur, logique, remarquablement intelligent, doué d'une qualité rare partout, mais surtout chez les militaires, la fermeté de caractère qui pousse les choses jusqu'au bout.

On savait le général bien instruit, et sa conduite pendant la prorogation avait indiqué qu'on n'aurait pas bon marché de lui. Aussi était-il surveillé de près depuis huit ou dix jours. Il fut tenté d'en demander compte à la tribune, mais il s'arrêta devant la crainte des dénégations effrontées du pouvoir. Le lundi soir 1er décembre, en rentrant, il aperçut encore l'espion que l'on avait attaché à ses pas. Impatienté, il l'aborda en lui disant: « Vous faites un sale métier, et vous le faites bêtement ; je vous revois trop souvent. » L'espion s'excusa avec humilité et s'éloigna. Le général espérait autre chose ; il comptait sur quelque débat qui eût amené cet homme devant un magistrat où sa qualité d'agent de police aurait été constatée.

Lorsqu'on sonna chez lui, à six heures, le domestique qui alla ouvrir crut reconnaitre dans le commissaire de police M. Valette, secrétaire de la présidence de l'Assemblée, et se dirigea vers la chambre à coucher en annonçant M. Valette. Le commissaire se précipita sur ses pas avec cinq ou six agents, pénétra jusqu'au lit du général à peine éveillé, et lui dit brusquement : « Je suis commissaire de police, je viens vous arrêter. — J'en doute. Vous ignorez peut-être que je suis représentant du peuple ; la loi me couvre ; vous ne pouvez, vous ne devez pas m'arrêter : ce serait un crime. — Je sais qui vous êtes, mais j'ai un mandat, et je ne sais pas s'il n'y a pas flagrant délit. — Oui, flagrant délit de sommeil. D'ailleurs, qui êtes-vous ? — Je suis Hubault jeune, commissaire de police. — Je connais ce nom ; mais si vous êtes magistrat, vous l'êtes pour faire respecter la loi, non pour la violer. Attenter à ma personne serait ouvrir le droit d'insurrection. — Mon devoir est de vous donner lecture de mon mandat. » Et M. Hubault jeune lut le mandat signé Maupas. Le général avait cru d'abord au coup d'état, mais quand il se vit accusé de complot par M. Maupas dont il connaissait les hauts faits à Toulouse, il soupçonna simplement une trahison. Il lui vint sans doute immédiatement à la pensée que l'honnête préfet de police pourrait bien introduire quelques pièces fausses dans ses papiers, du moins se prit-il à dire: « Vous me parlez de complot, de dépôt d'armes de guerre. La signature de ce mandat m'inspire assez d'inquiétudes pour que je vous demande de mettre mes papiers sous scellés. » Le commissaire de police, qui ne se souciait guère de l'honneur de son patron, se contenta de répondre : « Je n'ai mission de rien mettre sous scellés; levez-vous seulement sans faire de résistance ; je suis en force. — Si je voulais résister, répliqua dédaigneusement M. Bedeau, je sais jouer ma vie, et la vôtre ne serait plus à vous. Faites sortir ce monde, je vais m'habiller. »

Le général mit avec intention une lenteur excessive à s'habiller. Toujours de sang-froid, il voulait gagner du temps, et arriver jusqu'au jour ; il comptait qu'alors la population de son quartier, éveillée et apprenant ce qui se passait, pourrait se soulever et le délivrer. Quand il fut enfin vêtu, il s'adossa, parfaitement calme, contre sa cheminée, et dit au commissaire de police : « Je vous ai dit quel est le privilége qui me couvre; j'ai essayé de vous faire reculer devant l'attentat que vous commettez; vous serez condamné d'aller jusqu'au bout. Vous pouvez faire entrer votre monde si vous voulez ; moi, je ne sortirai d'ici que par la violence. » M. Hubault jeune n'hésita pas, il appella rudement ses hommes, et leur commanda de saisir le vice-président de l'Assemblée nationale. Ils s'arrêtèrent un instant : « Général, s'écrièrent-ils, nous sommes d'anciens soldats, allons-nous donc porter la main sur vous ? — Faites, si vous l'osez, arrachez-moi d'ici comme un malfaiteur. » Le général eut là un moment l'espoir de voir triompher le droit qu'il défendait si énergiquement. Mais on perd tout sens moral dans l'antre de la rue de Jérusalem ; les souvenirs de l'honneur militaire, la conscience de la loi profanée s'évanouirent bientôt. Ces hommes se ruèrent sur le général, à l'imitation de M. Hubault jeune. Ils le prirent par les bras et le collet, et le traînèrent hors de chez lui malgré la plus vive résistance. Arrivé devant la porte de la maison, rue de l'Université, 50, le général, apercevant quelques passants, les appela aux armes d'une voix haute et forte, criant à la trahison, et disant qui il était. Déjà plusieurs personnes s'assemblaient, mais aussitôt une nuée de sergents de ville qui faisaient le guet débouchèrent de la rue du Bac, l'épée à la main. Ils entourèrent le fiacre où l'on jetait de force le général, et la voiture partit au grand galop, chargée de sergents de ville devant, dedans et derrière.

Arrivé à Mazas, le général apostropha encore un peloton de gardes républicains qui étaient dans la cour. « Voilà des braves soldats qui doivent être bien étonnés de voir un de leurs généraux amené ici comme un voleur. » Mais ils étaient tous sous l'empire de cette doctrine de l'obéissance passive qui transforme les militaires en automates : ils ne semblèrent pas l'entendre.

Telles ont été les circonstances de l'arrestation du général Bedeau. Peu s'en est fallu qu'il n'échappât à Mazas ; et que serait-il arrivé, si un homme comme lui s'était présenté en uniforme devant une des brigades de l'armée de Paris ! C'est cependant pour une conduite aussi ferme, aussi rationnelle, aussi vigoureuse, que le moins hargneux des panégyristes du crime n'a pas trouvé d'autre appréciation que celle-ci : « Ce fut un *lamentable spectacle* que de voir et
« d'entendre ce vieux soldat disputer sa liberté
« avec des arguments parlementaires, se justi-
« fier, menacer, plaider son droit, et invoquer
« sa dignité de vice-président de l'Assem-
« blée ! »

Qu'y a-t-il sous les paroles de l'Élysée ? On y respire une odeur de sang. L'assassinat, en cas de résistance, avait, dans le drame, son rôle prémédité. Il faut qu'on le sache, les commissaires de police et leurs agents étaient tous armés de haches, pistolets, épées, maillets, etc. Et les vaillants de l'Élysée font reproche au général Bedeau « de ne s'être défendu que par des argu- « ments parlementaires ! » Ils font grief à de tels hommes de n'avoir pas joué leur vie contre celle de quelques misérables mouchards !

Nos amis, le colonel Charras et le lieutenant Valentin, avaient pensé à faire ce sacrifice pour sauvegarder, jusqu'à la mort, le principe de la liberté individuelle ; mais nous ne sommes pas, nous l'avouons, assez héroïquement trempés pour ne pas nous réjouir qu'ils en aient été empêchés. Disons de quelle manière :

On va voir encore comment les amis de l'ordre font de l'ordre. Ils se présentèrent chez le colonel Charras à six heures du matin, au nombre de trente ou de quarante au moins. La porte cochère à peine ouverte, ils pénètrent dans la loge du portier, qu'ils gardent à vue, ainsi que sa femme, *les menaçant de les tuer s'ils bougent*; ils montent silencieusement l'escalier, où ils s'éclairent au moyen de petites bougies, et ils sonnent chez le colonel. Celui-ci, sortant du lit, vient et demande : « Qui est là ? — Le commissaire de police du 1er arrondissement. — Je suis représentant du peuple, mon domicile est inviolable. Je n'ai rien à faire avec vous, je n'ouvre pas. — Allons, messieurs, à l'ouvrage. » Et immédiatement des coups de hache viennent ébran-

ler la porte. Peu de minutes de ce travail de voleurs avec effraction suffirent à faire sauter une partie de la porte. » C'est assez, crie le colonel, j'ai constaté la violence, je vais ouvrir. » Il ouvre en effet, et se trouve entouré de quinze ou vingt agents, autant que la pièce pouvait en contenir ; le reste demeure sur l'escalier. « Colonel, dit le commissaire de police, nommé Courteille, je suis porteur d'un mandat d'arrêt contre vous.
— Allons donc, vous savez bien que je suis représentant du peuple, inviolable autrement que pour un cas de flagrant délit ; si vous m'arrêtez, vous deviendrez l'agent d'un crime. Prenez garde, vous vous rappellerez ce que vous faites.
— Mais j'ai un mandat, je suis forcé de vous en donner lecture ; vous êtes accusé de complot.
— C'est bien, dit le colonel en haussant les épaules : voilà le coup d'État ; mes prévisions ne sont pas trompées. » La scène n'était encore éclairée que par les petits bouts de bougies des argousins de M. Maupas ; cependant, M. Charras put très bien distinguer qu'il étaient tous armés sous leurs redingotes. L'un d'eux, notamment, qui le serrait de plus près, laissait voir des crosses de pistolets sortant de la poche de son pantalon. Il est donc certain que les honnêtes gens se réservaient, le cas échéant, d'assassiner M. Charras. Irrité de voir ces viles figures autour de lui, il s'écria, avec sa vivacité

habituelle : « Voyons, commissaire, est-ce que vous ne pouvez pas laisser tous ces gredins-là dans l'antichambre? » Sur quoi M. Courteille pénétra, avec deux agents seulement, jusqu'à la chambre à coucher. A peine entré, il se précipita sur un pistolet double qu'il aperçut. « Oh! n'ayez pas peur, dit le colonel, il n'est pas chargé. Mais tenez, vous pouvez le rendre au général Renaud. C'est lui qui me l'a donné à Mascara, et je suis sûr qu'il est à cheval pour aider à l'accomplissement du crime. » Dans la pensée de M. Charras, le général Renaud devait être un des instruments du complot; à défaut d'ambition et de cupidité, sa dose d'intelligence en faisait une proie facile pour les parjures. Du reste, le général Renaud a rendu à Mascara des services qui pourront lui valoir, dans la nouvelle noblesse, le titre de comte de Mascara.

Au moment de sortir, M. Charras se rapprocha de M. Courteille : « Voyons, monsieur, soyez franc; dites-moi si vous êtes chargé de me faire assassiner? » M. Courteille se récria beaucoup. « Tiens, parbleu! quand on fait la besogne que vous faites en ce moment, est-ce qu'on n'est pas capable de tout? Mais il ne s'agit pas de cela; j'ai assez souvent joué ma vie dans les combats pour être habitué à l'idée de la mort; si je vous fais pareille question, c'est uniquement pour que vous me laissiez le temps d'écrire à ma sœur. » Le commissaire de police protesta encore de ses instructions pacifiques, et comme le jour commençait à poindre, il insista pour que le colonel se décidât à descendre. L'escalier et la cour étaient remplis d'agents de police et de gendarmes mobiles. Outre cela, il y avait, à l'entrée de la rue de la Concorde, un piquet de cinquante soldats commandés par un officier (MM. Charras et Changarnier demeuraient à l'entrée du faubourg Saint-Honoré, presque en face l'un de l'autre.) Notre ami, placé dans une voiture avec le commissaire et deux sergents de ville, put reconnaître, lorsqu'il passa devant cette troupe, que plusieurs soldats étaient déjà chancelants d'ivresse! Il avait bien fallu leur enlever l'usage de la raison, car on les avait mis là pour faire feu si quelque obstacle ou quelque résistance survenait à l'enlèvement du général Changarnier et du colonel Charras, deux hommes particulièrement redoutés des conspirateurs.

Ce fut en route seulement que le commissaire annonça à son captif qu'il le conduisait à Mazas. Comme il arriva pour le général Bedeau, pour le général Changarnier, pour M. Nadaud, il lui avait dit d'abord qu'il le menait chez le préfet de police. « Ah! vous me menez à la prison de Mazas; eh bien, tenez pour certain que si jamais la chance tourne, et que je redevienne quelque chose dans le pays, votre vie est au bout de ce que vous faites. — Mais j'accomplis un devoir, colonel ; j'obéis à mon chef. — Non, non ; vous savez bien, vous savez parfaitement que vous violez la Constitution. Vous parlez de devoir ; votre devoir est de désobéir ? Le dernier des *policemen*, en Angleterre, refuserait de se prêter au service criminel que vous faites. » Tout était inutile, leur parti était pris.

En arrivant à Mazas, M. Charras remarque, dans la cour, que l'officier commandant le piquet de gendarmerie tournait la tête comme pour éviter de voir ni d'être vu. Au greffe, il trouva, outre le directeur, un homme portant l'uniforme de colonel et la croix de commandeur de la Légion d'honneur. « Je suis représentant du peuple, dit-il au directeur ; on m'a enlevé de mon domicile, contrairement à la loi ; sachez bien que si vous me recevez, vous prenez part à un attentat. Je proteste de la manière la plus formelle, et je prends à témoin l'officier de l'armée que voici. C'est un officier ; ce doit être un homme honorable. » A ces mots, le commandeur, qui se cachait le visage dans le collet de son manteau, s'éloigna tout à coup malgré les apostrophes de M. Charras. « Voyons, ne vous en allez donc pas ; montrez donc un peu votre figure, que je voie si je vous connais..... Oh ! vous ne voulez pas ? C'est bon ! » Notre ami, M. Charras, avait toujours cru que cet individu, qui cachait si bien son visage, était quelque agent de police déguisé en officier supérieur pour en imposer à la troupe chargée de garder Mazas. Il se trompait. M. Mayer nous apprend que cet homme était un certain colonel Thirion, qui n'avait pas eu honte de prendre l'administration des cellules de Mazas pendant la nuit ! M. Thirion avait certainement bien la conscience de son crime ; il n'osait fixer les yeux sur personne ; il commandait en baissant la tête, mais il tenait sans doute à rivaliser avec son ami, le général Forey.

Ce ne fut pas, comme chez M. Charras, à coups de hache, ce fut par trahison que l'on pénétra chez notre jeune collègue, M. Valentin, lieutenant aux chasseurs de Vincennes. Il occupait, rue du Bac, deux pièces dont l'entrée était commune avec l'habitation du propriétaire, M. Scaillette, ancien officier de la garde impériale. La porte de l'appartement était en bois de chêne, épaisse, d'une solidité exceptionnelle, munie d'un vasistas à grillage serré ; enfin, fermée à l'intérieur par deux forts verrous et un crochet de retrait en fer. Bien qu'il ne se préoccupât plus guère du coup d'État dont on parlait depuis si longtemps, M. Valentin n'avait pas cessé d'y croire. Aussi, profitant du hasard qui lui donnait une sorte de château-fort, il avait prescrit de n'ouvrir, de nuit surtout, sous aucun prétexte, avant qu'on eût reconnu les visiteurs par le vasistas. Malgré cela, au moment où le commissaire de police Dourlens, accompagné de douze sergents de ville et guidé par le concierge, arriva près de la porte, elle lui fut ouverte par la servante de M. Scaillette, laquelle se chargea également d'introduire cette étrange compagnie dans la chambre à coucher de M. Valentin. Tout s'était fait sans le moindre bruit, et notre collègue, profondément endormi, se trouva réveillé par deux estafiers dont l'un le saisissait aux épaules et l'autre aux pieds. Il ne doute point qu'il n'ait été livré, car en ouvrant les yeux il vit le commissaire de police déjà maître d'un placard où se trouvaient déposées une carabine de tir et deux paires de bons pistolets chargés. En même temps, un des agents mettait la main sur le coffre d'un divan qui contenait des papiers et une volumineuse correspondance. M. Valentin doute d'autant moins qu'il ait été trahi par la servante de M. Scaillette, que ces deux meubles furent les seuls inspectés, et que ses habits et sa chaussure avaient été enlevés de la chambre, où personne n'entrait d'ordinaire avant sept ou huit heures du matin. De ces diverses circonstances réunies, il est impossible de ne pas conclure ceci : la police savait que le jeune et bouillant représentant du peuple était bien armé ; elle savait que l'état des lieux lui permettait de soutenir une espèce de siége ; enfin, elle n'ignorait pas sa résolution, souvent exprimée, chez lui, de se défendre jusqu'à la mort si on venait pour l'arrêter.

M. Valentin, réveillé en sursaut et reconnaissant à son écharpe le commissaire de police, le somma d'exhiber ses ordres. Après cela, se croyant encore seul arrêté, il déclara qu'il voulait écrire au président de l'Assemblée pour réclamer sa protection et celle de l'Assemblée entière contre l'atteinte portée en sa personne à l'inviolabilité de la représentation nationale. La lettre était cachetée, elle allait partir, lorsque le commissaire se ravisa et déclara que personne ne sortirait avant que son mandat ne fût exécuté. En même temps, il priait avec instance M. Valentin de s'habiller et de le suivre. Sans armes, sans vêtements, et contre de pareils antagonistes *munis de haches, d'épées, de leviers, de pistolets*, la lutte la plus désespérée était sans résultat et sans dignité. M. Valentin le comprit et se borna, avant de sortir du lit, à demander au commissaire de le délivrer des hideuses figures de ses agents, qui furent renvoyés dans la pièce voisine [1]. Une fois habillé,

---

[1] Ici se place une observation que nous pourrions appeler d'ordre physiologique. On remarquera que les représentants arrêtés demandent tous aux commissaires

il somma de nouveau M. Dourlens de se retirer ; il l'engagea à ne point charger sa propre responsabilité de l'exécution d'un mandat dont il ne pouvait méconnaître l'illégalité et l'infamie. M. Dourlens se troubla visiblement, sa conscience parlait ; mais en présence de deux sbires qui s'avancèrent, il s'écria que l'obéissance aux ordres de son chef était pour lui une nécessité qui le mettait à l'abri de toute responsabilité. « C'est ce que l'avenir nous apprendra, » répliqua M. Valentin. Celui-ci prit alors à témoin de l'attentat dont il était victime quatre ou cinq habitants de la maison qui s'étaient réunis sur l'escalier, et descendit, entouré de sergents de ville, jusqu'à la porte de la rue, où attendait une voiture de la police, dont les portières

d'éloigner leurs agents, tant la physionomie de ces hommes leur répugne à voir. Par cela seul, il est facile de juger la police en France. Loin d'être bonne, bienveillante, secourable à tous, elle est hostile et violente, à ce point qu'on ne peut la recruter que dans cette partie de la population qui porte la bassesse et la perversité de ses instincts écrites sur sa figure. En Angleterre, au contraire, l'institution des *policemen* est si essentiellement protectrice que l'on pousse le soin jusqu'à n'y laisser entrer que des hommes à figures heureuses. Aussi en Angleterre quand paraît un *policeman* tout le monde est rassuré, tandis qu'en France chacun éprouve un mouvement de répulsion dès que paraît un sergent de ville.

étaient munies de cadenas. Le commissaire y monta après lui avec trois agents, deux prirent place sur le siège, et l'on se dirigea au grand trot vers Mazas.

Le caractère du représentant arrêté, comme celui du commissaire police, donne à chacun de ces actes préliminaires du 2 décembre un cachet particulier. La manière dont fut pris notre honorable collègue M. Nadaud est curieuse autant par ses formes que par les réflexions qui agitèrent ce brave ouvrier maçon. M. Desgranges, son commissaire, ne fut ni violent ni brutal, comme les Blanchet, les Lerat, les Hubault, ni honteux et embarrassé comme M. Dourlens; il fit de la diplomatie, de la ruse. Aux subterfuges et au ton mielleux qu'il employa, au grand nombre d'agents qui étaient échelonnés depuis la rue jusque sur le palier de M. Nadaud, on peut juger que celui-ci était fort redouté. Le portier de M. Nadaud avait une clef de son petit appartement; elle lui servait à entrer tous les matins à cinq heures et demie, pour éveiller le représentant qui avait conservé ses matinales habitudes d'ouvrier. Le 2 décembre, le portier ne vint pas seul; il était accompagné du commissaire de police, M. Desgranges, suivi de quatre acolytes seulement. C'est le commissaire qui réveilla M. Nadaud, en lui disant : « Je ne suis pas venu pour vous arrêter; je suis seulelement chargé de faire une fouille dans vos papiers ; vous êtes accusé de détention d'armes de guerre. » M. Nadaud ne soupçonna pas d'abord le coup d'Etat. Il avait cessé de le craindre, sans toutefois cesser d'y croire. Ses inquiétudes avaient fini par se calmer. Ce n'était pas qu'il eût pleine foi dans les déclarations multipliées de celui que M. Boulay (de la Meurthe) avait appelé le *plus honnête homme de France!* ni dans les affirmations solennelles du dernier message. Ce qui le rassurait surtout, c'étaient les dispositions manifestées par les ouvriers de Paris qu'il voyait tous les jours. Il s'habilla, sur la prière de M. Desgranges, qui ajouta : Je ne veux pas examiner vos papiers; je suis sûr que vous êtes innocent. Venez jusque chez moi ; nous rédigerons ensemble le procès-verbal de ma visite comme vous voudrez. Ici, devant mes agents, je ne puis écrire que j'ai fait ma perquisition avec soin, puis que je ne regarde nulle part. » « Je commençais bien à soupçonner, nous dit M. Nadaud, que le commissaire me trompait ; mais si je suis arrêté, me disais-je, je ne serai certainement pas le seul de l'Assemblée, et cette violation de la Constitution sera une excellente occasion offerte au peuple de se lever en masse et de tenter un suprême effort qui nous débarrassera de tous les fripons et de tous les traîtres. Depuis mon retour de la prorogation, je n'avais cessé de parcourir les faubourgs, de voir les hommes influents de chaque quartier et de chaque métier; tous me disaient qu'ils étaient résolus à se battre si l'on essayait le coup d'Etat; ils n'avaient qu'une crainte, c'est que les représentants de la Montagne ne fissent pas leur devoir; tant les écrits de quelques-uns de nos propres amis avaient trompé les honnêtes travailleurs sur notre compte! » Ce ne sont pas les montagnards qui ont déserté le devoir. M. Nadaud sortit donc fort tranquille, et monta dans un fiacre avec le commissaire et un seul agent. En route, M. Desgranges fit arrêter la voiture près d'un réverbère, et dit, en ayant l'air de parcourir le mandat: « Je me suis trompé, j'avais à peine lu; c'est à Mazas que je dois vous conduire. » — « Vous ne vous êtes pas trompé, et vous ne m'avez pas trompé un instant, monsieur; vous avez agi honteusement, voilà tout. »

En arrivant à Mazas, M. Nadaud vit une foule de voitures amenant des citoyens dont les ennemis de la république avaient jugé utile de s'emparer avant de faire leur coup. La troupe qui couvrait les alentours de la prison était déjà à moitié ivre, et souriait stupidement en voyant coffrer les *bourgeois*. Comme si les dictateurs épargnaient plus les uniformes que les habits! comme si l'avilissement d'un peuple ne portait pas atteinte à la dignité de chacun de ses membres, soldat ou bourgeois! comme si l'armée formait, ainsi que les prêtres et les jésuites, une caste à part, étrangère au reste de la nation, ayant des intérêts différents de ceux de la grande communauté! Au greffe, M. Nadaud rencontra MM. Baune, Valentin, Greppo et Thiers. La présence de celui-ci lui fit comprendre que le président faisait son coup pour lui seul, et contre tous les partis.

A propos de M. Thiers, nous rapporterons un petit épisode que M. Nadaud raconte sans y attacher trop d'importance, mais qui sert à faire bien juger ces farouches socialistes dont les bonnes gens ont peur, comme les enfants ont peur des fantômes. Les commis prenaient les noms, prénoms, professions, etc., des personnes écrouées. M. Nadaud, amené après M. Thiers, s'aperçut que les écrivains, en interrogeant celui-ci, riaient sous cape, et le regardaient d'un air sardonique. A ce spectacle, il entra en colère, et dit aux insolents : « Un peu de pudeur, messieurs ; il s'agit d'une des gloires de la tribune française, d'un homme instruit, d'un de ceux qui ont le plus servi votre cause, à vous autres, qui vous appelez les gens de l'ordre. Lâches et vils réactionnaires, vous serez donc toujours ingrats! » M. Nadaud s'animait, et le commencement de son discours ne présageait rien de bon ; on l'entraîna hors du greffe sans lui en demander davantage, sans paraître plus curieux de savoir son nom, et de l'inscrire sur le registre d'écrou. Peut-être cette généreuse indignation, allumée dans l'âme d'un simple ouvrier par un outrage adressé à l'âge et au talent, aura-t-elle fait soupçonner à M. Thiers qu'il y a quelques nobles sentiments chez « la vile multitude. »

Il nous reste à expliquer comment on parvint à prendre les questeurs, M. Baze et M. Leflô. C'était plus difficile, car il fallait auparavant s'emparer du palais législatif où ils étaient logés, et un incorruptible officier, M. le lieutenant-colonel Niel, tenait là directement de l'Assemblée le commandement supérieur des troupes chargées de veiller sur elle.

M. Espinasse, colonel du 42e de ligne, soldat énergique, mais d'une moralité douteuse, s'était depuis longtemps chargé de cette tâche. Il avait été promu dans ce but, le 15 juillet précédent, au grade de colonel, et un bataillon de son régiment fut choisi à dessein, la veille du guet-apens, pour la garde ordinaire du palais.

Voyons comment s'opéra cet acte de mémorable trahison.

La garde de l'Assemblée se composait d'un bataillon d'infanterie, qui était changé tous les jours, et d'une batterie d'artillerie, casernée dans une partie des bâtiments dépendants du palais. Le bataillon était commandé par un chef de bataillon, la batterie par un capitaine, tous les deux sous les ordres du lieutenant-colonel commandant militaire de l'Assemblée, et recevant aussi les ordres du général Leflô, l'un des questeurs.

Dans la nuit du 1er au 2 décembre, le bataillon de service appartenait, comme nous l'avons dit, au 42e de ligne. Vers minuit, le général Leflô rentra chez lui, après s'être assuré, ainsi qu'il le faisait depuis quelques jours, que les postes et les factionnaires étaient placés conformément aux prescriptions habituelles. A 2 heures du matin, le chef de bataillon de garde, en faisant une ronde, remarqua quelques allées et venues. Il avait d'ailleurs déjà constaté que le capitaine adjudant-major avait été appelé hors du palais sur un avis du colonel Espinasse. Le capitaine, interpellé par lui, répondit qu'il s'agissait d'ordres de service. Le chef de bataillon, inquiet, essaya de pénétrer jusqu'au commandant militaire, mais il ne put trouver son logement. Sa préoccupation fut augmentée vers les 3 heures par une nouvelle sortie de l'adjudant-major aussi peu motivée que la première. Il tenta une seconde fois, sans plus de succès, de communiquer avec le commandant; mais, les allures de certains officiers et sous-officiers ne lui laissant plus de doute qu'il se tramait quelque chose, il parvint enfin, sur les 5 heures, jusqu'au lieutenant-colonel commandant, qui se leva aussitôt. Il était trop tard. Pendant ce temps-là, le capitaine adjudant-major quittait la grande cour, et ouvrait la porte de la rue de l'Université au colonel Espinasse, qui faisait entrer et ranger en bataille, dans l'allée qui conduit à l'hôtel de la présidence, les deux autres bataillons de son régiment.

Le chef de bataillon, instruit de ce qui se passait, courut à cette allée, et s'écria, en présence de la troupe : « Colonel Espinasse, que venez-vous faire? — Prendre le commandement, et exécuter les ordres du *Prince*. — Vous me déshonorez, colonel, » et il arracha ses épaulettes, qu'il lui jeta aux pieds. Ce loyal officier (nous regrettons vivement de ne pas savoir son nom) fut écarté par les grenadiers; le colonel passa outre, et, conduit par un des agents de police de l'Assemblée, il se dirigea vers la demeure du lieutenant-colonel Niel, dont il ouvrit tout à coup la porte, en lui disant : « Je vous arrête. » Au même instant, on se jeta sur l'épée de M. Niel qui n'était pas encore habillé et qui dit au traître : « Vous faites bien, car je vous l'aurai passée au travers du corps. »

Cependant tous les postes avaient été relevés par les nouvelles troupes, et l'artillerie de garde désertait. Le capitaine de la batterie, sans aucun doute, avait été aussi gagné. En effet, quoiqu'il ne dût pas bouger que sur un ordre des questeurs ou du commandant militaire, il enleva ses pièces et se retira. Nous ignorons le nom de ce galant homme.

Ainsi fut opérée la prise du palais législatif que nous supposions imprenable, et qui nous semblait une forteresse d'où la représentation nationale dominerait toujours toutes les conspirations.

En considérant l'extrême gravité de sa tâche, on trouve généralement que le colonel Espinasse s'est fait payer très-peu. Selon les personnes les mieux informées, il n'aurait pas reçu plus de 100,000 francs, que M. Fialin, fidèle à une convention stipulée d'avance, serait venu lui apporter à 5 heures du matin. Vendre le repos de son pays, et son honneur par-dessus le marché, pour 100,000 francs, ce n'est assurément pas cher.

Rapprochement singulier! c'est le 42e de ligne qui, en fermant le palais législatif pour le compte des insurgés du 2 décembre, a fait peut-être l'acte le plus décisif de cette entreprise pécuniaire et politique tous à la fois. Or, c'est précisément le même régiment qui, à Boulogne, avait repoussé, pour ainsi dire à coups de bâton, l'invasion avinée de MM. Persigny et Bonaparte! Mais c'était aussi dans le 42e que ces gentilshommes avaient trouvé leur principal complice. Le ministre de la guerre put dire alors : « Un traître s'est montré dans nos rangs; « il comptait parmi les officiers du 42ᵉ : il est « dans les prisons avec ceux dont l'or l'avait « corrompu. » Aujourd'hui encore nous pouvons dire, sous la réserve d'une variante : « Un traître s'est rencontré parmi les officiers du 42ᵉ ; il est aux Tuileries avec ceux dont l'or l'a corrompu. »

L'importante expédition du palais législatif ayant réussi, M. Fialin, qui en avait surveillé l'exécution, courut prévenir son camarade de l'Élysée, tandis que deux commissaires de police se mirent à leur ouvrage escortés chacun d'une compagnie du 42ᵉ. On sait que les soldats français, en vertu de l'obéissance passive, font tous les métiers que leurs chefs leur disent de faire, comme les fusils qui subissent tous les mouvements qu'on leur imprime.

A six heures, M. Primorin sonnait doucement à la porte de M. Baze; une femme de service vint ouvrir; on envahit aussitôt l'appartement et la chambre à coucher. M. Baze, réveillé en sursaut par le bruit, était debout; on se jeta sur lui au moment où il passait une robe de chambre. Il se défendit des pieds et des mains avec l'énergie nerveuse qui est dans son caractère et eut à souffrir toutes les brutalités de la force ouverte. Ce fut une scène odieuse. Pendant qu'il se débattait contre les agresseurs, sa femme, aussi courageuse que lui, ouvrait les fenêtres et demandait assistance à grands cris. Les hommes de M. Bonaparte ne craignirent pas de porter les mains sur une femme vêtue comme on l'est au lit, et déchirèrent, sans pudeur, le seul vêtement qu'elle eût sur elle! M. Baze exaspéré, peu soucieux des fictions légales, opposait toujours la plus vive résistance matérielle ; enfin, les agents de police, toujours sous les yeux des soldats et des officiers du colonel Espinasse, parvinrent à l'arracher de chez lui et le traînèrent tel qu'il était, presque nu, jusqu'au corps de garde de la place Bourgogne! Là, après une demi-heure d'attente, on lui fit chercher des habits. Lorsqu'un huissier de l'Assemblée les lui apporta, M. Baze lui ayant demandé si le président de l'Assemblée et le général Leflô étaient aussi arrêtés, les janissaires défendirent à l'huissier de répondre, en le menaçant! Conduit à Mazas, M. Baze, malgré l'opposition du commissaire de police et du directeur, voulut consigner et consigna sa protestation sur le registre d'écrou.

Le général Leflô fut arrêté avec des circonstances plus affligeantes encore pour la morale publique. Afin d'entrer chez lui sans éclat, on prit un escalier de service qui débouchait sur une chambre occupée par son fils âgé de huit ans. L'enfant, éveillé par le bruit des pas et par la lumière des bouts de bougies que portaient les rôdeurs de nuit, se mit à crier ; mais le commissaire de police, M. Bertoglio, le rassura avec une douceur hypocrite. Connaissant l'énergie dont est doué le général, on tenait à le surprendre dans son sommeil. M. Bertoglio expliqua donc, avec force paroles affectueuses à l'enfant, que lui et ses acolytes ne voulaient voir le questeur que pour une communication très-pressée et très-importante. Le pauvre enfant, plein de confiance, conduisit lui-même ces misérables chez son père ! La porte ouverte, ils se précipitèrent sur le général, qui venait à peine de sauter à bas du lit. La chambre fut, en un instant, pleine d'agents de police et de soldats. A quel rôle abaisse-t-on l'armée ! Le reste de la compagnie occupait la porte et l'escalier.

D'un caractère non moins ardent que son collègue de la questure, le général Leflô laissa parler sa colère. Il qualifia avec la dernière vigueur l'acte des ambitieux qui allaient souffler la guerre civile sur la France. Il protesta de toutes les manières ; puis, s'adressant à un officier qu'il aperçut (il y avait aussi un officier mêlé aux estafiers de la rue de Jérusalem), il chercha à réveiller dans son âme quelque sentiment d'honneur et de loyauté ! Ce fut en vain ; celui-ci, les yeux baissés vers la terre, se contenta de

balbutier qu'il était obligé d'exécuter ses ordres !
O obéissance passive ! qu'en devait penser alors
le général Leflô, lui qui avait traité les Montagnards d'anarchistes, parce qu'ils attaquaient une
aussi monstrueuse doctrine ?

Cette honteuse scène de violence nocturne se
prolongea longtemps sous les yeux de madame
Leflô, au lit, souffrante et enceinte de cinq
mois ! Elle voyait de plus le jeune enfant, resté
au milieu des soldats et en proie à une douleur
au-dessus de son âge, conjurer tantôt le commissaire, tantôt l'officier, de ne pas faire de mal
à son père qu'il croyait avoir livré, par sa naïve
imprudence, aux satellites de la conjuration.
Enfin, le général s'habilla et revêtit son uniforme,
gardant encore au cœur l'espoir de trouver, sur
son passage, quelque corps ou fraction de corps
disposé à entendre la voix du devoir et du droit.
Près de quitter la chambre, il prit son cher fils
sur ses genoux et lui dit avec fermeté, en le
pressant dans ses bras : « Mon fils, je ne sais si
M. Bonaparte imitera son oncle en toutes choses,
et me fera lâchement fusiller comme son oncle
a fait lâchement fusiller le duc d'Enghien ; quoi
qu'il arrive, rappelle-toi bien toujours la manière dont il traite ton père. » L'enfant a bien
gardé souvenir de ces paroles et les a répétées
dix fois aux hôtes de Ham, lorsqu'il y vint avec
sa vaillante mère.

La première personne que le général Leflô rencontra au bas de son escalier fut M. Espinasse : « Vous faites là, lui dit-il, un sale métier ! — *Filez, filez*, monsieur. » fut toute la réponse du colonel aux cent mille francs ! Le lieutenant-colonel du 42e, nous ne savons pas son nom, ajouta l'insulte à la brutalité. « Quoi ! fit le général en l'apercevant, vous, un vieux soldat, vous consentiriez à vous rendre complice d'une trahison, à porter la main sur vos chefs ! — Allez, répliqua l'autre, nous avons assez des généraux avocats et des avocats généraux. » Ce n'était pas tout ; M. Leflô devait recevoir le coup de pied de l'âne. Au moment où, captif, entouré de baïonnettes, il montait sur le marchepied de la voiture pour aller, on ne savait où encore, entre trois agents de police, il entendit un malheureux, portant l'épaulette de lieutenant, lui adresser distinctement ce mot : « Canaille. »

Quelle démoralisation ne faut-il pas que les corruptions de l'Élysée aient introduite dans certains rangs de l'armée, pour que des officiers s'abaissent à un tel langage, surtout envers un général revêtu de son uniforme !

A la même heure que les représentants, on arrêtait aussi dans leurs lits soixante et douze ou soixante et dix-huit citoyens que les insurgés connaissaient pour des hommes influents sur le peuple et capables de provoquer une vigoureuse résistance : nous citerons ceux dont un des historiens de l'Élysée a donné les noms, car on ne peut les connaître tous.

Ce sont les citoyens :
Grignon (Henri-Gustave).
Stevenot.
Michel.
Artaud (Denis Claude).
Geniller (Guillaume).
Vashenter.
Philippe (Alphonse).
Breguet (Armand).
Delpech (Célestin).
Gabriel (Nicolas-François).
Schmidt (Jacques-Frédéric).
Baune, frère du représentant.
Houl (Michel-Abraham).
Cellier (Charles).
Jacotier (Louis-François).
Kuch (Marie-Alphonse).
Six (Théodore).
Brun (François).
Lemerle.
Malapert (Pierre-Antoine).
Hibach.
Lecomte (Minor).
Meunier (Arsène).
Buisson (Alexandre).
Musson (Pierre).

Bonvallet (Théodore-Jacques).
Guiterie (Charles).
Choquin (Étienne-Simon-Nicolas).
Bilotte (Léon-Joseph).
Veinier (Aimé).
Thomas.
Curnel.
Boireau.
Crousse (Charles-Joseph-Albert).
Baillet.
Noguez (Antoine-Denis).
Lucas (Louis-Julien).
Lassere (Jean-Isidore).
Cahaigne.
Magen (Hippolyte).
Polino (Antoine-Charles).

Tous ces hommes de cœur, signalés au *prince président* de la République comme d'ardents républicains, ont été depuis transportés ou exilés, SANS JUGEMENT! Notre honorable ami le citoyen Deluc, également voué à l'arrestation préventive, échappa seul à cette première razzia, et, après avoir fait son devoir derrière les barricades des 3 et 4 décembre, réussit à se réfugier à l'étranger.

§ III.

Interrompons le cours des événements, pour

dire tout de suite ce que devinrent les seize représentants arrêtés préventivement.

A Mazas, ils furent tous enfermés *dans les cellules de voleurs*, et soumis au secret le plus absolu. Leurs gardiens consignés, aussi prisonniers qu'eux-mêmes, ne savaient guère plus qu'eux ce qui se passait. MM. Baze, Leflô, Lamoricière, Changarnier, Bedeau, Thiers, Cavaignac, mis en cellules, comme des malfaiteurs, avec « *les chefs les plus dangereux des sociétés secrètes et les hommes les plus célèbres dans le monde de l'émeute,* » le tout, pour que les héros de Strasbourg et de Boulogne pussent sauver la civilisation sans obstacle! C'est assurément là un spectacle fait pour inspirer quelques réflexions salutaires aux honnêtes gens qui nous traitent toujours si légèrement d'ennemis de la société. Les amis de l'ordre élyséen délibérèrent même en conseil pour savoir s'il ne fallait pas fusiller *tous ces brigands-là*. M. Saint-Arnaud, particulièrement, ne pensait pas que l'on pût, à moins, préserver la société de l'hydre de la démagogie; la majorité du conseil eut peur de l'opinion publique et décida qu'on se contenterait de les enfermer au château de Ham, pour prévenir le danger que courrait la propriété si les socialistes qui organisaient la résistance parvenaient à les arracher de prison.

Dans la nuit du mercredi au jeudi, à deux

heures, ces dangereux anarchistes furent donc éveillés et prévenus qu'ils allaient pour une destination inconnue. A trois heures, on les fit monter dans deux voitures, ainsi divisés : les généraux Bedeau, Leflô, le colonel Charras et M. Roger (du Nord), avec trois sergents de ville ; M. Baze, les généraux Lamoricière, Changarnier et Cavaignac, également avec trois sergents de ville. Les voitures étaient de celles qui servent au transport des forçats, dites voitures cellulaires! On n'avait pas même pris le soin de les nettoyer; elles étaient d'une malpropreté révoltante; chaque petite cellule où se trouvait enfermé *à clef* un de ces généraux, fidèles gardiens des traditions de notre gloire, exhalait une odeur infecte. Les nobles vainqueurs que les vainqueurs du 2 décembre! Comme il est facile de s'expliquer que l'armée française canonne Paris, pour proclamer césar un homme qui traite ses chefs les plus illustres à la façon des galériens!

Les prisonniers partirent au bruit de plusieurs centaines de chevaux qui les escortaient, et ils apprirent, par les sergents de ville, qu'on les menait à Ham. Arrivés au chemin de fer du Nord, ils espéraient être délivrés des voitures de forçats. Il n'en fut rien. On devait leur imposer jusqu'au bout ce qu'on croyait être une grande humiliation, et ce qui n'était, en réalité, qu'une lâche et misérable vexation. A Noyon, les voitures cellulaires furent remises sur leurs roues, et prirent la route de Ham. Elles étaient suivies d'une grande diligence remplie d'estafiers, sous la direction de deux commissaires de police ceints de leurs écharpes. L'armée française, qui a joué un si déplorable rôle dans les journées de décembre, avait un représentant jusque dans cette honorable compagnie. On y voyait figurer, en uniforme, le capitaine d'état-major Boyer, aide de camp du ministre de la guerre ! Ce jeune homme n'osa pas trop se montrer. Se souvenait-il donc d'avoir sollicité et obtenu du général Leflô la faveur de l'accompagner, lorsque celui-ci alla remplir une mission à Saint-Pétersbourg en 1848, ou bien de lui avoir alors emprunté une somme de quatre cents francs, qu'il avait oublié de lui rendre? N'est-ce pas une chose frappante, significative, que tout ce monde du 2 décembre ait quelque vilaine affaire d'argent dans son dossier?

Le trajet de Noyon au château de Ham ne dura pas moins de onze heures ! Les pestilentielles voitures étaient obligées de mesurer leur pas sur celui d'une compagnie de gendarmes mobiles à pied qu'on avait donnée pour escorte. Il est vrai que les gendarmes avaient le fusil chargé.

En condamnant les hommes qu'il redoutait à la voiture des galériens, l'ex-président n'avait pas recherché seulement l'ignoble satisfaction d'humilier des adversaires politiques, il entendait les faire passer pour des assassins. Le bruit était répandu sur toute la route, par des agents bonapartistes, que ces messieurs avaient voulu tuer *le prince* dans la nuit du 1er au 2 décembre, et qu'ils allaient être jugés! C'est ainsi qu'au Hâvre on donna à croire à toute la ville, lorsqu'on embarqua les transportés, que c'étaient des forçats! Malgré leurs baïonnettes et leurs canons, les conjurés militaires ont toujours tremblé de voir la population se soulever contre leurs forfaits.

Au château de Ham, les officiers de la garnison (380 hommes du 48e de ligne), rangés près de la porte d'entrée, saluèrent les prisonniers à mesure qu'ils sortirent un à un des compartiments où ils étaient enserrés depuis Paris. Chacun fut isolément conduit à une chambre par le capitaine Baudot, commandant de place, le chapeau à la main, et par l'officier de garde, accompagnés de cinq soldats, la baïonnette au bout du fusil. Ces deux officiers étaient en proie à une émotion visible. Le capitaine Baudot avait des larmes dans les yeux. Il comprenait évidemment tout l'odieux, toute l'illégalité de sa mission. Comme il exprimait au colonel Charras sa douleur d'avoir à le garder prisonnier, lui surtout qui avait signé sa lettre de commandant de place en 1848, et comme il l'assurait qu'il serait traité avec les plus grands égards, le colonel lui répondit sévèrement : « Tout cela me touche fort peu. Vous ne devez pas oublier que vous vous rendez complice d'un crime; que vous êtes criminel en vous prêtant à nous retenir prisonniers. » Il ne répliqua rien. Son silence voulait dire : « Oui, c'est un crime; je le sais bien, mais ma place... »

Les huit émeutiers parlementaires furent remis au secret le plus absolu jusqu'au 15 décembre, ne pouvant sortir de leur chambre pour quelque raison que ce fût, ni écrire un mot, même décacheté, à leurs parents les plus proches, ni en recevoir une lettre même ouverte. « Il m'est défendu, avait dit le capitaine Baudot, de vous laisser ni encre, ni papier, ni plumes, ni crayons! » On en usa de même avec les transportés. En vérité, les sauveurs de la famille ont poussé le mépris des plus saintes inquiétudes de la famille jusqu'à ses dernières limites. Mais la nécessité d'État!.. Ils accréditaient effectivement, par ces rigueurs, l'opinion qu'ils ne faisaient que se défendre : ils donnaient à croire qu'une vaste instruction se poursuivait, et que les généraux étaient réellement coupables du complot dont on avait eu la déloyauté de faire courir les bruits dans les casernes. Ne serait-ce pas pour le punir de ce complot qu'on plaça M. Lamoricière dans une salle de rez-de-chausséc si humide, que les douleurs rhumatismales aigües dont il y fut atteint le tenaient encore au lit deux mois après son entrée à Ham? Le général ne fit entendre aucune plainte, non plus que ses compagnons de captivité. Rien ne put les ébranler, ni les uns ni les autres; rien ne put leur arracher un mot quelconque adressé aux maîtres de leurs personnes. Pour louer suffisamment l'attitude de tous les vaincus du 2 décembre, il faudrait dire qu'elle fut aussi digne que celle des vainqueurs fut lâchement barbare.

Le vieux capitaine Baudot, tout en pleurant, observait sa consigne avec une rigidité faite pour lui mériter la croix de chevalier ou d'officier de la Légion d'honneur. Le beau-frère du colonel Charras, après avoir obtenu l'autorisation de communiquer avec lui, lui écrivit : « J'arrive avec votre sœur ; nous allons assez bien en tant que santé. » Ces douze mots ne furent remis au colonel que le matin du 15 décembre, jour où, le secret étant levé, il put voir sa sœur et son beau-frère !

Les autorisations de communiquer, délivrées par M. Morny, étaient fort difficiles à obtenir. Il avait fallu au beau-frère de M. Charras trois jours de démarches, et plusieurs heures d'antichambre chez le secrétaire de M. Morny, pour en obtenir une ! On ne peut imaginer les petites vexations de tout genre que l'on se plaisait à infliger aux victimes et à leurs proches. Le beau-frère et la sœur de M. Charras arrivent à Ham, se croyant suffisamment munis pour le voir tous les jours ; mais le commandant leur déclare tout d'abord que, d'après ses ordres, les permissions ne sont valables que pour une seule visite, si bien que le parent du colonel, homme valétudinaire, est obligé de reprendre la diligence, et d'aller de nouveau faire antichambre chez le jeune M. Lehon, secrétaire de M. Morny, pour lui arracher une permission permanente!

Une circonstance particulière et douloureuse de ces indignités mit en évidence le courage de madame Leflô et l'indomptable énergie de caractère du général.

Lors de l'arrestation de celui-ci, un aide de camp du ministre de la guerre des insurgés s'était présenté chez madame Leflô pour lui offrir les services de madame Leroy. Il fut éconduit en ces termes : « Sortez, monsieur, sortez tout de suite ; vous êtes l'aide de camp d'un misérable ; vous ne pouvez entrer chez moi ; sortez. »

Madame Leflô obtint cependant, le 7 décembre, à force d'insistance, ce que dans un pays civilisé, on ne peut refuser à une femme, la faculté de voir son mari. Enceinte, cruellement éprouvée par les scènes violentes dont elle avait été témoin lors de l'arrestation du général, épuisée à la suite des courses infinies qu'elle avait dû faire, elle oublie toutes ses fatigues et court à Ham. Mais la permission portait *Mazas*, par erreur, nous voulons bien le croire. Le commandant de place dit que ce n'est pas valable pour Ham, et refuse l'entrée! Cette inflexibilité de geôlier militaire ne décourage pas madame Leflô. Le soir même, elle retourne à Paris, fait de nouvelles et pénibles démarches, et revient au fort, pourvue d'une permission en règle. Mais tant d'émotions, d'anxiétés, de fatigues, dans la situation où elle se trouvait, brisèrent ses forces, l'obligèrent à se coucher en arrivant, et déterminèrent un accident qui coûta la vie à son enfant. Alitée ensuite pendant plusieurs jours, elle ne pouvait voir son mari. A la fin, impatientée, elle demande un brancard à l'hôpital de Ham, se fait mettre dessus, et, portée par quatre hommes, elle se présente à la porte du château, sa permission à la main. Le commandant, fort ému, la laissa entrer, et pensa, cette fois, que la consigne lui permettait d'en référer à ses maîtres. La réponse fut, au bout de quatre ou cinq jours, que M. Leflô pouvait aller voir sa femme en ville, «en restant prisonnier *sur parole.*» Le capitaine Baudot s'empressa de communiquer cette lettre au général; mais celui-ci, sans le laisser achever, l'arrêta au mot *sur parole.* « Capitaine, dit-il, écrivez ce que je vais vous dire, et engagez-vous à le répéter textuellement ; sinon, je me chargerai de ce soin. Je ne donnerai jamais ma parole d'honneur à des gens sans honneur, à des traîtres, à des parjures, à des brigands sans foi ni loi. » Le commandant fit de vains efforts pour obtenir quelque adoucissement à cette réponse, au moins dans la forme ; il fut obligé de la transmettre à son *gouvernement*. Madame Leflô ne revit son mari que quand elle put marcher.

Jusqu'au 8 décembre, les prisonniers furent gardés intérieurement par un poste de soldats. Mais la garnison leur montra assez de sympathie pour devenir suspecte. On leur envoya en conséquence une escouade de gardiens de la prison centrale de Poissy, et c'est en présence d'un de ces hommes qu'ils durent recevoir leurs visites, visites limitées d'ailleurs de midi à quatre heures.

Vers le 25, ils virent arriver, pour remplacer les soldats du 48e qui les servaient, trois hommes de la plus mauvaise figure, sentant le crime ou tout au moins la geôle d'une lieue. Chacun des prisonniers eut la même idée sur leur compte. Le général Lamoricière, plus impétueux que les autres, déclara tout net au commandant de place que ces trois hommes étaient des empoisonneurs, et qu'il ne voulait pas qu'ils entrassent chez lui, surtout au moment des repas. Le fait est que c'étaient des condamnés extraits de Poissy. Leur service se borna à espionner.

On n'épargna ainsi aux prisonniers de Ham aucun mauvais traitement moral. On s'attacha, on mit un soin tout particulier à ne placer auprès d'eux que des ennemis. Le commissaire de police qui les avait suivis leur était si brutalement hostile, que, dans la salle commune de l'hôtel de ville de la petite ville de Ham, il dit tout haut, à côté de madame Busnel, sœur du général Bedeau : « Ah ! les gredins, nous avons la victoire, ils verront ! »

Les conspirateurs ne pouvaient cependant garder indéfiniment ces gredins sous les verrous. M. Roger (du Nord) avait été mis en liberté le 10 décembre, sans que ni lui ni les siens eussent fait aucune démarche. M. Morny s'était à la fin souvenu d'une vieille amitié durant laquelle il avait plus d'une fois puisé dans la bourse de celui qu'il s'était vu forcé d'emprisonner pour sauver la France de l'anarchie parlementaire. Le général Cavaignac avait été élargi le 19. Il fallait ou relâcher les autres ou les faire juger pour crime de conspiration contre le candide président de la République. Le procès parut difficile; non pas que les conseils de guerre, toujours fidèles à la consigne, n'eussent condamné à mort tous ces coupables comme tant d'autres, si on le leur avait ordonné; mais on craignit le scandale. Les Élyséens, jugeant toujours des autres par eux-mêmes, espérèrent pendant quelque temps une lâcheté qui les couvrirait. A tous les parents ou amis des prisonniers qui allaient demander une permission de les voir on fit entendre uniformément ces paroles : « Si ces messieurs sont encore détenus, c'est qu'ils le veulent bien. Ils n'ont qu'à faire une demande au *prince*, elle sera favorablement accueillie. » La liberté en échange du déshonneur! Ce langage n'ayant pas réussi, on en essaya un autre : « Qu'ils demandent seulement à voyager quelques mois, et ils sortiront sur-le-champ. » Quand on reconnut enfin qu'on ne lasserait pas leur constance, on prit le parti de les chasser de France. On ne pouvait moins; c'était une satisfaction promise aux généraux envieux qui avaient livré l'armée de Paris.

Les formes employées dans cette dernière exécution ne furent pas moins blessantes que la captivité n'avait été pénible.

Le 8 janvier, sans qu'ils eussent reçu le moindre avis, chacun d'eux entendit verrouiller sa porte à trois heures de la nuit. On les mettait au secret de nouveau. Qu'est-ce encore? se demandèrent-ils : c'était le secrétaire intime de M. Morny, M. Léopold Lehon, jeune homme de vingt-quatre à vingt-cinq ans, décoré depuis pour cette mission, qui venait les informer individuellement qu'on allait les expédier à l'étranger *entre deux agents de police;* celui-ci en Allemagne, celui-là en Angleterre, cet autre en Belgique, etc.

M. Léopold se montra embarrassé, contraint, timide, en leur signifiant cet ukase. Le colonel Charras nous peignait ainsi son attitude et sa physionomie : « Ce gaillard-là a toujours regardé ses bottes en me parlant ; je n'ai pas pu voir la couleur de ses yeux ; il ne les a pas même levés lorsque m'ayant dit que *son gouvernement* se croyait en droit de disposer de moi, je lui répondis : Ce droit-là je le connais, c'est celui de Cartouche et de Mandrin, c'est celui du plus fort. Il ne les leva pas non plus lorsque, après m'avoir offert de me prêter de l'argent de la part de son gouvernement, si je n'en avais pas pour ce voyage subit, je lui répondis que l'argent sorti de pareille source me salirait les mains. »

Le lieutenant-colonel Charras a raconté dans la note qu'on va lire comment s'est opéré le dernier acte de violence consommé sur sa personne. Disons d'abord ce qui motiva cette note. Les décembriseurs firent accompagner chacun des prisonniers de Ham par deux agents de police qui avaient ordre de ne pas les quitter jusqu'à leur destination. Ce gouvernement de malappris ne respecte pas même les territoires étrangers. Il prétend donner, hors de France, à ses estafiers, un droit quelconque sur les victimes de ses fureurs. Les ministres belges, MM. Ch. Rogier, Frère et Tesch, durent s'émouvoir en apprenant une telle offense faite aux droits internationaux ; ils demandèrent aux bannis s'ils se plaignaient d'avoir été violentés en Belgique par des agents français. La note de notre ami est la réponse à cette demande ; elle explique pourquoi aucun de ces messieurs ne voulut faire une plainte formelle. Il reste à savoir si celui des ministres que la chose concernait plus particulièrement, bien instruit du fait, quoiqu'il n'en fût pas saisi directement par les lésés, ne devait pas à la dignité de la nation belge de demander compte à qui de droit.

Note remise le 12 janvier 1852 à M. Verheyen.

« Je soussigné, Charras, Jean-Baptiste-Adolphe, lieutenant-colonel de l'armée française, représentant du peuple à l'Assemblée nationale, déclare ce qui suit, sur l'invitation de M. Verheyen, administrateur de la sûreté publique du royaume de Belgique :

« Le 8 janvier à quatre heures et demie du matin, un individu qui, en réponse à ma demande, se dit être le chef du cabinet du ministre de l'intérieur, entra dans ma chambre au château de Ham, où j'étais retenu prisonnier, et m'annonça que j'allais être extrait de cette prison, et conduit à la frontière de terre ou de mer que je désignerais. Je lui répondis que je n'avais à faire aucune désignation de ce genre ; qu'enlevé violemment de mon domicile, le 2 décembre au matin, au mépris de la loi, incarcéré dans une prison de Paris, au mépris de la loi, transféré et retenu prisonnier au château de Ham, au mépris de la loi, je ne pouvais accepter du gouvernement de fait qui opprime mon pays qu'une seule chose : la liberté sans condition d'aucune sorte ; ce qui serait une faible réparation des crimes commis contre moi par ordre de M. Bonaparte et dans son seul intérêt.

« Après un échange de paroles inutiles à reproduire ici, cet individu m'ayant assuré que ma mise en liberté sans condition était absolument impossible, que j'étais banni de mon pays par la volonté de M. L. Bonaparte, j'ajoutai : Je persiste dans mon refus de désigner aucune frontière, et je déclare ne vouloir sortir d'ici que sous l'empire de la force.

« Peu après je fus placé au fond d'une voiture de poste avec un agent de police à ma droite, un agent de police devant moi, et je fus conduit ainsi, rapidement, à Noyon, où l'on me fit entrer dans un waggon du chemin de fer. De Noyon nous allâmes à Creil ; et, dans cette dernière ville, on me fit prendre un convoi qui se dirigeait de Paris sur la Belgique par Valenciennes.

« A Valenciennes, je fus retenu de deux heures du soir à trois heures du matin par suite d'une méprise des autorités locales. Ce temps d'arrêt fut cause de ma réunion avec le général Changarnier, extrait comme moi, le matin, du château de Ham et conduit par deux agents de police français.

« Pendant ce séjour forcé, j'appris des agents qui m'escortaient, et à qui je n'avais pas adressé la parole jusque-là, qu'ils devaient m'accompagner jusqu'à Bruxelles ! Je leur fis observer qu'ils se trompaient, sans doute, qu'ils avaient mal compris leurs ordres, qu'ils ne pouvaient exercer aucune autorité sur le territoire d'une nation indépendante. Mais ils persistèrent dans leurs affirmations. « Prenez garde, leur dis-je alors ; si, la frontière une fois passée, je réclame la protection du premier gendarme, du premier bourgmestre venu, vous serez arrêtés et incarcérés comme coupables de violence envers moi et d'une violation de droit international. » A cette observation, voici la réponse textuelle qui me fut faite par celui des deux agents qui était officier de paix, c'est-à-dire le plus élevé en grade : « Mon colonel, je suis plein de respect pour vous ; je me ferais tuer à vos pieds plutôt que de vous laisser enlever un cheveu de la tête ; mais, si vous faisiez la moindre tentative pour réclamer la protection des autorités belges, j'ai l'ordre de m'y opposer par tous moyens, même en allant aux extrémités de la violence contre vous. Je dois vous conduire jusqu'à la gare du chemin de fer à Bruxelles ; je vous y conduirai quoi qu'il arrive. »

« Le général Changarnier a entendu ces paroles comme moi.

« Le 9 janvier, à 3 heures du matin, je partis de Valenciennes par le chemin de fer, toujours escorté par les mêmes agents de police.

« A la station de Quiévrain, je retrouvai le général Changarnier escorté aussi de ses deux agents, et je rencontrai M. Baze sous pareille escorte. Ce dernier, parti de Ham douze heures après moi, me dit qu'il était conduit à Aix-la-Chapelle.

« Il y avait là un officier de gendarmerie belge. Je n'aurais eu qu'un mot à dire, je n'en ai jamais douté, pour me trouver débarrassé de mon odieuse escorte, mais là, non plus qu'à aucune autre station, je n'ai voulu réclamer le secours des autorités belges contre la violence dont j'ai été l'objet ; et je ne l'ai pas voulu par cet unique motif : j'étais proscrit, j'étais forcé de venir demander un asile à la générosité de la nation belge, il ne me convenait pas de faire une démarche qui pouvait devenir l'origine d'un différend entre le gouvernement français et le gouvernement belge. Aujourd'hui encore, je persiste dans cette résolution.

« Arrivé à la gare de Bruxelles, mes deux agents me saluèrent et me laissèrent libre.

« Fait à Bruxelles, le 11 février 1852.

« Signé : CHARRAS.

« *P. S.* J'oubliais de dire que l'un des agents était porteur d'un passe-port qui me désignait sous le nom de Vincent, et qui était signé par le ministre des affaires étrangères de M. Bona--parte ! »

Nous avons su qu'il en fut de même pour M. Baze. « A la frontière, disait-il devant M. Madier-Montjau, je prévins mes surveillants de l'intention où j'étais d'en appeler, dès que je serais sur le territoire belge, à l'autorité du pays pour me délivrer d'eux ; ils me firent entendre que j'aurais à le regretter ; qu'ils avaient ordre de ne me laisser qu'à Aix-la-Chapelle et qu'ils suivraient leur consigne. Après y avoir réfléchi, je ne voulus pas être la cause d'un conflit entre le gouvernement belge et le gouvernement français ; je craignais aussi de nuire, par là, aux réfugiés français en Belgique. A Aix-la-Chapelle, la police fit des difficultés. Elle ne voulait rien décider sans avoir consulté son gouvernement par le télégraphe. J'appris, au milieu de ce débat, que Fouquier, l'un de mes surveillants, avait un passe-port au nom de Lasalle, sur lequel ma famille et moi étions inscrits *comme faisant partie de sa suite!* Je demandai à être ramené à Louvain, mais Fouquier me répondit avec impatience : « Ma foi ! ma mission est terminée, arrangez-vous comme vous voudrez. »

Les décembriseurs ont certainement le vertige. Ils poussent la folie de l'arbitraire jusqu'à transporter, dans telle ou telle ville déterminée de la Belgique ou de l'Allemagne, les hommes qu'ils expulsent, comme si ces hommes ne pouvaient pas, une heure après leur délivrance, aller où il leur plaît !

Les choses se passèrent à peu près ainsi pour les généraux Bedeau, Lamoricière, Changarnier et Leflô. On les vit, comme leurs collègues MM. Charras et Baze, menés hors de France sous des noms supposés, entre deux misérables officiers de la rue de Jérusalem, qui ne cachèrent point qu'ils avaient mission d'employer les derniers moyens de la force s'ils trouvaient la moindre résistance ! Malgré de pareilles façons d'agir, M. Léopold, affectant une certaine déférence pour ces illustrations militaires, leur avait dit « que le gouvernement voulait avoir pour eux tous les égards dus à leur caractère. » « Oh! vos égards, je les connais, répondit le général Bedeau dédaigneusement ; vous avez mis la main de vos agents de police sur ma personne pour m'arracher de chez moi comme conspirateur, tandis que vous seuls étiez les conspirateurs. » Le brave général aurait pu ajouter : « Vous, les amis de la religion, vous m'avez ensuite ridiculisé dans vos journaux; parce que j'ai des sentiments religieux, vous m'avez fait passer pour un moine en prière du matin au soir. »

Quel triste retour ne durent pas faire sur eux-mêmes les généraux et M. Baze en se rappelant, au milieu de cette longue suite d'odieuses persécutions terminées par l'exil, qu'ils avaient, eux aussi, après juin 1848, emprisonné et transporté sans jugement des milliers de leurs concitoyens !

Ceux des représentants arrêtés préventivement, que l'on ne conduisit pas à la forteresse de Ham, restèrent à Mazas pendant dix-sept jours, au secret le plus rigoureux, sans la moindre nouvelle de ce qui se passait, de ce qu'étaient devenus leurs amis, la république, tout ce qui les intéressait. « Je ne crois pas, nous a raconté notre honorable collègue M. Nadaud, qu'il y ait de plus vives tortures que celles que je subis pendant les six premiers jours de ma détention au secret. En approchant ma table au-dessous de la petite croisée de ma cellule, et en plaçant ma chaise dessus, je pouvais apercevoir par côté plusieurs maisons. Elles étaient habitées par des ouvriers. Je les reconnus à leurs blouses. Toute la journée du mercredi 3 et toute celle du jeudi 4, ils restèrent tranquillement accoudés sur leurs balcons à regarder dans la rue et à causer avec leurs femmes. Cette tranquillité me désolait. Ils ne comprennent donc pas, me disais-je, car ils ne sont pas des lâches ! Le soir du 4, je tombai dans un abattement profond, et la fièvre ne me quitta pas de quarante-huit heures. »

§ IV.

Nous dirons ici, afin de n'avoir pas à interrompre plus tard le récit des événements, comment furent traités 230 autres représentants du peuple pris dans la journée du 2 décembre, à la mairie du 10e arrondissement où ils s'étaient rassemblés. On verra d'ailleurs ainsi d'un seul coup quelles ont été les façons d'agir de l'Élysée à l'égard de tous les membres de l'Assemblée nationale qu'il put saisir.

Les 230 dont nous parlons, presque tous appartenant à la majorité, furent d'abord conduits en masse à la caserne de cavalerie du quai d'Orsay, entourés d'un triple rang de baïonnettes. Le général Forey, qui s'était chargé de cette noble expédition, les jeta brutalement dans une cour au milieu des soldats et des chevaux du

2e lanciers. Personne ne s'occupa de mettre une salle quelconque à leur disposition !

La plupart n'avaient rien pris depuis le matin, et durent aller à la cantine du régiment, trop étroite, on le pense bien, pour contenir ses nouveaux hôtes. Étrange spectacle auquel il eût été à désirer que toute la France pût assister! Là, pêle-mêle avec des soldats *fort montés*, nous dit un témoin oculaire, se trouvaient les plus célèbres amis de l'ordre avec huit ou neuf anciens ministres de M. Bonaparte et autant de ces burgraves autrefois reçus avec tant de déférence à l'Élysée lorsqu'ils allaient y préparer la mutilation du suffrage universel! Nommons-en quelques-uns : MM. O. Barrot, Benoist d'Azy, Berryer, Broglie, Coquerel, Dufaure, Duvergier-Hauranne, Falloux, Kératry, J. Lasteyrie, Lauriston, Montebello, Oudinot, Passy, Rémusat, Tocqueville, etc. etc.

Nous n'avons ni à défendre ni à plaindre ces messieurs ; ils tiennent fort peu à nos marques de sympathie. Mais que pensera l'Europe conservatrice à voir conduire en prison, comme des *factieux*, et livrés aux moqueries de *soldats montés*, tant de personnages qu'elle regarde comme les dépositaires les plus éminents de toutes les saines doctrines? Et en dehors de la politique, quelle grossièreté n'y a-t-il pas dans l'âme de celui qui soumet à de telles humiliations des hommes avec lesquels il était la veille dans les meilleures relations !

Ils apprirent là encore quel rôle leur ancien et perfide complice leur faisait jouer aux yeux de l'armée. Des cavaliers les apostrophèrent en disant : « Vous voilà donc, canailles, qui vouliez nous supprimer le sou de poche. Vous êtes coffrés, tant mieux. — Comment? que voulez-vous dire? — Oui, oui, faites les innocents ; nous vous connaissons. M. Lamennais a fait une proposition pour supprimer le sou de poche aux soldats. »

On appelle *sou de poche* ou *prêt*, pour les soldats et sous-officiers, la somme d'argent qui leur est délivrée tous les cinq jours et dont ils disposent à leur gré. Le sou de poche à Paris, pour le simple soldat, est de 13 centimes, un peu plus qu'en province. Il est constant que le bruit du projet prêté à l'Assemblée de supprimer le sou de poche a été semé dans les régiments. Notre compagnon d'exil M. Caizac, sous-officier au 19e de ligne, en avait entendu parler quelques mois auparavant, alors qu'on commençait à faire au régiment des théories sur les éventualités d'une guerre civile! Qui, sauf les conspirateurs impérialistes, a pu répandre ce bruit mensonger?

Tels sont les nobles moyens que les honnêtes gens élyséens employaient pour perdre l'Assemblée auprès des soldats, auxquels, d'un autre côté, ils interdisaient soigneusement la lecture des journaux !

Nul des prisonniers du quai d'Orsay ne savait ce qu'on allait faire d'eux, lorsque, vers huit heures et demie du soir, sept voitures *cellulaires* entrèrent dans la cour pour en enlever quelques-uns. Où allait-on les conduire ? Les insurgés gardaient à cet égard le silence le plus absolu. Quelques visages s'assombrirent ; on connaissait la disposition maladive de l'ami de M. Persigny à imiter les moindres actions de l'oncle, si mauvaises qu'elles pussent être, et la pensée de Sinnamary se présenta naturellement à l'esprit du plus grand nombre. Tout le monde, cependant, fit bonne contenance. M. Montebello se contenta de dire, au moment du départ, que dirigeait le geôlier en chef, M. le colonel Forey : « Messieurs, c'est aujourd'hui le jour anniversaire de la bataille d'Austerlitz, et voilà le gendre du maréchal Bugeaud qui fait monter le fils du maréchal Lannes dans une voiture de galérien ! » Le rapprochement serait plus curieux encore, s'il pouvait y avoir quelque chose de commun entre le maréchal Lannes et le geôlier de la duchesse de Berry.

Au moment du départ, le chef d'escadron qui commandait l'escorte de lanciers dit à ses hommes : « Je vous recommande ce tas de brigands-là. » D'où sortent donc les officiers supérieurs de l'armée française.

Les représentants, ainsi traités en galériens, furent conduits au fort du Mont-Valérien. Là, non plus, rien n'avait été préparé pour les recevoir. Ils furent placés tous ensemble dans une grande salle de casernement; ils étaient cinquante-deux. « Ne vous inquiétez pas, avait répondu, aux observations du commandant de place, un officier d'état-major qui les avait accompagnés : ne vous inquiétez pas; mettez-les où vous voudrez, ce sera toujours assez bon pour eux. » Nous ne savons si ce digne serviteur de l'Élysée a obtenu l'avancement auquel il a droit. Parmi ceux dont il parlait ainsi, il n'y avait guère que des *honnêtes gens*, et entre autres MM. Gustave Beaumont, Vatimesnil, Oudinot, Lauriston, Falloux, Piscatory, Montebello, etc., un ancien ministre de M. Bonaparte, un ancien général en chef, deux ou trois burgraves. Ne vous inquiétez pas, ce sera toujours assez bon pour eux! O ingratitude bonapartiste! Le commandant du fort, qui n'était pas à la hauteur des circonstances, exprima le regret de n'avoir à leur offrir que des lits dont les draps, à en juger par leur état, avaient dû servir au moins pendant quinze jours aux soldats d'un bataillon qui était allé le matin même à Paris!

Les panégyristes du 2 décembre pourront louer

tant qu'ils voudront le profond génie des meneurs de la conjuration. Il n'y a pas un homme de bonne compagnie en Europe qui ne les tienne pour les gens les plus mal élevés du monde, et l'on ajoutera les plus barbares, quand nous dirons quelles tortures subirent les transportés.

Les membres restés à la caserne furent transportés, le 3, de grand matin, les uns à Vincennes les autres à Mazas.

Dès le lendemain au soir, trois des prisonniers du Mont-Valérien, MM. Defontenay, Falloux et Vatimesnil, apprirent qu'ils étaient libres, et il devint manifeste pour tout le monde que les restaurateurs du suffrage universel avaient l'intention de relâcher tous ceux qui avaient voté la loi du suffrage restreint.

Hâtons-nous cependant de le publier, légitimistes et orléanistes comprirent qu'il y avait cette fois solidarité entre eux et leurs ennemis politiques, et lorsqu'on vint demander la liste des membres présents pour faire le triage, ils refusèrent de se nommer. Mais on tenait fort à ne pas les conserver. Aussi, le 4 ou le 5, arrivèrent des omnibus, avec un commissaire et M. Duponceau, chef des huissiers de l'Assemblée. On avait pensé que les membres de la majorité persisteraient dans leur silence, et M. Duponceau, à notre grand étonnement, s'était chargé de constater l'identité de chacun. Sur sa désignation, les soldats s'emparèrent de ceux qui devaient être mis en liberté malgré eux. On en comptait trente-sept, y compris MM. Vatimesnil et Falloux, qui avaient repoussé toute faveur particulière. Ils furent ramenés à Paris, sur la place de la Révolution, où on les força tous de descendre, comme des gens à qui l'on dit : « Allez vous faire pendre ailleurs. » Une pareille mesure était peu flatteuse pour ces messieurs; elle leur montrait trop qu'on ne les redoutait pas du tout, mais elle faisait éclater mieux encore l'insigne déloyauté des conspirateurs. Ceux-ci avaient formellement dit, dans les adresses de MM. Bonaparte et Maupas au peuple, qu'ils dissolvaient l'Assemblée « *pour maintenir la république contre les complots des royalistes*, » et ils mettaient en liberté les royalistes tombés entre leurs mains ! Au moment même où ils disaient au peuple, afin d'obtenir sa neutralité, qu'ils allaient défendre la république menacée par les monarchistes, ils montraient à ceux-ci une déférence relative, afin d'apaiser leurs ressentiments ! Il peut y avoir dans de tels manéges une certaine habileté grosse et vulgaire, mais nous doutons que personne en admire jamais la bonne foi et la dignité.

On avait retenu M. Oudinot, le général en chef de l'expédition de Rome. Pour le mettre en liberté, on choisit, avec une délicatesse de goût tout à fait élyséenne, le jour même de la promotion du général Vaillant au grade de maréchal de France. Bizarre influence des événements sur les choses accomplies ! il s'est trouvé que le général Vaillant avait tout fait à Rome, parce que le général Oudinot s'est avisé d'aller à la réunion du 10e arrondissement ! Si M. Vaillant avait eu honte de s'allier aux traîtres, il n'aurait pas plus été le vainqueur de Rome que M. Oudinot, et l'on aurait découvert quelque autre général à qui serait revenue toute la gloire de cette fatale entreprise. A quel usage servent aujourd'hui les bâtons de maréchal de France? Il était dit que les insurgés du 2 décembre saliraient toutes choses.

Des représentants de diverses nuances envoyés au Mont-Valérien, les insurgés ne gardèrent, en définitive, que les républicains : MM. Péan, Latrade, Besse, Renaud, Pascal Duprat et Antony Thouret. Ceux-ci eurent à se louer de la garnison détachée du 72e de ligne. — L'armée n'ignore pas que plusieurs de ses chefs se sont vendus à prix d'or; car un des officiers du fort, causant avec notre brave collègue M. Renaud, de la fatalité de leur position, se prit à dire amèrement : « Et penser que certains généraux font cela pour quelques centaines de mille francs! »

Autant les représentants détenus au Mont-Valérien furent bien traités, autant ceux enfermés à Mazas eurent à se plaindre. Le régime de la prison fut pour eux *le même* que celui des *condamnés criminels!* La nourriture était à peu près suffisante, mais sa qualité très-inférieure, et servie avec une telle malpropreté, nous dit M. Valentin, que, pendant les dix-sept jours passés là, il n'a pu goûter à quoi que ce fût en dehors du pain et du vin. Les *représentants du peuple* ne sortaient pas non plus de leurs cellules, pour prendre l'air, *autrement que les voleurs.* Ils étaient soumis aux mêmes formalités, aux mêmes précautions, à la même surveillance, pour se promener solitairement pendant deux heures dans un petit préau!

Les citoyens déposés à Mazas, membres de l'Assemblée et autres, étaient si nombreux, que, pour les loger, on avait mis en liberté les condamnés criminels auxquels il restait peu de temps à faire! Le 17 décembre, on régularisa un peu ces moyens de sauver la société; on concentra à Sainte-Pélagie les représentants encore détenus à Vincennes, à Mazas et au Mont-Valérien. Tous, et c'était le seul crime qui expliquât cette rigueur particulière, avaient l'honneur d'appartenir à la Montagne.

Des élus du suffrage universel tombés au pouvoir de l'ennemi, il ne resta donc plus en prison que MM. Baune à Mazas (retenu par une violente attaque de goutte), Miot à Bourges, et à Sainte-Pélagie, MM. Belin, Benoît (du Rhône), Besse, Bourzat, Burgard, Chaix, Cholat, Delbetz, Dufraisse, Duprat, Faure, Gambon, Greppo, Laboulaye, Lalon, Lagrange, Latrade, Madet, Nadaud, Émile Péan, Perdiguier, Racouchot, Renaud, Richardet, Thouret, Valentin.

A leur arrivée à Sainte-Pélagie, ces messieurs furent répartis par groupes de deux, trois et quatre dans des chambres si petites que tout l'espace était pris par les lits. Une distribution de café au lait, outre les deux repas formant la nourriture ordinaire, et l'allocation journalière d'une livre de bougies pour l'éclairage de huit à dix chambrées, furent les seules dérogations qui eurent lieu en faveur des représentants du peuple, au régime de la prison.

Le service des chambrées était fait aux frais de nos collègues, par trois ou quatre détenus naturellement chargés de les espionner. A tous moments on surprenait ces hommes aux écoutes. Ils étaient logés dans le quartier même occupé par les membres de l'Assemblée nationale, et il leur arrivait fréquemment, la nuit, de se livrer à de véritables orgies avec du vin que leur abandonnaient nos amis, ou qu'ils faisaient acheter sous le nom de ces derniers. Au milieu de leur ivresse, ils affectaient de parler à haute voix et en termes orduriers, que les factionnaires placés dans la cour entendaient et ne manquaient pas de mettre sur le compte des représentants. Ceux-ci furent très-longtemps avant d'obtenir du directeur qu'il mît un terme à des manœuvres où il n'était pas difficile de distinguer l'intervention de l'honorable M. de Maupas !

Vers le milieu de janvier, nos amis quittèrent enfin la prison pour l'exil.

Nous avions mille fois frémi d'indignation et de colère, nous avions eu mille fois l'âme navrée depuis que nous sommes dans la vie politique, en voyant avec quel immense dédain le pouvoir disposait en France de la liberté des citoyens. Notre douleur était d'autant plus grande qu'il nous semblait reconnaître là un abus de la force contre les faibles et les petits. Nous ne nous doutions pas que ceux qui se livraient si légèrement à la violence contre les autres subiraient tout aussi aisément eux-mêmes les effets de la violence ; nous n'imaginions pas que les hommes les plus considérables dans la nation, des représentants du peuple, des ministres, des ambassadeurs pouvaient être illégalement arrêtés, au vu et au su de tout le monde, sans soulever la population entière ; nous ne supposions pas que des généraux ayant commandé en chef de nombreuses armées, et notoirement innocents, seraient placés entre deux gendarmes et menés à la frontière comme des malfaiteurs, sans que les gendarmes, la veille encore sous leurs ordres, hésitassent à les conduire, sans que personne en fût ému, sans qu'eux-mêmes y fissent résistance. On prend plus de mépris et de haine contre l'arbitraire en voyant combien il est facile ; en considérant que, dans une société où règne l'*ordre*, le moindre pouvoir trouve des agents soumis pour les énormités les plus révoltantes. Nous ne nous plaignons pas, le ciel nous en préserve, de l'égalité devant le gendarme, il n'y a que ce côté-là de moral dans l'excès de puissance du gendarme, mais nous déplorons que notre pays soit l'esclave de ce représentant de la force publique. L'obéissance passive de la force armée est la plaie de la société française. Ce qui se passe en France depuis le 2 décembre doit être, ce nous semble, une grave leçon pour les hommes intelligents et de bonne foi qui servent exclusivement l'*ordre*, pour ceux auxquels leur passé donne une grande influence sur les classes qui se croient les plus intéressées à l'ordre. Nos mœurs publiques sont en vérité bien arriérées ; et, si on ne les réforme pas, on ne fermera jamais l'ère des révolutions, selon l'expression consacrée. Nous n'avons que le sentiment de L'AUTORITÉ, il faut y substituer celui du DROIT. Pourquoi n'y a-t-il jamais de révolution en Angleterre, malgré les effrayants abus de sa constitution sociale ? C'est que le gouvernement y est le plus fidèle observateur de la loi, qu'elle lui plaise ou ne lui plaise pas, qu'elle le gêne ou ne le gêne pas; c'est que tout Anglais a l'amour incarné de la légalité ; c'est que le dernier des *policemen* à qui la reine elle-même ordonnerait une illégalité, désobéirait. Pourquoi, depuis soixante ans, notre histoire n'est-elle qu'une longue révolution? C'est qu'en France aucun gouvernement, sauf le Gouvernement provisoire, n'a respecté la loi, c'est que l'autorité s'est toujours mise au-dessus du pacte fondamental, c'est que les fonctionnaires sont les serviteurs du pouvoir et non les hommes de la Constitution. Oh! oui, sans doute, il faut que les fonctionnaires obéissent hiérarchiquement à leurs chefs ; mais, tant qu'ils devront obéir passivement, aveuglément, comme des machines ; tant qu'ils ne seront pas tenus de regarder la loi avant tout; tant qu'ils ne seront pas sérieusement responsables de leurs actes; tant que le plus pauvre des citoyens ne pourra pas leur en demander un compte sévère devant le magistrat ; tant qu'ils devront exécuter des illégalités claires, évidentes, patentes pour eux, comme pour ceux qui les ordonnent ; tant que la liberté individuelle n'aura pas des *garanties souveraines*, ce qu'on appelle *l'ordre* ne sera en réalité que le désordre organisé; la société ne sera toujours qu'un chaos où pourront trôner d'aventure les premiers Maupas ou Bonapartes venus, à l'abri de quelques baïonnettes étonnées elles-mêmes des excès qu'elles protégent.

CHAPITRE II.

PREMIERS ACTES DE L'INSURRECTION.

Les arrestations préventives ne suffisaient pas au succès du complot. Quelques heures plus tard la voix de la presse républicaine, unanime et formidable, aurait, au nom du droit, sonné l'appel aux armes. On prévint le danger; toutes les imprimeries, toutes les presses lithographiques même furent fermées simultanément, et les bureaux des journaux républicains occupés militairement. Au *National*, un commissaire de police vint à six heures du matin avec une compagnie de gardes républicains ; il posa les scellés sur les presses, et, ne croyant pas lui-même au respect dû à de pareils scellés, il plaça une sentinelle à chaque porte.

Ainsi, dès le premier moment, toute publication de pièces quelconqnes, utiles à la résistance, était devenue une impossibilité. Une réunion de trente à quarante journalistes, qui eut lieu au *Siècle,* vers midi, ne manqua pas de courage pour rédiger et signer une énergique protestation de la presse, mais elle manqua des moyens de faire imprimer ce document.

D'un autre côté, les deux traîtres placés à la tête de l'état-major de la garde nationale, le général Lawœstine et M. Vieyra, avaient pris des mesures pour que le rappel ne pût être battu nulle part. Une lettre du général Lawœstine aux majors de chaque légion (officiers *soldés*, comme on sait) leur ordonnait de mettre hors de service les caisses de tambours, leur défendait de laisser battre le rappel, et leur enjoignait d'empêcher toute réunion de la garde nationale. Un officier de la 3e légion, qui se rendit à sa mairie à neuf heures du matin, vit cette lettre. Là le major avait fait enlever les peaux des caisses et en avait aussi crevé quelques-unes.

Voici, à ce sujet, une scène que raconte M. Mayer dans son *Histoire du 2 décembre* (page 47) : « Le lundi soir, le président tint sa ré-
« ception ordinaire de ce jour ; la foule y était
« immense. Nul pourtant ne soupçonnait encore.
« Vers dix heures, Louis-Napoléon, s'étant
« adossé à une cheminée, appela d'un signe
« le colonel Vieyra, nommé la veille chef d'état-

« major de la garde nationale : Colonel, lui dit-il
« en souriant, êtes-vous assez maître de votre
« visage pour n'y rien laisser paraître d'une
« grande émotion? — Je le crois, mon prince,
« répondit M. Vieyra.

« — Fort bien alors.

« Et avec un sourire plus épanoui :

« — C'est pour cette nuit, dit-il à demi-voix.
« Vous n'avez pas bougé; c'est bien, vous êtes
« fort. Pouvez-vous me répondre que demain le
« rappel ne sera battu nulle part, et qu'aucune
« convocation de garde nationale n'aura lieu? —
« Très-facilement, pourvu que j'aie assez d'or-
« donnances à ma disposition. — Voyez pour
« cela le ministre de la guerre. Partez mainte-
« nant; mais pas *de suite,* on croirait que je
« vous ai donné un ordre.

« Et, prenant le bras de l'ambassadeur d'Es-
« pagne qui s'avançait, le prince quitta la che-
« minée pendant que M. Vieyra, pour dérouter
« tout soupçon, allait échanger quelques bana-
« lités dans un groupe de dames. »

Cette révélation est précieuse. Que M. Mayer fût de la partie, comme il semble l'indiquer, ou non, toujours est-il qu'il est bien instruit; à mille détails tout à fait intimes qui fourmillent dans son livre, on voit que le *maître,* comme il dit, lui a fait des confidences; on peut l'en croire sur des choses de ce genre. Or, personne ne savait encore que M. Bonaparte fût l'ennemi de la bourgeoisie, comme il prétend l'être depuis que la bourgeoisie s'est montrée peu touchée de la manière dont « il a sauvé *la France et la chrétienté.* »(Mayer, page 48.) N'est-il pas intéressant de voir ce grand conservateur redouter si fort la nation armée? Notez encore que la garde nationale n'était plus remplie que d'amis de l'ordre. Le général Cavaignac l'avait *épurée* depuis longtemps; il en avait éloigné, après juin 1848, en la désarmant, tous les ouvriers, tous les hommes *dangereux;* il avait licencié en masse la 7e, la 8e et la 12e légion plus particulièrement mal pensantes. — Voilà des hommes qui font un coup d'état pour le salut de la religion, de la famille, de la propriété, et le premier de leurs soins est de claquemurer chez elle, de réduire à l'impuissance toute une armée volontaire, exclusivement composée d'hommes religieux, de pères de famille, de propriétaires, de négociants, de marchands, «d'honnêtes gens» qui avaient fait preuve de haine et de courage en 1848 contre les socialistes, les brigands, les partageux, etc., etc.!

Tous ces nobles préliminaires étaient consommés avant le lever du soleil. Le crime du 2 décembre est une œuvre nocturne. Les conjurés ont procédé à la manière de Cartouche et de Mandrin, la nuit, dans l'ombre, aux heures du vol et de l'assassinat. Les officiers dont l'armée aurait écouté la voix, les hommes auxquels on pouvait supposer de l'action sur le peuple avaient été arrêtés dans leurs lits; les tambours de la milice citoyenne étaient saisis, les imprimeries scellées, les ministères enlevés, les caisses publiques sous la main des *coquins*, la garde de l'Assemblée surprise, tous les points stratégiques couverts d'artilleurs et de soldats; le coup était fait enfin, que Paris dormait encore! Il s'éveilla stupéfait et désarmé devant les placards qui couvraient les murailles, et annonçaient l'insurrection du gouvernement.

Ces placards sortaient de l'imprimerie nationale, dont le directeur, M. Saint-Georges, participait au complot. Les ouvriers nécessaires avaient été consignés le 1er décembre, au soir, « pour un travail d'urgence. « A minuit, la 4e compagnie du 1er bataillon de gendarmie mobile (presque tous anciens gardes municipaux de Louis-Philippe, et choisis certainement à dessein) vint occuper toutes les portes, toutes les fenêtres, toutes les issues; personne ne put entrer ni sortir. Le capitaine, M. Delaroche Doisy, fit charger les armes en silence et donna la consigne envoyée par Saint-Arnaud. « Elle était simple, « nous dit héroïquement M. P. Mayer : FUSIL-« LER TOUT CE QUI TENTERAIT DE SORTIR OU DE « S'APPROCHER D'UNE FENÊTRE. RIEN DE PLUS

« CLAIR, MAIS RIEN DE PLUS NÉCESSAIRE AUSSI. »
(Page 50.) L'historien est digne du sujet. On reconnaît là un de ces honnêtes gens qui répondent toujours par le mot de guillotine quand ils entendent parler de République. FUSILLER ! Le mot et la chose se trouvent à chaque ligne et à chaque pas de l'attentat du 2 décembre. Il n'y eut jamais de révolution plus lâchement meurtrière, plus froidement impitoyable. L'assassin de Boulogne ne s'est pas démenti.

M. Beville, lieutenant-colonel d'état-major, un des aides de camp de l'Élysée, apporta, en fiacre, les manuscrits qui furent livrés aux ouvriers. Pas un d'eux n'eut le courage de se refuser à cette besogne impie, pas un d'eux n'excita les autres à une résistance au moins passive. Ils pouvaient peut-être sauver la République en se croisant les bras, ils ne le firent pas ! Le fusil sur la gorge, ils obéirent....

Ce que les insurgés appellent *le décret* de dissolution de l'Assemblée et de mise en état de siége de Paris, l'appel au peuple, l'adresse à l'armée, l'acte de convocation des comices, la proclamation du sieur Maupas, comme préfet de police, et sa lettre aux commissaires de police, tout fut composé, tiré à grand nombre d'exemplaires en quatre ou cinq heures, et porté à la préfecture de police. Les afficheurs habituels y attendaient ; et, les pièces une fois distribuées, ils se répandirent, escortés par des sergents de ville, dans toutes les directions, vers six heures et demie [1].

Les ouvriers de l'imprimerie nationale jugeront mieux encore du mal qu'ils ont fait, en lisant cette exclamation de M. P. Mayer au moment où il va parler des affiches des conjurés : « *Pour l'honneur éternel de la pensée humaine,* « le premier acte du 2 décembre ne fut pas un

---

[1] Pourquoi faut-il que les ouvriers imprimeurs dont le travail fut si funeste n'aient pas suivi l'exemple de leurs ancêtres ! Leur conduite était dictée par un précédent que mentionne notre ami Louis Blanc, dans sa puissante *Histoire de la Révolution*, tome II, page 204.

En 1788, la cour, hostile à la révolution naissante, méditait un coup d'état contre le parlement de Paris, précurseur de l'Assemblée constituante. Gardés à vue dans un atelier, qu'entourait un triple rang de baïonnettes, des ouvriers imprimeurs travaillaient forcément à composer le texte d'édits redoutables.

« L'un d'eux, d'accord avec le conseiller d'Espremenil, parvint à lancer par les fenêtres une épreuve des édits roulée dans une boule de terre glaise : c'est ainsi que le parlement apprit qu'on allait *fermer le lieu de ses séances, disperser tous ses membres, créer une autre compagnie dont les fonctions seraient d'obéir.*

On dirait l'histoire du jour. Mêmes procédés de la part du despotisme. Mais quelle différence dans les résultats ! Les pères déjouèrent la conspiration de Louis XVI, les fils prêtèrent les mains à celle du *neveu de l'Empereur.*

« coup de canon, mais un coup de presse. C'est
« de l'*imprimerie nationale* que partit ce prélude
« consolateur. » (Page 49).

Il y avait trois placards; notre rôle d'historien nous oblige à transcrire ici ces monuments de violence, de mensonge et de fraude :

AU NOM DU PEUPLE FRANÇAIS.

LE PRÉSIDENT DE LA RÉPUBLIQUE

Décrète :

ARTICLE I.

L'Assemblée nationale est dissoute.

ARTICLE II.

Le suffrage universel est rétabli. La loi du 31 mai est abrogée.

ARTICLE III.

Le peuple français est convoqué dans ses comices, à partir du 14 décembre jusqu'au 21 décembre suivant.

ARTICLE IV.

L'état de siége est décrété dans l'étendue de la première division militaire.

ARTICLE V.

Le conseil d'État est dissous.

ARTICLE VI.

Le ministre de l'intérieur est chargé de l'exécution du présent décret.

Fait au palais de l'Élysée, le 2 décembre 1851.

LOUIS-NAPOLÉON BONAPARTE.

Le ministre de l'intérieur,

DE MORNY.

PROCLAMATION DU PRÉSIDENT DE LA RÉPUBLIQUE.

Appel au peuple.

« Français!

« La situation actuelle ne peut durer plus longtemps. Chaque jour qui s'écoule aggrave les dangers du pays. L'Assemblée, qui doit être le plus ferme appui de l'ordre, est devenue un foyer de complots. *Le patriotisme de trois cents de ses membres* n'a pu arrêter ses fatales tendances. Au lieu de faire des lois dans l'intérêt général, elle forge des armes pour la guerre civile; elle attente au pouvoir que je tiens directement du peuple; elle encourage toutes les mauvaises passions; elle compromet le repos de la France; je l'ai dissoute, et je rends le peuple entier juge entre elle et moi.

La Constitution, vous le savez, avait été faite dans le but d'affaiblir d'avance le pouvoir que vous alliez me confier. Six millions de suffrages furent une éclatante protestation contre elle, et cependant je l'ai fidèlement observée. Les provocations, les calomnies, les outrages m'ont trouvée impassible. Mais aujourd'hui que le pacte fondamental n'est plus respecté de ceux-là mêmes qui l'invoquent sans cesse, et que les hommes qui ont perdu deux monarchies veulent me lier les mains, *afin de renverser la République*, mon devoir est de déjouer leurs perfides projets, *de maintenir la république* et de sauver le pays en invoquant le jugement solennel du seul souverain que je reconnaisse en France : le peuple.

« Je fais donc appel loyal à la nation tout entière, et je vous dis : Si vous voulez continuer cet état de malaise qui nous dégrade et compromet notre avenir, choisissez un autre à ma place, car je ne veux plus d'un pouvoir qui est impuissant à faire le bien, me rend responsable d'actes que je ne puis empêcher, et m'enchaîne au gouvernail quand je vois le vaisseau courir vers l'abîme.

« Si, au contraire, vous avez encore confiance en moi, donnez-moi les moyens d'accomplir la grande mission que je tiens de vous.

« Cette mission consiste à fermer l'ère des révolutions en satisfaisant les besoins légitimes du peuple et en le protégeant contre les passions subversives. Elle consiste surtout à créer des institutions qui survivent aux hommes et qui soient enfin des fondations sur lesquelles on puisse asseoir quelque chose de durable.

« Persuadé que l'instabilité du pouvoir, que la prépondérance d'une seule Assemblée sont des causes permanentes de trouble et de discorde, je soumets à vos suffrages les bases fondamentales suivantes d'une Constitution *que les Assemblées développeront plus tard.*

« 1º Un chef responsable nommé pour dix ans ;

« 2º Des ministres dépendants du pouvoir exécutif seul ;

« 3º Un conseil d'État formé des hommes les plus distingués, préparant les lois et en soutenant la discussion devant le corps législatif ;

« 4º Un corps législatif discutant et votant les lois, nommé par le suffrage universel, sans scrutin de liste qui fausse l'élection ;

« 5° Une seconde Assemblée formée de toutes les illustrations du pays, pouvoir pondérateur, gardien du pacte fondamental et des libertés publiques.

« Ce système, créé par le premier Consul au commencement du siècle, a déjà donné à la France le repos et la prospérité ; il les lui garantirait encore.

« Telle est ma conviction profonde. Si vous la partagez, déclarez-le par vos suffrages. Si, au contraire, vous préférez un gouvernement sans force, monarchique ou républicain, emprunté à je ne sais quel passé ou à quel avenir chimérique, répondez négativement.

« Ainsi donc, pour la première fois depuis 1804, vous voterez en connaissance de cause, en sachant bien pour qui et pour quoi.

« Si je n'obtiens pas la majorité de vos suffrages, alors je provoquerai la réunion d'une nouvelle Assemblée, et je lui remettrai le mandat que j'ai reçu de vous.

« Mais si vous croyez que la cause dont mon nom est le symbole, c'est-à-dire la France régénérée par la révolution de 89 et organisée par l'Empereur, est toujours la vôtre, proclamez-le en consacrant les pouvoirs que je vous demande.

« Alors la France et l'Europe seront préservées de l'anarchie, les obstacles s'aplaniront, les rivalités auront disparu ; car tous respecteront, dans l'arrêt du peuple, le décret de la Providence.

« Fait au palais de l'Élysée, le 2 décembre 1851.
« LOUIS-NAPOLÉON BONAPARTE. »

Proclamation du président de la république à l'armée.

« Soldats !

« Soyez fiers de votre mission ; vous sauverez la patrie, car je compte sur vous, *non pour violer les lois*, mais pour faire respecter la première loi du pays : la souveraineté nationale, dont je suis le légitime représentant.

« Depuis longtemps vous souffriez comme moi des obstacles qui s'opposaient et au bien que je voulais faire et aux démonstrations de vos sympathies en ma faveur. Ces obstacles sont brisés.

« L'Assemblée *a essayé d'attenter à l'autorité* que je tiens de la nation entière ; elle a cessé d'exister.

« Je fais un loyal appel au Peuple et à l'Armée, et je lui dis : ou donnez-moi les moyens d'assurer votre prospérité, ou choisissez un autre à ma place.

« *En 1830 comme en 1848, on vous a traités en vaincus. Après avoir flétri votre désintéressement héroïque, on a dédaigné de consulter vos sympathies et vos vœux*, et cependant vous êtes l'élite de la nation. Aujourd'hui, en ce moment solennel, je veux que l'armée fasse entendre sa voix.

« Votez donc librement comme citoyens ; mais comme soldats, n'oubliez pas que l'obéissance passive aux ordres du chef du gouvernement est le devoir rigoureux de l'armée, depuis le général jusqu'au soldat.

« C'est à moi, responsable de mes actions devant le Peuple et devant la postérité, de prendre les mesures qui me semblent indispensables pour le bien public.

« Quant à vous, restez inébranlables dans les règles de la discipline et de l'honneur. Aidez, par votre attitude imposante, le pays à manifester sa volonté dans le calme et la réflexion.

« Soyez prêts à réprimer toute tentative contre le libre exercice de la souveraineté du Peuple.

« Soldats, je ne vous parle pas des souvenirs que mon nom rappelle. Ils sont gravés dans vos cœurs. Nous sommes unis par des liens indissolubles. Votre histoire est la mienne. Il y a entre nous, dans le passé, communauté de gloire et de malheur.

« Il y aura, dans l'avenir, communauté de

sentiments et de résolution pour le repos et la grandeur de la France.

« Fait au palais de l'Élysée, le 2 décembre 1851.

« Signé : L.-N. Bonaparte. »

———

Le peuple ne sentit pas bien tout ce qu'il y avait de déloyauté dans ces trois manifestes. Il ne vit pas que si M. Bonaparte rétablissait le suffrage universel qu'il avait lui-même aboli, de concert avec les burgraves, c'est qu'il avait besoin de ce piége pour tromper les faubourgs. Le peuple ne comprit pas que si le prétendant impérial parlait de maintenir la République, dont il n'avait pas prononcé le nom depuis trois ans, c'était encore qu'il croyait ce mot utile à la réussite de son guet-apens ; le peuple ne considéra pas qu'en disant aux soldats que les révolutions dernières les avaient maltraités, et en leur offrant de prendre une sorte de revanche sur Paris, le conspirateur élyséen voulait exciter l'armée contre le reste de la population ; le peuple ne s'aperçut pas que la perfide rédaction du plébiscite offrait les moyens de confisquer toutes les libertés et d'annihiler le suffrage universel qu'on se vantait de rétablir. Le peuple, toujours un peu aveuglé d'ailleurs par le préjugé bonapartiste, ne vit que deux choses dans ce qui s'accomplissait : d'abord, les partis royalistes défaits, vaincus par la dissolution ; ensuite, le suffrage universel restauré, le suffrage universel avec lequel il croyait pouvoir se rendre toujours maître de toutes les éventualités. Sous des impressions aussi fausses, les avantages apparents de l'attentat en diminuèrent singulièrement à ses yeux l'énormité.

Disons-le, quoiqu'il nous en coûte, à la lecture de ces placards, la population fut plus agitée qu'indignée. Elle n'arracha nulle part les manifestes du pouvoir en insurrection. L'œil des masses s'arrête trop souvent à la surface des choses ; et que virent-elles ici ! Une lutte entre le Président et l'Assemblée nationale. Rien de plus. Ainsi s'explique leur indifférence. Prendre parti ! Pour qui ? Pour l'Assemblée ? Mais l'impopularité avait fini par l'atteindre presque tout entière. Personne qui l'aimât ou qui pût l'aimer. Les détestables lois votées par la majorité l'avaient rendue odieuse au peuple ; l'exécrable système de calomnie, pratiqué contre la minorité par les amis de l'ordre, ne l'avait rendue guère moins odieuse à ce qu'on appelle les classes élevées. Il faut bien le dire aussi, plusieurs de nos amis, eux-mêmes, avaient contribué à discréditer la Montagne par des attaques insensées, acharnées, coupables, dont le moindre tort fut de la rendre suspecte à ceux des ouvriers qui ne jugent pas par eux-mêmes. En somme, ni le peuple ni la garde nationale ne se soucia de défendre l'Assemblée. Les élyséens avaient compté son impopularité parmi leurs chances de succès, et l'événement a trop prouvé qu'ils ne s'étaient pas trompés.

Rapprochement édifiant! La représentation nationale fut dissoute par M. Bonaparte, comme la Constituante l'avait été, au 15 mai 1848, par M. Hubert, lequel s'est vu élargir depuis en raison d'une sympathie facile à expliquer. N'eût-il pas été choquant de voir M. Hubert à Belle-Ile pour avoir dispersé courageusement, en personne, la première assemblée parlementaire de la République, tandis que M. Bonaparte était aux Tuileries pour avoir dispersé la seconde, lâchement, en se cachant derrière *des prétoriens en débauche*. Ces deux messieurs étaient faits pour s'entendre; ils se sont entendus. Le 2 décembre, en effet, qu'est-ce autre chose qu'un 15 mai réussi, mais plus odieux encore, car au fait d'insurrection se joint le fait de trahison.

On peut, du reste, rappelons-le en passant, juger par ce rapprochement de la moralité des Baroche, des Rouher, des Bineau, des Lacrosse, etc., qui, après avoir exploité si souvent, contre le parti républicain tout entier, l'échauffourée du 15 mai, sont devenus les serviteurs et les ministres du 2 décembre !

C'est une satisfaction pour nous de dire que très-peu de membres honorables de l'Assemblée ont donné l'exemple d'une aussi déplorable lâcheté. Les rebelles n'ont vraiment pas à se féliciter de leurs conquêtes sous ce rapport. Pas un homme de quelque valeur ne devient le complice de leur succès, et les refus de serments, qui sont des actes d'hostilité fort prononcés, se multiplient à l'infini. Jamais on n'aurait pu croire qu'il s'en déclarerait autant, aujourd'hui où il reste à si peu de consciences la foi du serment politique [1]. Partout où il y a un homme loyal, il y a un ennemi de M. Bonaparte et com-

---

[1] On trouvera aux *annexes* n° 1, **Refus de serment**, la lettre dans laquelle notre ami le citoyen Charras a motivé son refus. Le lieutenant-colonel Charras, rayé des contrôles de l'armée par un acte de violence et de spoliation, dont nous parlerons dans un prochain volume au chapitre de l'armée, n'avait pas de serment à prêter comme militaire, mais comme membre du conseil général du Puy-de-Dôme. La manière dont il s'y est pris laissera quelque regret à l'intelligent auteur de la constitution des muets d'avoir imposé le serment aux fonctionnaires municipaux. Quiconque aime l'honnêteté du cœur, l'indignation élevée d'un homme énergique vis-à-vis du crime triomphant, sera heureux de lire cette lettre, dont chaque ligne frappe comme un coup d'épée.

pagnie. Ces refus de serment, en ce qui concerne les fonctionaires salariés, ont un caractère d'autant plus grave, que leurs auteurs appartiennent, pour la plupart, « aux amis de l'ordre. » On sait que depuis longtemps les républicains étaient exclus de tous emplois publics.

CHAPITRE III.

RÉSISTANCE DE L'ASSEMBLÉE.

LA MAJORITÉ.

§ I.

Il est juste de le reconnaître, les deux côtés de la représentation nationale surprise de nuit par des malfaiteurs ont agi résolûment dans la mesure de leur tempérament et de leurs habitudes. Si la majorité avait fini cette lugubre journée comme elle l'avait commencée, elle aurait relevé, par la dignité de sa mort, le peu de dignité de sa vie. Peut-être même, sans l'incommensurable lâcheté du président Dupin, le régime parlementaire serait-il encore debout.

A la première nouvelle de l'attentat, un grand nombre de représentants, et plus particulièrement ceux de la majorité, coururent vers le palais législatif. Il était déjà au pouvoir de l'ennemi. Nous avons dit par quelle trahison le colonel Espinasse s'en était emparé. Les principales avenues étaient garnies de troupes; la place de la Concorde et le pont couverts de soldats; la grille du côté de la place de Bourgogne, comme la porte qui donne sur la rue de Lille, gardées par des piquets. Les premiers arrivés, trouvant toutes les issues fermées, se réunirent d'abord chez M. Daru, vice-président, qui offrit sa maison. Là, ils décidèrent de se rendre en corps à l'Assemblée. Soixante ou quatre-vingts se présentèrent à la porte de la rue de Bourgogne, vers dix heures. Le péristyle était occupé par des soldats, dont la plupart, déjà ivres, n'hésitèrent pas à croiser la baïonnette contre ceux qui tentèrent de forcer l'entrée. Quelques représentants même furent touchés. M. Daru reçut un violent coup de poing en pleine poitrine. M. Moulin, secrétaire, fut frappé à la tête, et M. Larcy blessé jusqu'au sang d'un coup de baïonnette à la cuisse. Il fallait choisir un autre local, pour aviser en commun. Soit que les membres de la majorité eussent une raison quelconque de compter sur la légion du 10ᵉ arrondissement plus que sur toute autre, soit parce que le général Lauriston, représentant, la commandait; soit, enfin, à cause de la proximité du lieu, on résolut de se rendre à la mairie du 10e arrondissement, et l'on convint à la hâte d'appeler indistinctement à ce rendez-vous tous les membres auxquels on pourrait le faire connaître. Il était question de rendre un décret portant déchéance du président, et de venir ensuite, sur la place de Bourgogne, promulguer ce décret en face du peuple et de l'armée. Les événements ne permirent pas de réaliser la dernière partie de ce programme improvisé.

Malgré toutes les précautions prises, grâce sans doute à un ordre mal compris, la petite porte de la présidence (rue de l'Université), restée libre, permit à quelques représentants de pénétrer dans le jardin, et de là dans la salle des conférences, où se trouvèrent réunis, vers neuf heures du matin, vingt ou trente d'entre eux appartenant aux différentes nuances. Ils s'occupèrent immédiatement de rédiger contre l'ex-président un décret de déchéance et de mise en accusation.

Leur présence fut bientôt connue des conspirateurs, et M. Morny donna l'ordre de les expulser. Le commandant de la gendarmerie mobile, Saucerotte, vint leur signifier cet ordre. Ils déclarèrent qu'ils ne sortiraient pas. Mais l'officier ayant menacé de faire entrer son monde, ils se rendirent dans la salle des séances, et mirent aussitôt en délibération le décret de déchéance. Il venait d'être adopté à l'unanimité au moment où la troupe se présenta par le couloir de droite.

A la vue des baïonnettes, les cris de la plus vive indignation et les protestations les plus énergiques sortent de toutes les bouches. M. Monet prend la parole au nom de ses collègues, et, s'adressant à M. Saucerotte, lui fait défense d'avancer. « Vous ne pouvez ignorer, lui dit-il, que cette enceinte est exclusivement réservée aux séances de la représentation nationale, et que nul corps armé n'a le droit d'y pénétrer sans un ordre formel du président de l'Assemblée. — J'ai un ordre du président de la république, répond l'officier. Cet ordre me prescrit de faire évacuer la salle. Je vous invite à vous retirer. — Un pareil ordre est un crime, réplique vivement M. Monet ; vous ne l'exécuterez pas. Porter atteinte à la liberté de nos délibérations, ce serait commettre un attentat contre la souveraineté du peuple, qui nous a librement élus: ce serait vous rendre complice de la trahison du président. M. Bonaparte est déchu de tous ses pouvoirs. »

M. Monet lit alors à la troupe l'article de la Constitution qui enjoint, en pareil cas, à tout fonctionnaire, à tout agent de la force publique, de refuser obéissance au président de la république.

Sans l'écouter, l'officier lance ses soldats contre les représentants sur deux rangs parallèles, dirigés, l'un contre la gauche, l'autre contre la droite de l'Assemblée. A cet ordre, auquel malheureusement les soldats obéissent, les représentants répondent par le cri de Vive la république! répété plusieurs fois avec un enthousiasme indicible. Mais ils sont à l'instant même saisis au corps, arrachés de leurs siéges, et traînés hors la salle, malgré la plus vive résistance de leur part.

Les membres de la majorité qui se trouvaient là ne montrèrent pas moins d'énergie que ceux de la minorité. Les uns et les autres restèrent courageusement à leurs places, assis, et ne cédèrent qu'aux dernières violences de la soldatesque.

Un de nos braves collègues de la Montagne [1], présent à cette scène de profanation, nous a rapporté les détails qui lui sont personnels, et qui servent à bien déterminer le caractère de l'agression à laquelle les représentants du peuple ont été en butte.

« Je voulus, nous disait-il, tenter de ramener au sentiment du devoir les deux militaires qui marchaient sur moi pour me saisir. Je leur fis observer que ce n'étaient point nos personnes, mais

---

[1] Nous sommes à regret forcé de ne pas le nommer, car il est encore en France.

leurs droits à eux, les droits de leurs concitoyens, de leurs pères, de leurs frères, que nous défendions en ce moment. Que c'étaient eux qui, par leurs votes, nous avaient envoyés siéger sur les bancs où nous étions; que nous avions, nous membres de la gauche, été fidèles à notre mandat; que nous avions toujours défendu le suffrage universel; que nous le défendions au 31 mai lorsque M. Bonaparte le faisait mutiler de concert avec les burgraves.—« C'est pourtant vrai, cela, » dit l'un des deux militaires. L'autre ajouta : « Que voulez-vous, il faut bien que nous exécutions notre consigne. » Mais un troisième s'élança sur moi, la menace à la bouche, et s'efforça de m'enlever du banc où je me cramponnais. Un autre lui vint en aide, et, après une lutte de quelques instants, ils parvinrent à m'entraîner, mes vêtements tout déchirés, et l'épaule droite meurtrie, non par des coups, ils ne m'en portèrent aucun, mais par la violence qu'ils avaient employée contre moi. »

Ainsi le hasard voulut que M. Bonaparte fût condamné à consommer son attentat sous la forme la plus criminelle, en faisant entrer des baïonnettes jusque dans le propre temple de la loi, jusque dans la salle des délibérations de l'Assemblée, là même où, *en face de Dieu et de l'univers*, il avait solennellement juré fidélité à la république!

Les moindres notions du devoir ordonnaient au président de l'Assemblée de se mettre à la tête de la résistance, et cependant M. Dupin ne paraissait point. MM. Canet et Favreau étaient allés le chercher au fond des appartements de la présidence, et avaient été obligés de le pousser en quelque sorte par les épaules pour le décider à venir diriger la séance. Les représentants, entraînés par les prétoriens, rencontrèrent cet homme, indigne de sa haute position, dans la salle dite de Casimir Périer, et le sommèrent vivement d'intervenir. M. Dupin adressa quelques mots à la troupe sur le respect dû à la Constitution, mais d'un ton si misérable, que M. Brillier entendit un des soldats dire à son voisin : « *C'est pour la farce, cela.* » On apostropha durement M. Dupin : « Que voulez-vous ? reprit-il. Sans doute, la Constitution est violée, nous avons pour nous le droit, mais ces messieurs ont la force. Il n'y a qu'à nous retirer. »

Les membres de la majorité, qui avaient nommé président M. Dupin, parce qu'il conduisait les débats au gré de leurs passions, jugèrent alors ce que l'on gagne à employer des caractères toujours guidés par la peur, toujours prêts à se ranger du côté de la force.

La troupe n'avait pas ordre d'arrêter les représentants. Elle se borna à les chasser du palais. Au moment où ils sortaient, MM. Fayolle,

Treillard-Laterisse et Paulin-Durieu trouvèrent, sur la place de Bourgogne, MM. Arbey, Toupet-Desvigne et le général Radoult-Lafosse aux mains de la force armée. Ils reprochèrent chaleureusement cette arrestation aux soldats, essayant de leur faire comprendre que l'ordre de violer la loi n'oblige qu'à la désobéissance. Le colonel Garderens Deboisse, du 6e de ligne, qui les entendit, s'écria : « Ah ! vous voulez faire appel à l'armée, vous l'excitez à la révolte ! Vous êtes des conspirateurs ; je vous arrête. » Et il commanda de les entourer, en ajoutant, sur un geste d'indignation de M. Arbey : « Si vous continuez, je vais vous faire crosser par mes hommes. » Au moment où ils partaient tous les six, le vaillant colonel dit à l'escorte : « Vos armes sont chargées ; s'ils bougent, tirez dessus, et si ça ne suffit pas, f.....-leur la baïonnette dans le ventre. »

On ne doute pas que le colonel Garderens n'ait touché le prix d'aussi révoltantes brutalités. Ivrogne, débauché et poussant la passion du jeu jusqu'à jouer de l'argent avec ses inférieurs, il était connu pour un vrai panier percé, comme on dit en garnison.

Les six représentants dont nous venons de parler, enfermés d'abord au nouveau ministère des affaires étrangères, furent conduits, à huit heures du soir, à la caserne du quai d'Orsay.

Les inspirations de M. Garderens Deboisse se trahirent, lorsque au moment de partir, le capitaine des chasseurs de Vincennes qui entouraient nos collègues leur dit, comme s'il avait peur lui-même de ce qu'il jugeait être son devoir : « Messieurs, je me crois obligé de vous prévenir que nos armes sont chargées. »

La plupart des représentants, expulsés du palais législatif, se rendirent à la mairie du 10e arrondissement, désignée comme rendez-vous général. Dix ou douze membres de la gauche, craignant de n'y pas trouver assez de résolution, préférèrent aller chez M. Crémieux, dont la demeure était voisine. Il fut proposé là d'arrêter tout de suite les termes d'une proclamation au peuple ; mais on ne se jugea pas en nombre suffisant pour prendre une résolution, et l'on s'ajourna avec dessein de se réunir à quatre heures, dans un local place de la Bastille, où toute l'opposition serait appelée. — La police était déjà avertie ; quelques minutes après, M. Crémieux était arrêté.

§ II.

A la même heure, la réunion du 10e arrondissement devenait de plus en plus nombreuse ; des membres de la gauche, apprenant qu'il y avait là un centre, y accoururent ; vers onze heures, on était au nombre de trois cents et la délibération fut ouverte. La salle est un carré long, à l'extrémité duquel était une table qui en occupait toute la largeur. Derrière cette table se tinrent les deux vice-présidents, MM. Vitet et Benoist d'Azy (M. Daru était gardé à vue chez lui). A l'entour, se placèrent les secrétaires présents, MM. Moulin, Grimault et Chapot. Les représentants restèrent debout, au milieu de la pièce ; enfin, on voyait au fond, appuyés contre la muraille, presque mêlés à l'Assemblée, un assez grand nombre de citoyens disposés à se mettre à son service, à *faire tout ce qu'elle voudrait.* L'indignation et la colère animaient tous les visages, et chacun se montrait décidé à résister jusqu'au bout à la criminelle usurpation du pouvoir exécutif. On connaît les moindres détails de cette séance. Ils ont été recueillis par un sténographe de l'Assemblée. Nous en publions le compte rendu tel qu'il a été imprimé dans *l'Indépendance belge*, numéro du 16 décembre.

ASSEMBLÉE NATIONALE.

Séance extraordinaire du 2 décembre 1851, tenue dans la grande salle de la mairie du 10e arrondissement, à onze heures du matin.

Le bureau est composé de MM. Benoist d'Azy,

Vitet, vice-présidents; Chapot, Moulin, Grimault, secrétaires.

Une vive agitation règne dans la salle, où sont réunis environ trois cents membres appartenant à toutes les nuances politiques.

LE PRÉSIDENT, M. VITET. La séance est ouverte.

PLUSIEURS MEMBRES. Ne perdons pas de temps.

LE PRÉSIDENT. Une protestation a été signée par plusieurs de nos collègues; en voici le texte.

M. BERRYER. Je crois qu'il ne convient pas à l'Assemblée de faire des protestations.

L'Assemblée nationale ne peut se rendre dans le lieu ordinaire de ses séances; elle se réunit ici; elle doit faire un acte d'assemblée et non une protestation. (Très-bien! — Marques d'assentiment.) Je demande que nous procédions comme assemblée libre, au nom de la Constitution.

M. VITET. Comme nous pouvons être expulsés par la force, n'est-il pas utile que nous convenions immédiatement d'un autre lieu de réunion, soit à Paris, soit hors Paris?

VOIX NOMBREUSES. Dans Paris! dans Paris!

M. BIXIO. J'ai offert ma maison.

M. BERRYER. Ce sera là le second objet de notre délibération; mais la première chose à faire par l'Assemblée qui se trouve déjà en nombre suffisant, c'est de statuer par un décret; je demande la parole sur le décret.

M. MONET. Je demande la parole sur un fait d'attentat. (Bruit et interruption.)

M. BERRYER. Laissons de côté tous les incidents; nous n'avons peut-être pas un quart d'heure à nous. Rendons un décret. (Oui! oui!) Je demande qu'aux termes de l'art. 68 de la Constitution, attendu qu'il est mis obstacle à l'exécution de son mandat.

« L'Assemblée décrète que Louis-Napoléon Bonaparte est déchu de la présidence de la République, et qu'en conséquence le pouvoir exécutif passe de plein droit à l'Assemblée nationale. » (Très-vive et unanime adhésion. — Aux voix!)

« Je demande que le décret soit signé par tous les membres présents. (Oui, oui.)

M. BÉCHARD. J'appuie cette demande.

M. VITET. Nous allons rester en permanence.

M. LE PRÉSIDENT. Le décret sera immédiatement imprimé par les moyens qu'on pourra avoir. Je mets le décret aux voix. (Le décret est adopté à l'unanimité, aux cris mêlés de Vive la Constitution! vive la loi! vive la République!)

Le décret est rédigé par le bureau.

M. CHAPOT. Voici un projet de proclamation qui a été proposé par M. de Falloux.

M. DE FALLOUX. Donnez-en lecture.

M. BERRYER. Nous avons autre chose à faire.

M. PISCATORY. La vraie proclamation, c'est le décret.

M. BERRYER. C'est une réunion particulière que celle dans laquelle on fait une déclaration. Nous sommes ici une assemblée régulière.

PLUSIEURS VOIX. Le décret, le décret, pas autre chose!

M. QUENTIN BAUCHART. IL FAUT LE SIGNER.

M. PISCATORY. Un avis pour hâter le travail. Nous allons faire courir des feuilles sur lesquelles on signera. On les annexera ensuite au décret. (Oui! oui!)

On fait circuler des feuilles de papier dans l'Assemblée.

UN MEMBRE. Il faut donner l'ordre au colonel de la 10e légion de défendre l'Assemblée. Le général Lauriston est présent.

M. BERRYER. Donnez un ordre écrit.

PLUSIEURS MEMBRES. Qu'on batte le rappel!

(Une altercation a lieu dans le fond de la salle entre des représentants et quelques citoyens qu'on veut faire retirer. Un de ces citoyens s'écrie : « Messieurs, dans une heure peut-être, nous nous ferons tuer pour vous! »)

M. PISCATORY. Un mot. Nous ne pouvons... (Bruit. — Écoutez donc, écoutez!) nous ne devons pas, nous ne voulons pas exclure les auditeurs. Ceux qui voudront venir seront très-bien venus. Il vient de se prononcer un mot que j'ai recueilli : « Dans une heure peut-être, nous nous ferons tuer pour l'Assemblée. » Nous ne pouvons recevoir beaucoup de personnes, mais celles qui peuvent tenir ici doivent y rester. (Bien! bien!) La tribune est publique par la Constitution. (Marques d'approbation.)

DÉCRET.

LE PRÉSIDENT VITET. Voici le décret de réquisition : « L'Assemblée nationale, conformément à l'art. 32 de la Constitution, requiert la 10e légion pour défendre le lieu des séances de l'Assemblée. »

Je consulte l'Assemblée. (Le décret est voté à l'unanimité; une certaine agitation succède à ce vote; plusieurs membres parlent en même temps.)

M. BERRYER. Je supplie l'Assemblée de garder le silence. Le bureau, qui rédige en ce moment les décrets et à qui je propose de remettre tous les pouvoirs pour les différentes mesures à prendre, a besoin de calme et de silence. Ceux qui auront des motions à faire les feront ensuite; mais si tout le monde parle, il sera impossible de s'entendre. (Le silence se rétablit.)

UN MEMBRE. Je demande que l'Assemblée reste en permanence jusqu'à ce qu'on envoie des forces. Si nous nous séparons avant que les forces viennent, nous ne pourrons plus nous réunir.

M. LEGROS-DESVAUX. Oui! oui! La permanence.

M. FAVREAU. Je demande à rendre compte de ce qui s'est passé ce matin à l'Assemblée. Le ministre de la marine avait donné au colonel Espinasse l'ordre de faire évacuer les salles. Nous étions trente ou quarante dans la salle des conférences. Nous avons déclaré que nous nous rendions dans la salle des séances et que nous y resterions jusqu'à ce qu'on osât nous en expulser. On est allé chercher M. Dupin qui est venu nous trouver dans la salle des séances; nous lui avons remis une écharpe, et lorsque la troupe s'est présentée il a demandé à parler au chef. Le colonel.... s'est présenté, et M. Dupin lui a dit :

« J'ai le sentiment du droit et j'en parle le langage. Vous déployez ici l'appareil de la force; je proteste. »

M. MONET. Présent à cette scène, je demande l'insertion au procès-verbal de l'acte de violence qui a été commis envers nous. Après la lecture que j'ai faite, sur l'invitation de mes collègues, de l'art. 68 de la Constitution, j'ai été appréhendé au corps et arraché violemment de mon banc.

M. DAHIREL. Nous qui avons reçu des coups de baïonnette, nous n'en sommes pas surpris.

(MM. Odilon Barrot et de Nagle arrivent dans la salle et apposent leur signature sur le décret de déchéance.)

M. le président donne mission à M. Hovyn-Tranchère de faire entrer des représentants qui sont retenus à la porte.

M. PISCATORY. Je demande à l'Assemblée de lui rendre compte d'un fait qui me paraît important. Je suis allé faire reconnaître plusieurs de mes collègues qui ne pouvaient entrer. Les officiers de paix m'ont dit que le maire avait donné l'ordre de ne faire entrer personne. Je me suis transporté immédiatement chez le maire, qui m'a dit : « Je représente le pouvoir exécutif et je ne puis laisser entrer les représentants. » Je lui ai fait connaître le décret que l'Assemblée avait rendu et lui ai dit qu'il n'y avait d'autre pouvoir exécutif que l'Assemblée nationale (Très-bien!) et je me suis retiré. J'ai cru qu'il était bon de faire cette déclaration au nom de l'Assemblée (Oui! oui! — Très-bien!) Quelqu'un m'a dit en passant : « Dépêchez-vous, dans peu de moments la troupe sera ici. »

M. BERRYER. Je demande provisoirement qu'un décret ordonne au maire de laisser les abords de la salle libre.

M. DE FALLOUX. Il me semble que nous ne

prévoyons pas deux choses qui me paraissent très-vraisemblables : la première, que vos ordres ne seront pas exécutés ; la seconde, que nous serons expulsés d'ici. Il faut convenir d'un autre lieu de réunion.

M. BERRYER. Avec les personnes étrangères qui se trouvent présentes, nous ferions une chose peu utile ; nous saurons bien nous faire avertir du lieu où nous pourrons nous réunir. (Non! non!) Un décret provisoire.

M. LE PRÉSIDENT. M. Dufaure a la parole. Silence, messieurs, les minutes sont des heures.

M. DUFAURE. L'observation qui vient d'être faite est juste ; nous pouvons désigner hautement le lieu de notre réunion. Mais je demande que l'Assemblée confère à son bureau le droit de le choisir. Il avertira chacun des membres du lieu de la réunion afin que chacun de nous puisse s'y rendre. Messieurs, nous sommes maintenant les seuls défenseurs de la Constitution, du droit, de la république, du pays. (Oui! oui! très-bien! — Des cris de « Vive la république! » se font entendre.) Ne nous manquons pas à nous-mêmes, et s'il faut succomber devant la force brutale, l'histoire nous tiendra compte de ce que, jusqu'au dernier moment, nous avons résisté par tous les moyens qui étaient en notre pouvoir. (Bravos et applaudissements.)

DÉCRET.

M. BERRYER. Je demande que, par un décret, l'Assemblée nationale ordonne à tous les directeurs de maisons de force ou d'arrêt, de délivrer, sous peine de forfaiture, les représentants qui ont été arrêtés.

(Ce décret est mis aux voix par le président et adopté à l'unanimité.)

LE GÉNÉRAL LAURISTON. L'Assemblée n'est pas en lieu de sûreté. Les autorités municipales prétendent que nous avons forcé les portes, et qu'elles ne peuvent pas laisser la mairie occupée par nous. Je sais que des agents de police sont allés prévenir l'autorité, et que d'ici à peu de temps des forces importantes nous forceront à évacuer la salle.

Un représentant arrive et s'écrie : « Dépêchons-nous, voilà la force qui arrive. » (Il est midi et demi.)

M. Antony Thouret entre et signe le décret de déchéance en disant : « Ceux qui ne signent pas sont des lâches. »

(Au moment où l'on annonce l'arrivée de la force armée, un profond silence s'établit. Tous les membres du bureau montent sur leurs siéges pour être vus de toute l'Assemblée et des chefs de la troupe.)

M. LE PRÉSIDENT BENOIST D'AZY. Silence, messieurs !

Les chefs de la troupe ne se présentent pas.

M. ANTONY THOURET. Puisque ceux qui occupent la mairie n'entrent pas dans cette salle pour dissoudre cette séance qui est la seule légale, je demande que le président, au nom de l'Assemblée nationale, envoie une députation qui sommera la troupe de se retirer au nom du peuple. (Oui ! oui ! très-bien !)

M. CANET. Je demande à en faire partie.

M. BENOIST D'AZY. Soyez calmes, messieurs. Notre devoir est de rester en séance et d'attendre.

M. PASCAL DUPRAT. Vous ne vous défendrez que par la révolution.

M. BERRYER. Nous nous défendrons par le droit.

VOIX DIVERSES. Et la loi, la loi ; pas de révolution.

M. PASCAL DUPRAT. Il faut envoyer dans toutes les parties de Paris et principalement dans les faubourgs, et dire à la population que l'Assemblée nationale est debout, que l'Assemblée a dans la main toute la puissance du droit, et qu'au nom du droit elle fait un appel au peuple ; c'est votre seul moyen de salut. (Agitation et rumeurs.)

PLUSIEURS MEMBRES dans le fond de la salle :

« On monte! on monte! » (Sensation suivie d'un profond silence.)

M. LE PRÉSIDENT BENOIST D'AZY. Pas un mot, messieurs, pas un mot! Silence absolu! c'est plus qu'une invitation, permettez-moi de dire que c'est un ordre.

PLUSIEURS MEMBRES. C'est un sergent, c'est un sergent qu'on envoie!

M. LE PRÉSIDENT BENOIST D'AZY. Un sergent est le représentant de la force publique.

M. DE FALLOUX. Si nous n'avons pas la force, ayons au moins la dignité.

UN MEMBRE. Nous aurons l'une et l'autre. (Profond silence.).

LE PRÉSIDENT. Restez à vos places, songez que l'Europe entière vous regarde!

M. LE PRÉSIDENT VITET et M. CHAPOT, l'un des secrétaires, se dirigent vers la porte par laquelle la troupe va pénétrer, et s'avancent jusque sur le palier. Un sergent et une douzaine de chasseurs de Vincennes du 6ᵉ bataillon occupent les dernières marches de l'escalier.

MM. GRÉVY, DE CHARENCEY et plusieurs autres représentants ont suivi MM. Vitet et Chapot. Quelques personnes étrangères à l'Assemblée se trouvent aussi sur le palier. Parmi elles nous remarquons M. Beslay, ancien membre de l'Assemblée constituante.

M. LE PRÉSIDENT VITET, s'adressant au sergent.

Que voulez-vous ? Nous sommes réunis en vertu de la Constitution.

LE SERGENT. J'exécute les ordres que j'ai reçus.

M. LE PRÉSIDENT VITET. Allez parler à votre chef.

M. CHAPOT. Dites à votre chef de bataillon de monter ici.

Au bout d'un instant, un capitaine faisant les fonctions de chef de bataillon se présente au haut de l'escalier.

M. LE PRÉSIDENT, s'adressant à cet officier : l'Assemblée nationale est ici réunie. C'est au nom de la loi, au nom de la Constitution que nous vous sommons de vous retirer.

LE COMMANDANT. J'ai des ordres.

M. VITET. Un décret vient d'être rendu par l'Assemblée, qui déclare qu'en vertu de l'art. 68 de la Constitution, attendu que le président de la république porte obstacle à l'exercice du droit de l'Assemblée, le président est déchu de ses fonctions, que tous les fonctionnaires et dépositaires de la force et de l'autorité publiques sont tenus d'obéir à l'Assemblée nationale. Je vous somme de vous retirer.

LE COMMANDANT. Je ne puis pas me retirer.

M. CHAPOT. A peine de forfaiture et de trahison à la loi, vous êtes tenu d'obéir sous votre responsabilité personnelle.

LE COMMANDANT. Vous connaissez ce que c'est qu'un instrument; j'obéis. Du reste, je vais rendre compte immédiatement.

M. GRÉVY. N'oubliez pas que vous devez obéissance à la Constitution et à l'article 68.

LE COMMANDANT. L'article 68 n'est pas fait pour moi.

M. BESLAY. Il est fait pour tout le monde; vous devez lui obéir.

M. LE PRÉSIDENT VITET et M. CHAPOT rentrent dans la salle.

M. VITET rend compte à l'Assemblée de ce qui vient de se passer entre lui et le chef de bataillon.

M. BERRYER. Je demande que ce ne soit pas seulement par un acte du bureau, mais un décret de l'Assemblée, qu'il soit immédiatement déclaré que l'armée de Paris est chargée de veiller à la défense de l'Assemblée nationale, et qu'il soit enjoint au général Magnan, sous peine de forfaiture, de mettre les troupes à la disposition de l'Assemblée. (Très-bien!)

M. PASCAL DUPRAT. Il ne commande plus.

M. DE RAVINEL. C'est Baraguay-d'Hilliers qui commande. (Non! non! Si! si!)

PLUSIEURS MEMBRES. Sommez le général sans mettre le nom.

M. LE PRÉSIDENT BENOIST D'AZY. Je consulte l'Assemblée.

L'Assemblée, consultée, vote le décret à l'unanimité.

M. MONET. Je demande qu'il soit envoyé au président de l'Assemblée un double du décret qui été rendu, prononçant la déchéance.

PLUSIEURS MEMBRES. Il n'y en a plus, il n'y a plus de président! (Agitation.)

M. PASCAL DUPRAT. Puisqu'il faut dire le mot, M. Dupin s'est conduit lâchement. Je demande qu'on ne prononce pas son nom. (Vives rumeurs.)

M. MONET. J'ai voulu dire le président de la haute cour. C'est au président de la haute cour qu'il faut envoyer le décret.

M. LE PRÉSIDENT BENOIST D'AZY. M. Monet propose que le décret de déchéance soit envoyé au président de la haute cour nationale. Je consulte l'Assemblée.

L'Assemblée, consultée, adopte le décret.

M. JULES DE LASTEYRIE. Je vous proposerai, messieurs, de rendre un décret qui ordonne au commandant de l'armée de Paris et à tous les colonels de légion de la garde nationale, d'obéir au président de l'Assemblée nationale, sous peine de forfaiture, afin qu'il n'y ait pas un homme qui ne sache dans la capitale quel est son devoir, et que, s'il y manque, c'est une trahison envers le pays. (Très-bien! très-bien.)

M. DUFRAISSE. Et au commandant de la garde nationale de Paris.

M. LE PRÉSIDENT BENOIST D'AZY. Il est évident que le décret rendu s'applique à tous les fonctionnaires et commandants.

M. DUFRAISSE. Il faut spécifier.

M. PASCAL DUPRAT. Nous avons à craindre dans les départements le retentissement des décrets fâcheux qui ont été publiés ce matin par le président de la république ; je demande que l'Assemblée prenne une mesure quelconque pour faire savoir aux départements quelle est l'attitude que nous avons prise ici au nom de l'Assemblée nationale.

PLUSIEURS VOIX. Nos décrets, nos décrets sont là.

M. DE RESSEGUIER. Je demande que le bureau soit chargé de faire une proclamation à la France.

VOIX DIVERSES. Les décrets seulement, les décrets.

M. LE PRÉSIDENT BENOIST D'AZY. Si nous avons la possibilité de publier les décrets, tout est fait ; sinon, nous ne pouvons rien.

M. ANTONY THOURET. Il faut envoyer des émissaires dans Paris ; donnez-moi un exemplaire de notre décret.

M. RIGAL. Je demande qu'on prenne toutes les mesures nécessaires pour faire imprimer le décret.

DE TOUTES PARTS. C'est fait ! c'est fait !

UN MEMBRE. Je demande qu'on mette en réquisition le télégraphe.

M. DE RAVINEL. Qu'on empêche le directeur de communiquer avec les départements, sinon pour transmettre les décrets de l'Assemblée.

M. DUFRAISSE. Je demande, si l'Assemblée croit utile de l'ordonner, qu'il soit rendu un décret qui défende à tout directeur des deniers publics de les livrer sur les ordres des fonctionnaires publics actuels. (C'est fait! c'est fait!) C'est compris dans le décret.

M. COLFAVRU. Puisqu'on dit dans le décret que toutes les attributions du pouvoir exécutif passent à l'Assemblée.

M. DE MONTEBELLO. La responsabilité pécuniaire est de droit.

M. ANTONY THOURET. Il me semble que l'Assemblée doit aussi se préoccuper de la position de nos collègues, les généraux qui sont à Vincennes.

DE TOUTES PARTS. C'est fait; il y a un décret rendu sur la proposition de M. Berryer.

M. ANTONY THOURET. Je demande pardon à l'Assemblée; c'est que je suis arrivé trop tard.

M. LE GÉNÉRAL OUDINOT. Jamais nous n'avons éprouvé le besoin d'entourer notre président de plus de déférence, de soumission et de considération que dans ce moment. Il est bien qu'il soit investi d'une espèce de dictature, passez-moi l'expression. (Réclamations de la part de quelques membres.) Je retire l'expression, si elle peut éveiller la moindre susceptibilité; je veux dire que sa parole doit obtenir immédiatement respect et silence. Notre force, notre dignité sont précisément dans l'unité. Nous sommes unis, il n'y a plus dans l'Assemblée de côté droit, ni de côté gauche (Très-bien! très-bien!) Nous avons tous des fibres au cœur; c'est la France tout entière qui est blessée en ce moment. (Très-bien!)

Un seul mot. Quand le président croira devoir déléguer un ou plusieurs de nous pour une mission quelconque, que nous lui obéissions. Pour moi, j'obéirai complétement. Je veux qu'il soit entendu que toutes les propositions passeront par le bureau. Sinon qu'arrivera-t-il? c'est qu'ainsi que vient de le faire M. Antony Thouret, on reproduit des propositions, justes en elles-mêmes, qui déjà ont été faites et adoptées. Ne perdons pas de temps; mais que tout passe par le bureau. Obéissons au président; pour moi, je me soumets complétement à ses ordres avec le plus grand empressement. (Très-bien!)

M. LE PRÉSIDENT BENOIST D'AZY. Je crois que la force de l'Assemblée consiste à conserver une parfaite union. Je propose, conformément à l'avis qui vient de m'être exprimé par plusieurs membres, que le général Oudinot, notre collègue soit investi du commandement des troupes. (Très-bien! très-bien! bravo!)

M. TAMISIER. Sans doute M. le général Oudidinot, comme tous nos collègues, ferait son devoir; mais vous devez vous rappeler l'expédition romaine qu'il a commandée. (Vives rumeurs. — Réclamations nombreuses.)

M. DE RESSEGUIER. Vous désarmez l'Assemblée une seconde fois.

M. DE DAMPIERRE. Taisez-vous, vous nous tuez.

M. TAMISIER. Laissez-moi achever vous ne me comprenez pas.

M. LE PRÉSIDENT BENOIST D'AZY. S'il y a des divisions parmi nous, nous sommes perdus.

M. TAMISIER. Ce n'est pas une division; mais quelle autorité aura-t-il sur le peuple?

M. BERRYER. Mettez la proposition aux voix, M. le président.

M. PASCAL DUPRAT. Nous avons parmi nos collègues un homme qui, dans d'autres circonstances moins difficiles, il est vrai, a su résister aux pensées fâcheuses de Louis-Napoléon Bonaparte, c'est M. Tamisier. (Exclamations et rumeurs.

M. TAMISIER. Mais je ne suis pas connu, que voulez-vous que je fasse?

M. PISCATORY. En grâce, laissez voter. Qu'il soit bien entendu, ce dont je suis profondément convaincu, que M. Tamisier, quand il a contesté le nom du général Oudinot, ne voulait pas amener de division par nous.

M. TAMISIER. Non, je le jure! Je n'adhérais pas, parce que je craignais que cette nomination ne produisît pas sur le peuple de Paris l'effet que vous en attendiez.

M. LE GÉNÉRAL OUDINOT. Je suis prêt à me soumettre aux ordres quelconques qu'on me donnera pour le salut de mon pays ; ainsi j'accepterai tout commandement...

DE TOUTES PARTS. Aux voix, aux voix, la nomination du général Oudinot!

M. LE PRÉSIDENT BENOIST D'AZY. Je consulte l'Assemblée.

L'Assemblée, consultée, rend un décret qui nomme le général Oudinot commandant en chef des troupes.

M. LE GÉNÉRAL OUDINOT. Un seul mot. M. le président et mes collègues, je ne puis décliner aucun honneur. Ce serait une injure que je ferais à mes compagnons d'armes ; ils ont fait en Italie, ils feront partout leur devoir. Aujourd'hui le nôtre est tracé; il consiste à obéir aux ordres du président, parce que, ces ordres, il les puisera dans le droit de l'Assemblée nationale, dans la Constitution. (Très-bien.) Ordonnez donc ; le général Oudinot obéira : s'il avait besoin de popularité, il l'aurait puisée ici même. (Très-bien! très-bien.)

M. DE SAINT-GERMAIN. Je demande que le décret qui nomme le général Oudinot soit rédigé immédiatement; il faut que le général en ait un exemplaire.

LES MEMBRES DU BUREAU. On le rédige.

(Pendant que Messieurs les membres du bureau rédigent le décret, M. le général Oudinot s'approche de M. Tamisier et échange avec lui quelques paroles.)

M. LE GÉNÉRAL OUDINOT. Messieurs, je viens d'offrir à M. Tamisier de me servir de chef-d'état-major. (Très-bien)! Il accepte. (Très-bien! très-bien! bravos enthousiastes).

Je demande à M. le président de faire connaître immédiatement à la troupe de ligne l'honneur que vous venez de me confier. (Très-bien!)

M. TAMISIER. Messieurs, vous m'avez donné une tâche bien difficile que je n'ambitionnais pas; mais avant de partir pour accomplir les ordres de l'Assemblée, permettez-moi de jurer que je pars pour défendre la république. (Voix diverses : Très bien! *Vive la république! vive la Constitution!*)

En ce moment les membres qui se trouvent auprès de la porte annoncent qu'un officier du 6e bataillon de chasseurs arrive avec de nouveaux ordres. Le général Oudinot s'avance vers lui accompagné de M. Tamisier.

M. TAMISIER donne lecture à l'officier du décret

qui nomme le général Oudinot général en chef de l'armée de Paris.

LE GÉNÉRAL OUDINOT, à l'officier. Nous sommes ici en vertu de la Constitution. Vous voyez que l'Assemblée vient de me nommer commandant en chef. Je suis le général Oudinot, vous devez reconnaître son autorité, vous lui devez obéissance. Si vous résistiez à ses ordres, vous encourriez les punitions les plus rigoureuses. Immédiatement vous seriez traduit devant les tribunaux. Je vous donne l'ordre de vous retirer.

L'OFFICIER (un sous-lieutenant du 6e chasseurs de Vincennes). Mon général, vous savez notre position, j'ai reçu des ordres.

Deux sergents qui sont à côté de l'officier prononcent quelques mots et semblent l'encourager à la résistance.

LE GÉNÉRAL OUDINOT. Taisez-vous, laissez parler votre chef; vous n'avez pas le droit de parler.

L'UN DES SERGENTS. Si! j'en ai le droit.

LE GÉNÉRAL OUDINOT. Taisez-vous, laissez parler votre chef.

LE SOUS-LIEUTENANT. Je ne suis que commandant en second. Si vous voulez, faites monter le commandant en premier.

LE GÉNÉRAL OUDINOT. Ainsi vous résistez?

L'OFFICIER, après un instant d'hésitation. Formellement.

LE GÉNÉRAL OUDINOT. Il va vous être donné un ordre écrit. Si vous y désobéissez, vous en subirez les conséquences. (Un certain mouvement a lieu parmi les soldats.)

LE GÉNÉRAL OUDINOT. Chasseurs, vous avez un chef, vous lui devez respect et obéissance. Laissez-le parler.

UN SERGENT. Nous le connaissons ; c'est un brave.

LE GÉNÉRAL OUDINOT. Je lui ai dit qui j'étais ; je lui demande son nom.

UN AUTRE SOUS-OFFICIER veut parler.

LE GÉNÉRAL OUDINOT. Taisez-vous, ou vous seriez de mauvais soldats.

L'OFFICIER. Je m'appelle Charles Guédon, sous-lieutenant au 6e bataillon de chasseurs.

LE GÉNÉRAL OUDINOT, à l'officier. Vous déclarez donc que vous avez reçu des ordres et que vous attendez les instructions du chef qui vous a donné la consigne?

LE SOUS-LIEUTENANT. Oui, mon général.

LE GÉNÉRAL OUDINOT. C'est la seule chose que vous ayez à faire.

(M. le général Oudinot et M. Tamisier rentrent dans la salle. Il est une heure et quart.)

M. LE GÉNÉRAL OUDINOT. Monsieur le président, je reçois les deux décrets qui me donnent l'un le commandement de la troupe de ligne, l'autre le commandement de la garde nationale. Vous avez bien voulu accepter, sur ma proposition, M. Tamisier comme chef d'état-major pour la troupe de ligne. Je vous prie de vouloir bien accepter M. Mathieu de la Redorte comme chef d'état-major pour la garde nationale. (Très-bien!)

PLUSIEURS MEMBRES. C'est à vous à faire ce choix, c'est dans vos pouvoirs.

M. LE PRÉSIDENT BENOIST D'AZY. Vous usez de votre droit; mais puisque vous nous communiquez votre pensée à cet égard, je crois répondre à l'intention de l'Assemblée en disant que nous applaudissons à votre choix. (Oui! oui! très-bien!)

LE GÉNÉRAL OUDINOT. Ainsi vous reconnaissez M. Mathieu de la Redorte comme chef d'état-major de la garde nationale. (Marques d'assentiment.)

M. LE PRÉSIDENT BENOIST D'AZY, après quelques instants d'attente. On me dit que quelques personnes sont déjà sorties; je ne suppose pas que personne veuille se retirer avant que nous ayons vu la fin de ce que nous pouvons faire.

DE TOUTES PARTS. Non! non, en permanence.

M. BERRYER, rentrant dans la salle avec plusieurs de ses collègues. Messieurs, une fenêtre était ouverte. Il y avait beaucoup de monde dans la rue. J'ai annoncé par la fenêtre que l'Assemblée nationale, régulièrement réunie en nombre plus que suffisant pour la validité de ses décrets, avait prononcé la déchéance du président de la république, que le commandement supérieur de l'armée et de la garde nationale était confié au général Oudinot, et que son chef d'état-major était M. Tamisier. Il y a eu acclamation et bravos. (Très-bien !)

M. GUILBOT, chef du 3e bataillon de la 10e légion de la garde nationale, se présente en uniforme à la porte de la salle, et déclare au général Oudinot qu'il vient se mettre à la disposition de l'Assemblée.

LE GÉNÉRAL OUDINOT. Bien, bien, commandant, c'est d'un bon exemple.

M. BALOT, chef du 4e bataillon, sans uniforme, fait la même déclaration.

Après quelques instants, deux commissaires de police se présentent à la porte de la salle, et, sur l'ordre du président, s'avancent auprès du bureau.

L'UN DES COMMISSAIRES (le plus âgé). Nous avons ordre de faire évacuer les salles de la mairie; êtes-vous disposés à obtempérer à cet ordre? Nous sommes les mandataires du préfet de police.

PLUSIEURS MEMBRES. On n'a pas entendu.

M. LE PRÉSIDENT BENOIST D'AZY. M. le commissaire nous dit qu'il a ordre de faire évacuer la salle. J'adresse à M. le commissaire cette question : Connaît-il l'article 68 de la Constitution? sait-il quelles en sont les conséquences?

LE COMMISSAIRE. Sans doute, nous connaissons la Constitution; mais dans la position où nous nous trouvons, nous sommes obligés d'exécuter les ordres de nos chefs supérieurs.

M. LE PRÉSIDENT BENOIST D'AZY. Au nom de l'Assemblée, je vais faire donner lecture de l'art. 68 de la Constitution.

M. LE PRÉSIDENT VITET fait cette lecture en ces termes : « Toute mesure par laquelle le président de la république dissout l'Assemblée nationale, la proroge ou met obstacle à son mandat, est un crime de haute trahison. Par ce seul fait, le président est déchu de ses fonctions; les citoyens sont tenus de lui refuser obéissance. Le pouvoir exécutif passe de plein droit à l'Assemblée nationale. Les juges de la haute cour de justice se réunissent immédiatement, à peine de forfaiture; ils convoquent les jurés dans le lieu qu'ils désignent; ils nomment eux-mêmes les magistrats chargés de remplir les fonctions du ministère public. »

M. LE PRÉSIDENT BENOIST D'AZY, au commissaire. C'est conformément à l'article 68 de la Constitution, dont vous venez d'entendre la lecture, que l'Assemblée, empêchée de siéger dans le lieu ordinaire de ses séances, s'est réunie dans cette enceinte. Elle a rendu le décret dont il va vous être donné lecture.

M. LE PRÉSIDENT VITET donne lecture du décret de déchéance ainsi conçu :

RÉPUBLIQUE FRANÇAISE.

Décret.

« L'Assemblée nationale, réunie extraordinairement à la mairie du 10e arrondissement ;

« Vu l'art. 68 de la Constitution ainsi conçu...

« Attendu que l'Assemblée est empêchée par la violence d'exercer son mandat,

« Décrète :

« Louis-Napoléon Bonaparte est déchu de ses fonctions de président de la république ;

« Les citoyens sont tenus de lui refuser obéissance ;

« Le pouvoir exécutif passe de plein droit à l'Assemblée nationale ;

« Les juges de la haute cour de justice sont tenus de se réunir immédiatement, sous peine de forfaiture, pour procéder au jugement du président de la république et de ses complices.

« En conséquence, il est enjoint à tous les fonctionnaires et dépositaires de la force et de l'autorité publiques d'obéir à toutes réquisitions faites au nom de l'Assemblée, sous peine de forfaiture et de trahison.

« Fait et arrêté à l'unanimité, en séance publique, le 2 décembre 1851.

« Pour le président empêché,

« BENOIST D'AZY, VITET, vice-présidents.
« GRIMAULT, MOULIN, CHAPOT, secrétaires.
« Et tous les membres présents. »

M. LE PRÉSIDENT BENOIST D'AZY. C'est en vertu de ce décret, dont nous pouvons vous remettre une copie, que l'Assemblée s'est réunie ici et qu'elle vous somme, par ma bouche, d'obéir à ses réquisitions. Je vous répète que légalement il n'existe qu'une seule autorité en France en ce moment ; c'est celle qui est ici réunie. C'est au nom de l'Assemblée, qui en est la gardienne, que nous vous requérons d'obéir. Si la force armée, si le pouvoir usurpateur agit vis-à-vis de l'Assemblée avec la force, nous devons déclarer que nous, nous sommes dans notre droit. Il est fait appel au pays. Le pays répondra.

M. DE RAVINEL. Demandez leurs noms aux commissaires.

M. LE PRÉSIDENT BENOIST D'AZY. Nous qui vous parlons, nous sommes MM. Vitet, Benoist d'Azy, vice-présidents, Chapot, Grimault et Moulin, secrétaires de l'Assemblée nationale.

LE COMMISSAIRE (le plus âgé). Notre mission est pénible; nous n'avons pas même une autorité complète; car, dans ce moment, c'est la force militaire qui agit, et la démarche que nous faisons était pour empêcher un conflit que nous aurions regretté. M. le préfet nous avait donné l'ordre de venir vous inviter à vous retirer; mais nous avons trouvé ici un détachement considérable de chasseurs de Vincennes, envoyés par l'autorité militaire qui prétend seule avoir le droit d'agir; car la démarche que nous faisons est officieuse et pour empêcher un conflit fâcheux. Nous ne prétendons pas juger de la question de droit; mais j'ai l'honneur de vous prévenir que l'autorité militaire a des ordres sévères et elle les exécutera très-probablement.

M. LE PRÉSIDENT BENOIST D'AZY. Vous comprenez parfaitement, monsieur, que l'invitation à laquelle vous donnez en ce moment le caractère officieux ne peut produire aucune impression sur nous. Nous ne céderons qu'à la force.

LE 2e COMMISSAIRE (le plus jeune). M. le président, voici l'ordre qu'on nous a donné, et, sans plus attendre, nous vous sommons, que ce soit à tort ou à raison, de vous disperser. (Violents murmures.)

PLUSIEURS MEMBRES. Les noms, les noms des commissaires.

LE 1er COMMISSAIRE (le plus âgé). Lemoine Bacherel et Marlet.

En ce moment, un officier arrive, un ordre à la main, et dit : « Je suis militaire, je reçois un ordre, je dois l'exécuter. Voici cet ordre. »

« Commandant, en conséquence des ordres du ministre de la guerre, faites occuper immédiatement la mairie du 10e arrondissement, et faites arrêter, s'il est nécessaire, les représentants qui n'obéiraient pas sur-le-champ à l'injonction de se diviser. — Le général en chef MAGNAN. » (Explosion de murmures.)

PLUSIEURS MEMBRES. Eh bien! qu'on nous arrête, qu'on donne l'ordre de nous arrêter.

Un autre officier pénètre dans la salle, un ordre à la main. Il s'approche du bureau et donne lecture d'un ordre ainsi conçu :

« Le général en chef prescrit de laisser sortir de la mairie les représentants qui s'y trouvent et qui n'opposeraient aucune résistance. Quant à ceux qui ne voudraient pas obtempérer à cette injonction, ils seront arrêtés immédiatement et conduits, avec tous les égards possibles, à la prison de Mazas. »

DE TOUTES PARTS. Tous à Mazas!

M. ÉMILE LEROUX. Oui! oui! allons à pied!

LE PRÉSIDENT BENOIST D'AZY à l'officier. Vous

vous présentez avec un ordre; nous devons, avant tout, vous demander, ainsi que nous l'avons déjà fait à l'officier qui s'est le premier présenté, si vous connaissez l'art. 68 de la Constitution, qui déclare que tout acte du pouvoir exécutif pour empêcher la réunion de l'Assemblée est un crime de haute trahison qui fait cesser, à l'instant même, les pouvoirs du chef du pouvoir exécutif. C'est en vertu de son décret qui déclare la déchéance du chef du pouvoir exécutif que nous agissons en ce moment. Si nous n'avons pas de forces à opposer...

M. DE LARCY. Nous opposons la résistance du droit.

LE PRÉSIDENT BENOIST D'AZY. J'ajoute que l'Assemblée, obligée de pourvoir à sa sûreté, a nommé le général Oudinot commandant de toutes les forces qui peuvent être appelées à la défendre.

M. DE LARCY. Commandant, nous faisons un appel à votre patriotisme comme Français.

M. LE GÉNÉRAL OUDINOT à l'officier. Vous êtes le commandant du 6e bataillon?

L'OFFICIER. Je suis commandant par intérim. Le commandant est malade.

LE GÉNÉRAL OUDINOT. Eh bien! commandant du 6e bataillon, vous venez d'entendre ce que M. le président de l'Assemblée vous a dit?

L'OFFICIER. Oui, mon général!

LE GÉNÉRAL OUDINOT. Qu'il n'y avait pour le moment d'autre pouvoir en France que l'Assemblée. En vertu de ce pouvoir, qui m'a délégué le commandement de l'armée et de la garde nationale, je viens vous déclarer que nous ne pouvons obéir que contraints, forcés, à l'ordre qui nous interdirait de rester réunis. En conséquence, et en vertu des droits que nous tenons d'elle, je vous ordonne d'évacuer et de faire évacuer la mairie.

Vous avez entendu, commandant du 6e bataillon ; vous avez entendu que je vous ai donné l'ordre de faire évacuer la mairie. Allez-vous obéir ?

L'OFFICIER. Non, et voici pourquoi : j'ai reçu de mes chefs des ordres, et je les exécute.

DE TOUTES PARTS. A Mazas ! à Mazas !

L'OFFICIER. Au nom des ordres du pouvoir exécutif, nous vous sommons de vous dissoudre à l'instant même.

VOIX DIVERSES. Non, non, il n'y a pas de pouvoir exécutif. Faites-nous sortir de force ; employez la force !

Sur l'ordre du commandant, plusieurs chasseurs pénètrent dans la salle. Un troisième commissaire de police et plusieurs agents y pénètrent également. Les commissaires et les agents saisissent les membres du bureau, M. le général Oudinot, M. Tamisier et plusieurs autres représentants, et les conduisent presque sur le palier. Mais l'escalier est toujours occupé par la troupe. Les commissaires et les officiers montent et descendent pour aller chercher et apporter des ordres. Après un quart d'heure environ, les soldats ouvrent les rangs. Les représentants, toujours conduits par les agents et le commissaire, descendent dans la cour Le général Forey se présente, le général Oudinot lui parle un instant, et, se retournant vers les membres de l'Assemblée, dit que le général Forey lui a répondu : « Nous sommes militaires, nous ne connaissons que nos ordres. »

M. LE GÉNÉRAL LAURISTON. Il doit connaître les lois et la Constitution. Nous avons été militaires comme lui.

LE GÉNÉRAL OUDINOT. Le général Forey prétend qu'il ne doit obéir qu'au pouvoir exécutif.

TOUS LES REPRÉSENTANTS. Qu'on nous emmène, qu'on nous emmène à Mazas !

Plusieurs gardes nationaux qui sont dans la cour crient, chaque fois que la porte s'ouvre pour laisser passer les officiers qui vont et viennent : « Vive la république ! vive la Constitution ! »

Quelques minutes se passent. Enfin, la porte s'ouvre, et les agents ordonnent aux membres du bureau et de l'Assemblée de se mettre en marche. MM. les présidents Benoist et Vitet déclarent qu'ils ne sortiront que par la force. Les agents les prennent par les bras, et les font sortir dans la rue. MM. les secrétaires, le général Oudinot, M. Tamisier et les autres représentants, sont conduits de la même manière, et on se met en marche à travers deux haies de soldats. Le président Vitet est tenu au collet par un agent; le général Forey est en tête des troupes, et dirige la colonne. L'Assemblée, ainsi prisonnière, est conduite, au milieu des cris de « Vive l'Assemblée ! vive la république ! vive la Constitution ! » poussés par les citoyens qui sont dans les rues et aux fenêtres, jusqu'à la caserne du quai d'Orsay, en suivant les rues de Grenelle, Saint-Guillaume, Neuve de l'Université, de l'Université, de Beaune, les quais Voltaire et d'Orsay. Tous les représentants entrent dans la cour de la caserne, et on referme la porte sur eux. Il est trois heures vingt minutes.

Sur la proposition d'un membre, on procède, dans la cour même, à l'appel nominal. MM. Grimault, secrétaire, et Antony Thouret font l'appel nominal, qui constate la présence de deux cent vingt membres, dont les noms suivent :

MM. Albert de Luines, d'Andigné de la Chasse, Antony Thouret, Arène, Audren de Kerdrel (Ille-et-Vilaine), Audren de Kerdrel (Morbihan), de Balzac, Barchou de Penhoën, Barillon, Odilon Barrot, Barthélemy Saint-Hilaire, BAUCHARD,

Gustave de Beaumont, Béchard, Béhaguel, de Belvèze, Benoist d'Azy, de Bernady, Berryer, de Berset, Besse, Betting de Lancastel, Blavoyer, Bocher, Boissié, de Botmillau, Bouvatier, de Broglie, de la Broise, de Bryas, Buffet, Caillet du Tertre, Callet, Camus de la Guibourgère, Canet, de Castillon, de Cazalès, amiral Cécile, Chambolle, Chamiot, Champanhet, Chaper, Chapot, de Charencey, Chasseigne, Chauvin, Chazant, de Chazelles, Chégaray, de Coislin, Colfavru, Colas de la Motte, Coquerel, de Corcelles, Cordier, Corne, Creton, Daguilhon-Pujol, Dahirel, Dambray, de Dampierre, de Brotone, de Fontaine, de Fontenay, Desèze, Desmars, de la Devansaye, Didier, Dieuleveult, Druet-Desvaux, Abraham Dubois, Dufaure, Dufougerais, Dufour, Dufournel, Marc Dufraisse, Pascal Duprat, Duvergier de Hauranne, Étienne, de Falloux, de Faultrier, Faure (Rhône), Favreau, Ferré des Ferris, de Flavigny, de Foblant, Frichon, Gain, Gasselin, Germonière, de Gicquiau, de Goulard, de Goyon, de Grandville, de Grasset, Grelier-Dufougeroux, Grevy, Grillon, Grimault, Gros, Guillier de la Tousche, Harscouet de Saint-George, d'Havrincourt, Hennecart, Hennequin, d'Hespel, Houel, Hovyn-Tranchère, Huot, Joret, Jouannet, de Kéranfleck, de Kératry, de Kéridec, de Kermasec, de Kersauron-Penendreff, Léo de Laborde, Laboulie, Lacave, Oscar Lafayette, Lafosse, Lagarde, Lagrenée, Lainé, Lanjuinais, Larabit, de Larcy, J. de Lasteyrie, Latrade, Laureau, Laurenceau, général Lauriston, de Laussat, Lefebvre de Grosriez, Legrand, Legros-Desvaux, Lemaire, Émile Leroux, Lespérut, de Lespinois, Lherbette, de Linsaval, de Luppé, Maréchal, Martin de Villers, Maze-Saunay, Mèze, Armand de Melun, Anatole de Melun, Merentié, Michaut, Mispoulet, Monet, de Montébello, de Montigny, Moulin, Murat-Sistrière, Alfred Nettement, d'Olivier, général Oudinot de Reggio, Paillet, Duparc, Passy, Émile Péan, Pécoul, Casimir Périer, Pidoux, Pigeon, de Piogé, Piscatory, Proa, Prudhomme, Querhoent, Randoing, Raudot, Raulin, de Ravinel, de Rémusat, Renaud, Résal, de Rességuier, Henri de Riancey, Rigal, de la Rochette, Rodat, de Roquefeuil, des Rotours de Chaulieu, Rouget-Lafosse, Rouillé, Roux-Carbonel, Sainte-Beuve, de Saint-Germain, général de Saint-Priest, Salmon (Meuse), Sauvaire-Barthélemy, de Serré, de Sesmaisons, Simonot, de Staplante, de Surville, de Talhouët, Talon, Tamisier, Thuriot de la Rosière, de Tinguy, de Tocqueville, de la Tourette, de Tréveneuc, Mortimer-Ternaux, de Vatimesnil, de Vandœuvre, Vernhette (Hérault), Vernhette (Aveyron), Vésin, Vitet, de Vogué.

L'appel terminé, le général Oudinot prie les représentants qui sont dispersés dans la cour de se réunir autour de lui, et leur fait la communication suivante :

« Le capitaine adjudant-major, qui est resté ici pour commander la caserne, vient de recevoir l'ordre de faire préparer des chambres dans lesquelles nous aurons à nous retirer, nous considérant comme en captivité. (*Très-bien !*) Voulez-vous que je fasse venir l'adjudant-major ? (Non, non ! c'est inutile !) Je vais lui dire qu'il ait à exécuter ses ordres. » (Oui ! c'est cela !)

Quelques instants après, les chambres étant préparées, plusieurs représentants s'y rendent ; les autres restent dans la cour.

———

Il est grave de dire ce qu'on aurait fait soi-même à la place d'autrui dans telle circonstance où il y va de la vie. En matière de courage, nous avons toujours excessivement peur de nous prononcer. Nous voyons, parmi les membres présents à cette séance, des hommes qui, sur ce point, n'ont de leçons à prendre de personne ; cependant, nous devons l'avouer, il nous est pénible d'entendre 300 représentants du peuple, dans l'exercice de leur mandat, s'écrier : « QU'ON NOUS MÈNE A MAZAS ! » Quelques soldats de la garde nationale, en uniforme, se trouvaient déjà dans la cour et n'y étaient pas venus sans un patriotique dessein. Les chefs de bataillon Guilbot et Balot (il faut conserver leurs noms pour les honorer) étaient venus dire formellement à l'Assemblée qu'ils se mettaient à sa disposition ; les citoyens présents à la séance avaient déclaré qu'ils étaient prêts à se sacrifier pour la Constitution. Nous aurions voulu que l'Assemblée les appelât tous à se faire tuer s'il le fallait pour la défense des lois, et se mît à leur tête afin de résister à force ouverte. La légion du 10e arrondissement était convoquée à domicile; si peu qu'elle se pressât, elle aurait eu sans doute le temps d'arriver et de livrer bataille aux troupes rebelles. Qui peut dire que les troupes auraient osé attaquer la garde nationale? Qui sait, en tous cas, si des coups de fusil tirés là n'auraient pas mis la ville en armes ? Eût-il été réellement impossible de ne pas se rendre au premier mot, nous aurions souhaité que tant de membres de l'Assemblée ne se missent pas volontairement entre deux files de soldats pour être conduits en prison. Sous les verrous, on est, il est vrai, à l'abri de tout danger, mais on n'a plus aucun moyen de servir sa cause; or, chacun des représentants avait une cause à défendre et devait se conserver ou se perdre pour elle.

Mais il est facile de voir, en lisant le compte rendu, que le sentiment de son impuissance pesait profondément et douloureusement sur la majorité. Lui était-il permis de compter sur le peuple? Tous les éléments de popularité qui eussent pu faire sa force auprès de lui à cette heure de danger, elle les avait livrés un à un à l'assassin de Boulogne. Qui voudrait croire à sa bonne foi lorsqu'elle s'offrait tout à coup à défendre la révolution qu'elle avait sans cesse attaquée, honnie, conspuée? Elle criait aujourd'hui « vive la Constitution! » mais, la veille encore, tous ses orateurs ne trainaient-ils pas cette Constitution sur la claie? Pouvait-elle compter sur les soldats? N'était-ce pas elle qui avait soutenu contre nous, avec des cris de colère, ce mortel principe de l'obéissance passive, qui servait maintenant à l'écraser? Aussi, dans le sein de cette nombreuse réunion parlementaire, ne voit-on se produire aucun de ces actes spontanés, énergiques, qui entraînent une population ou une armée. Elle succombait sous le poids de sa conscience. Antipathique à la population, étrangère à l'armée, sans attache nulle part, elle se vit réduite à décréter au lieu d'agir.

Cette conviction d'impuissance éclata surtout lorsqu'il fut question de choisir le général dont l'épée devait la protéger. Quel nom avait-elle à présenter pour défendre en elle la souveraineté du peuple? Celui du général Oudinot! de l'homme qu'elle avait chargé elle-même d'aller canonner à Rome le principe de la souveraineté nationale ! Le mot qui échappa à M. Tamisier, capitaine d'artillerie, était certainement au fond de tous les cœurs. Du reste, en dehors même de cette situation personnelle, M. Oudinot n'était pas le général de la circonstance. Avec ses manières froides, presque timides, il ne pouvait dominer les soldats et les officiers, ramener les uns et les autres au devoir, les enlever. Ah ! les conjurés avaient bien su ce qu'ils faisaient en arrêtant le colonel Charras, les généraux Bedeau et Lamoricière. Si un homme sympathique, brillant, renommé comme eux se fût alors présenté à la troupe encore hésitante, la face des choses aurait peut-être changé. Certes, pas un d'eux n'eût dit au lieutenant qui violait la représentation nationale : « Vous déclarez que vous avez reçu « des ordres, que vous attendrez les instruc- « tions de votre chef. *C'est la seule chose que* « *vous ayez à faire.* » Attendre ! Non certes, pas un d'eux n'eût infligé à l'Assemblée une demi-heure d'agonie, plus fatale à l'honneur de la législature que tout le reste de cette journée.

Que les représentants eussent été dispersés à coups de sabre, de crosse et de baïonnette ; eh bien, ils étaient vaincus par la force. Mais attendre une demi-heure en paix qu'un M. Leroy, dit de Saint-Arnaud, décide ce qu'on fera d'eux ! parlementer avec la violence pour s'y soumettre ensuite !... Cela nous donne, seulement à y penser, des mouvements nerveux qui nous empêchent d'écrire. Attendre ! N'était-ce pas fournir aux insurgés le temps et les moyens de comprimer cette résistance parlementaire à laquelle ils n'étaient pas préparés ! Profiter de la surprise, provoquer la population, l'appeler aux armes, recourir aux moyens révolutionnaires, telle était la seule conduite à tenir. Elle fut proposée par le citoyen Pascal Duprat et quelques républicains épars dans cette réunion royaliste; hélas ! la majorité avait trop le sentiment de son impopularité et de son impuissance pour tenter rien de semblable.

« Nous nous défendrons, dirent plusieurs, par « le droit et la loi. Pas de révolution ! » Étrange observation ou singulière faiblesse ! Que peuvent le droit et la loi dans leur abstraction contre des épées et des fusils? Avec les libéraux *seuls*, Louis-Philippe et Charles X seraient morts sur le trône, entourés de tous les abus de la monarchie. Avec les parlementaires et les royalistes seuls, la compagnie d'exploitation bonapartiste jouirait à perpétuité de ses forfaits !

L'histoire jugera sévèrement les causes de l'impuissance de la majorité, mais elle imprimera une honte éternelle à tous ces officiers qui se rendirent sciemment coupables du plus grand des crimes. La représentation nationale était assemblée régulièrement ; elle avait agi dans son droit, la Constitution à la main. Ces officiers avaient là devant eux les hommes les plus célèbres « du grand parti de l'ordre, » les noms qui offraient le plus de garantie contre toute espèce « d'idées anarchiques, » MM. Vitet, Benoist d'Azy, Odilon Barrot, Falloux, Gustave Beaumont, Dufaure, Vatimesnil, Broglie, Tocqueville, Duvergier-Hauranne, Rémusat, etc. C'était le général Oudinot, *le général en chef de l'armée d'Italie, de l'expédition de Rome!* qui leur commandait au nom de la légalité. Ils aimèrent mieux obéir à M. Morny, qui leur commandait au nom de ses grosses échéances! Les officiers français sont trop intelligents, trop initiés à la politique, pour n'avoir pas eu parfaitement la conscience de ce qu'ils faisaient. Ils ont porté une main sacrilége sur la représentation nationale au lieu de la protéger ; ils ont volontairement, en pleine connaissance de cause, mis le pied sur la loi. Que la honte et la responsabilité en retombent sur leurs têtes! Quel regret n'éprouveront-ils pas un jour en mesurant l'étendue du mal qu'ils ont fait à leur patrie! C'est à eux surtout que la France doit le joug ignominieux que les Saint-Arnaud, les Maupas, les Bonaparte, les Eynard, les Castellane, etc., font peser sur elle !

Quant au général Forey, il eût certainement été obéi, si, au lieu d'attaquer la représentation nationale et de la mener en prison, il eût ordonné de la défendre. Il a tenu, lui aussi, dans ses mains, pendant une heure, le sort de la journée. Après avoir constaté la trahison salariée de tant de généraux, l'histoire ne pourra jamais admettre que M. Forey ait sacrifié gratuitement son honneur et celui de son pays au profit de la dictature d'un étranger vulgaire, de ce fils de l'amiral Verhuel, qui s'appelle M. L.-N. Bonaparte [1].

Le général Forey n'a pas même su conserver, dans l'accomplissement de sa tâche, les façons d'un homme qui se respecte. Il a mis à commander toute cette expédition un cynisme de langage

---

[1] Le général Forey était bien du complot. Commandant la brigade stationnée sur le quai d'Orsay, on l'a vu, le matin de cette funeste journée, au café du coin de la rue du Bac, où il déjeunait, on l'a vu prodiguer les petits verres de liqueur à tous les hommes, officiers, sous-officiers et soldats, qui venaient lui porter un avis ou lui demander un ordre. Si infime que soit un pareil détail, nous ne craignons pas de le consigner : il sert à montrer que tous moyens étaient bons aux souteneurs du parjure pour se concilier les sympathies de la troupe. Nous n'entendons pas dire que l'on gagne l'armée avec des petits verres, mais nous disons que, les hiérarchies militaires étant données, les soldats qui viennent de boire avec leur général en sont très fiers, qu'ils le rapportent à leurs camarades, que tous trouvent le général « un bon garçon » et obéissent alors plus facilement à ses ordres.

que n'oubliera aucun des témoins de la scène. C'est avec une brutalité inouïe et les menaces les plus grossières que l'on obligea les représentants à évacuer la salle. Dans la cour, on leur fit encore subir l'humiliation d'attendre, plus d'une demi-heure, le nom de la prison qui s'ouvrirait pour eux. On voulait d'abord les traîner à Mazas, mais le trajet sembla trop long ; Paris pouvait ne pas voir sans émotion cette *chaîne* de représentants conduits à la geôle. On se consulta de nouveau. Enfin, au bout d'une demi-heure, l'Assemblée, enveloppée par quatre rangs de soldats, fut dirigée sur la caserne du quai d'Orsay, à peu de distance de la mairie du 10e arrondissement. Le général Forey était à la tête du convoi.

En voyant passer les représentants arrêtés, la population se borna à crier : « Vive l'Assemblée ! vive la république ! vive la Constitution !... » L'Assemblée était perdue. Quelques-uns même de ses membres le jugèrent ainsi, car, à quatre heures et demie, MM. Valette, Victor Lefranc et Bixio vinrent eux-mêmes, de leur propre volonté, se constituer prisonniers avec leurs collègues. Les agents des conspirateurs auxquels ils se livraient ne voulaient pas d'abord les recevoir. « J'ai pourtant deux titres à être arrêté, fit observer M. Valette ; je suis représentant et, de plus, professeur de droit. » Les Français ont de l'esprit jusqu'à la mort.

Deux cent trente-deux représentants se trouvèrent détenus le soir à la caserne du quai d'Orsay. Nous avons dit plus haut quel fut leur sort.

LA MINORITÉ.

Barricade du faubourg Saint-Antoine ; proscription de quatre-vingt-trois représentants du peuple.

§ I.

Les membres de la Montagne ne songèrent pas, en général, à se rendre à l'Assemblée, ils jugèrent qu'elle deviendrait facilement ce qu'on appelle une souricière, en admettant qu'ils pussent y pénétrer ; ils ne crurent pas bon non plus de se rallier à la majorité au 10e arrondissement, cela soit dit sans aucune espèce de blâme, ni formel ni implicite, pour ceux de nos amis qu'on y a vus. En de pareilles surprises et lorsque l'on a si peu le temps de réfléchir, chacun puise sa résolution dans l'inspiration du moment. Plusieurs ont très-bien pu juger cette direction utile, afin de ne pas diviser l'Assemblée et de donner à la résistance parlementaire l'appui de l'unanimité de la représentation nationale. Pour le plus grand nombre d'entre nous, ils avaient une répugnance invincible à agir de concert avec les hommes auxquels ils reprochent le désarmement du peuple après juin 1848, l'infâme et lâche décret de la transportation sans jugement, l'exécrable guerre de Rome, la loi du suffrage restreint ; enfin, toutes les mesures législatives qui facilitèrent le coup de Jarnac présidentiel par la ruine des libertés. Ils pensèrent, en outre, que se joindre à la majorité serait fatalement se condamner à suivre ses impulsions, s'enlever tout crédit auprès du peuple ; que d'ailleurs la majorité, par sa nature, ne pouvant songer qu'à une défense régulière on se perdrait avec elle, puisque l'armée trahissait ; qu'il fallait donc chercher tout son appui dans le peuple.

Sans aucun doute, la répugnance des Montagnards eût cédé, si leur union avec la majorité eût pu sauver la république ; mais pour la sauver, pour combattre un gouvernement en insurrection, il fallait recourir à toute l'énergie révolutionnaire. Quel concours pouvions-nous trouver dans les hommes de *forme*, qui redoutaient le peuple autant qu'ils s'en étaient fait haïr ?

La Montagne et l'opposition radicale cherchèrent donc à se réunir à part pour aviser. Dès le matin, beaucoup d'entre nous étaient allés du côté des faubourgs, sur lesquels ils comptaient pour une résistance par les armes. On se rencontra et l'on se donna un premier rendez-vous chez un homme dévoué, le citoyen Coppins, rue Blanche, Chaussée-d'Antin. Trente ou quarante membres s'y trouvèrent à midi. Plusieurs dirent : « Descendons immédiatement dans la rue, avec nos écharpes, et commençons le combat. » C'était peut-être le meilleur parti à suivre, quoi qu'il en pût arriver. Cependant, d'autres objectèrent, avec une grande force de raison, que les faubourgs n'avaient pas eu le temps de saisir le sens des placards et la perfidie qui se cachait sous la restauration apparente du suffrage universel; qu'il faut toujours, à une population comme celle de Paris, un peu de temps pour se préparer à la bataille; que la première chose à faire, c'était d'éclairer le peuple par une proclamation de ses représentants. Cet avis prévalut. On ne voulait d'ailleurs prendre encore aucune résolution, parce qu'on ne se jugeait pas assez nombreux.—Nos habitudes démocratiques, notre respect pour la volonté commune, notre crainte toujours éveillée d'engager la majorité par une décision de la minorité, sont des sentiments respectables, mais regrettables dans ces occasions périlleuses. Par crainte du blâme des absents, on n'agit point, et chaque moment qui passe est perdu pour le salut.

Malgré l'avis d'attendre un rendez-vous général, pris, rue de la Cerisaie, pour quatre heures,

on adopta l'idée d'une proclamation au peuple.
Il fallait compter avec la difficulté de trouver
une presse, et il était impossible que l'unanimité
des républicains n'approuvât pas la Montagne
de se mettre tout d'abord en relation avec le
peuple, de lui signaler le danger, de l'appeler
aux armes. Le citoyen Victor Hugo qui, depuis
le premier jusqu'au dernier jour, n'a pas un
instant manqué à la résistance, rédigea sur-le-
champ la proclamation suivante :

AU PEUPLE ET A L'ARMÉE.

« Louis-Napoléon Bonaparte est un traître.
« Il a violé la Constitution.
« Il s'est lui-même mis hors la loi.
« Les représentants républicains rappellent
« au peuple et à l'armée les articles 68 et 110
« de la Constitution ainsi conçus :
« *Article* 68. Toute mesure par laquelle le
« président de la république dissout l'Assemblée,
« la proroge, ou met obstacle à l'exercice de
« son mandat, est un crime de haute trahison.
« Par ce seul fait, le président est déchu de ses
« fonctions, les citoyens sont tenus de lui re-
« fuser obéissance. »
« *Article* 110. L'Assemblée constituante confie
« la défense de la présente Constitution et les

« droits qu'elle consacre, à la garde nationale
« et au patriotisme de tous les Français. »

« Le peuple désormais et à jamais en posses-
« sion du suffrage universel, le peuple qui n'a
« besoin d'aucun prince pour le lui rendre,
« saura châtier le rebelle.

« Que le peuple fasse son devoir, les repré-
« sentants républicains marchent à sa tête.

« Vive la république, vive la Constitution,
vive le suffrage universel ! »

Chacun s'empressa de donner son nom, et un manuscrit fut remis à deux jeunes gens non représentants qui assistaient à la réunion ; ils savaient où trouver une presse, et promirent d'apporter trois ou quatre mille exemplaires au rendez-vous pris pour quatre heures.

Inutile de donner les noms de ceux qui signèrent. Les absents pour une cause involontaire seraient jaloux à juste titre.

La réunion de la rue de la Cerisaie, chez notre ancien collègue de la Constituante, le citoyen Beslay, a été la plus nombreuse de toutes. On y ouvrit l'avis de s'ériger en convention, mais cette idée fut repoussée. La très-grande majorité ne voulait de dictature d'aucun genre. L'opinion générale fut que les représentants républicains avaient un devoir à remplir, celui de se répandre dans la ville pour se mettre à la tête de la résistance et la provoquer s'il était nécessaire.

La délibération était à peine ouverte depuis une demi-heure, qu'on fut averti de l'approche d'un corps de troupes et de sergents de ville. Les Montagnards tenaient à n'être pas pris. Dans cet espoir que l'apparition de leurs écharpes sur les barricades pourrait enlever le peuple, ils voulaient rester libres ; afin de tenter cette chance des armes, ils ne voulaient pas trouver sous les verrous un refuge qui les enlevât au devoir de la lutte. Ils furent donc obligés de se disperser, après avoir eu soin de prendre un nouveau rendez-vous pour le soir, à neuf heures, chez un de leurs collègues, quai Jemmapes.

D'autres réunions restreintes, plus ou moins nombreuses, se tinrent dans la journée sur différents points, mais elles furent dissoutes de la même manière.

Jamais les représentants ne purent se rassembler seuls : il y avait toujours des étrangers au milieu d'eux. C'est encore un des inconvénients et tout à la fois des avantages de nos mœurs démocratiques, que personne ne se reconnaisse le droit de parler et d'agir pour les autres, que *les soldats veuillent avoir part aux délibérations des capitaines.* Les Montagnards ne se crurent jamais permis de s'isoler ; parmi les citoyens qui se joignirent à eux, il se glissa nécessairement des mouchards. La police ne manquait jamais d'être instruite immédiatement de nos résolutions.

Il fut aisé pour chacun de remarquer, en arrivant quai Jemmapes, que la maison était surveillée et pouvait être cernée en un clin d'œil par la brigade Marulaz, campée tout à côté, place de la Bastille, au pied même de la colonne de Juillet, ce triomphal mausolée des héros de la liberté !

Les premiers arrivés quai Jemmapes jugèrent sagement que l'on ne pourrait jamais ainsi obtenir une action centrale, une direction indispensable; ils nommèrent un *comité de résistance* chargé d'aviser aux meilleurs moyens de défendre la république menacée, et se retirèrent. Ce comité, choisi parmi les membres présents, était composé des citoyens Carnot, Deflotte, J. Favre, V. Hugo, Madier-Montjau et Michel (de Bourges). Ils s'adjoignirent le citoyen Schœlcher dans une nouvelle réunion qui eut lieu à minuit, rue Popincourt, chez le citoyen Cournet. Nous ne craignons pas de donner ces divers noms; ils ont été trop en évidence pour qu'une dernière publicité puisse les compromettre.

Rue Popincourt, on fut unanimement d'avis qu'il fallait en venir aux mains. Les ouvriers avaient été toute la journée froids, silencieux, réservés. Nous avons expliqué déjà les motifs de l'état d'expectative dans lequel ils se tenaient. Quelques-uns, néanmoins, avaient dit que les faubourgs donneraient si les représentants se montraient. Les représentants résolurent de se transporter au milieu même du peuple, afin de se mettre à sa disposition. En conséquence, ils prirent rendez-vous pour le lendemain matin, huit heures, à la salle Roysin, café socialiste du faubourg Saint-Antoine. Ils n'avaient aucun plan déterminé, mais le dessein bien arrêté de prêter l'influence des écharpes parlementaires au soulèvement de la population, de se mettre à la tête du peuple et de livrer bataille.

§ II.

Douze ou quinze représentants se trouvaient déjà à la salle Roysin à huit heures et demie. Chacun est convaincu de la nécessité absolue d'un acte, d'un acte de résistance, à force ouverte. C'est, quelle que soit l'issue, glorifier le parti, et accomplir un devoir. Déjà la journée d'hier a été bien longue. Pas un coup de fusil tiré dans les vingt-quatre heures contre le *pouvoir exécutif en révolte!* Cela lui donne un avantage considérable. On sait la puissance des faits accomplis, si odieux, si profondément immoraux qu'ils puissent être ; or chaque heure qui s'écoule sans combattre transforme le coup d'état en fait accompli. Si misérables que soient les conspirateurs, ils ont évidemment pour complices les généraux de l'armée de Paris, et plus redoutable est la conjuration militaire, plus vite il faut l'attaquer, au risque de périr. Serait-il dit dans l'histoire que les prétoriens ont terrorisé Paris, et que la grande ville révolutionnaire s'est laissé vaincre sans combattre?

En montant à pied le faubourg Saint-Antoine, nous avions vu les ouvriers rassemblés par groupes sur les portes de leurs maisons. Ils étaient mornes, mais tranquilles, et quand nous leur disions : « Ne faites vous rien? Est-ce l'empire que vous attendez? » tout en répondant, « Non, non, jamais! » ils ajoutaient : « que voulez-vous que nous fassions? Nous n'avons pas d'armes; on nous a désarmés après juin 1848! » Ces derniers mots nous ont été répétés dix fois dans des groupes différents. Oh! ceux qui désarmèrent le peuple alors furent bien coupables! Ce souvenir est resté cuisant dans son esprit, et il nous le rappelait avec un accent qui semblait dire! « C'est vous qui nous avez désarmés: » Comme si la Montagne n'avait pas publiquement protesté contre une mesure si opposée à l'esprit démocratique, si funeste pour la république, et dont il n'était que trop facile de prévoir les fatales conséquences! Le désarmement du peuple en 1848 est bien certainement une des causes de son inaction en 1851 [1].

Il est une remarque à faire dont l'histoire devra tenir compte. Dans un pays aussi plein d'activité politique que la France, le mouvement ne se concentre pas au sein du monde communément appelé officiel. Il est soutenu, activé, excité par des hommes qui agissent d'inspiration, en vertu de leur propre initiative. C'est là, en quelque sorte, une tradition de notre grande révolution. Robespierre est à la Convention, Santerre aux faubourgs. Cette double action est utile, profitable, nécesssaire aux époques de lutte et chez une nation où deux idées, deux principes contraires se font bien vite soldats et combattent. Il importe donc de constater que la démocratie avait ainsi des moniteurs dévoués sur toute la surface de la France, autrement l'histoire ne s'expliquerait pas la résistance que le coup de Jarnac du 2 décembre

---

1. Les ouvriers oublient que la plupart des membres de la Montagne à la Constituante non-seulement votèrent mais protestèrent par un acte extra-parlementaire contre la mise en état de siége de Paris. Nous rappellerons ici, puisqu'il le faut, que cet acte, signé des Montagnards, fut affiché dans tout Paris, le 24 juin 1848.

a soulevée dans les départements, avant même que l'on y sût ce que Paris voudrait faire. Elle ne s'expliquerait pas davantage l'acharnement haineux des bonapartistes à chercher, jusque dans les plus petites villes, les meilleurs citoyens pour les déporter ou les exiler.

Les hommes généreux dont nous parlons ne manquaient point à Paris, malgré les nombreuses arrestations déjà faites. Convaincus, comme les Montagnards, qu'il fallait agir, plusieurs étaient allés voir, dès quatre heures du matin, les démocrates, ouvriers et bourgeois, les plus influents du faubourg Saint-Antoine. Tous étaient tombés d'accord sur l'urgence d'une prise d'armes. Le peuple des faubourgs n'avait guère dormi. Il s'était levé de bonne heure. A six heures, il était déjà dans les rues, et il aurait sans doute cédé aux exhortations chaleureuses de ceux qu'il reconnaissait pour ses chefs, lorsqu'un fait capital, et généralement ignoré jusqu'ici, vint encore le refroidir et le ramener à ses premières impressions d'indifférence. A six heures et demie, trois omnibus, remplis de représentants arrêtés au 10e arrondissement et conduits à Vincennes, montaient le faubourg Saint-Antoine, escortés seulement par une vingtaine de lanciers. Plus de cinq ou six mille ouvriers étaient sur les trottoirs. Les chefs dirent :
« Il est aisé de rendre à la liberté ces représen-

tants illégalement arrêtés. L'occasion est belle de faire un coup d'éclat capable d'exercer la plus heureuse influence morale sur tout Paris. Ce n'est pas une Assemblée plus ou moins détestée qui est en cause, c'est la république. » Les ouvriers, toujours si admirablement intelligents, entraînés par la puissance de ce raisonnement, se portèrent vers les voitures Mais aussitôt les représentants qu'elles contenaient se montrèrent plus effrayés que les lanciers, et pendant que les omnibus avec l'escorte se lançaient au grand trot, ils mirent la tête aux portières et pressèrent ceux qui allaient s'exposer pour eux de se tenir tranquilles. Le peuple, indigné, nous rapporte le citoyen Cournet, un des acteurs de la scène, s'arrêta tout à coup, disant : « Vous voyez bien qu'il n'y a rien à faire avec ces gens-là ! » et il résolut plus que jamais de rester dans sa neutralité. En vérité, on en conviendra, il n'y avait pas de quoi l'encourager beaucoup. Où vit-on jamais autre part un prisonnier supplier ses libérateurs de le laisser mener au cachot?

Les Montagnards s'étaient donné rendez-vous au café des Peuples, salle Roysin, non pour délibérer, mais pour agir. Par malheur, beaucoup d'entre nous n'avaient pu être prévenus à temps. Il y eut aussi malentendu sur le moment fixé : quelques-uns se trompèrent et crurent que c'était neuf heures. Les premiers arrivés attendirent avec impatience leurs collègues. Ils étaient, comme nous l'avons dit, au nombre de douze ou quinze à huit heures et demie. « Le temps se perd, s'écria l'un d'eux à peine entré ; mettons nos écharpes ; montrons les représentants à la population, élevons avec elle des barricades. Nous sauverons le pays peut-être, l'honneur du parti à coup sûr. Allons, faisons des barricades. » Tous furent immédiatement du même avis. Un seul, le citoyen Baudin, reproduisit la terrible objection : « Nous ne sommes pas en nombre pour adopter une semblable résolution. » Mais il se rallia d'entrain au sentiment général, et, la conscience tranquille après avoir réservé le principe, il ne fut pas le dernier à ceindre son écharpe. Il y avait au milieu des rouges deux ou trois membres de la gauche qui ne montrèrent pas moins de prompte résolution à courir les chances de la bataille. Nous serions heureux de les désigner, mais ils ont échappé aux recherches de l'Élysée, ils ne sont pas sur les listes de proscription ; mieux vaut, dans l'intérêt de la république, ne pas les nommer ici, et laisser à leur courage toute sa liberté, puisque la France en aura encore besoin pour chasser les décembriseurs.

Ainsi, et pas autrement, les représentants républicains avec une vingtaine de braves gens en blouse et en habit décidèrent la première barricade élevée contre l'insurrection de l'ex-président.

M. Mayer a écrit que les Montagnards avaient, la veille, tiré au sort pour savoir qui aurait mission de commencer le combat, et que le sort avait désigné MM. Baudin, Schœlcher, Madier-Montjau et Esquiros. Il n'y a pas un mot de vrai dans ce conte ridicule. Rien même n'a pu y donner lieu; il est de pure imagination. La Montagne n'avait nul besoin de tirer au sort pour trouver dans son sein des hommes prêts à combattre au nom de la république; elle a assez prouvé en mainte occasion qu'elle ne manquait pas de volontaires disposés à jouer toutes les parties de ce genre. Les faits que nous allons relater en témoigneront encore.

Nous sortons tous ensemble à neuf heures, criant : « Aux armes! aux barricades! vive la Constitution! » En moins de cinq minutes, une centaine de bons citoyens se groupent autour de nous. Il n'en fallait pas davantage. On se mit aussitôt en mesure de faire une barricade en travers du faubourg, aux angles des rues Cotte et Sainte-Marguerite, les premières qui se trouvèrent sur notre route. Personne ne se demanda si la position était bien choisie; ce que nous voulions tous, peuple et représentants, c'était de l'action. *Une voiture de laitière, une autre de boulanger, une grosse charrette et un omnibus* furent successivement pris, dételés et renversés. Nous ne pûmes nous procurer plus de matériaux. Sans doute, la nouvelle de notre entreprise fut immédiatement portée en haut et en bas du faubourg et la circulation aussitôt interdite. Impossible d'ailleurs d'avoir ni une seule pierre ni un seul pavé, le temps manqua. Mais rien ne pouvait arrêter notre résolution.

Nous ne possédions que trois fusils enlevés à deux soldats qui passaient isolément avec un vieux sergent. « Des armes ! cria chacun, il faut des armes ! — Nous n'en avons pas, » répondirent nos braves compagnons, et l'un d'eux ajouta encore : « On nous a désarmés en 1848 ! » On voyait, d'où nous étions, le petit corps de garde qui est au milieu du faubourg Saint-Antoine, près la rue Montreuil. On fond sur ce poste, il est forcé de livrer ses armes, dix ou douze fusils, et ses munitions. On indique alors le corps de garde du Marché-Noir, comme pouvant en fournir d'autres. La même expédition, toujours des représentants en tête, est faite, avec la même audace et le même succès. Les soldats n'éprouvèrent aucun mauvais traitement. Un des assaillants, le citoyen Ch. Broquet, trouva même moyen d'égayer la scène. Il s'était jeté sur le factionnaire qui, par un mouvement instinctif, porta la main sur la gâchette de son arme ; Broquet l'arrête et lui dit avec cet air narquois qui n'abandonne jamais l'enfant de Paris : « Doucement petit, ça pourrait vous faire du mal et à moi aussi, faut pas. » Pour notre compte personnel, nous l'avouons, nous avions peu envie de rire ; nous connaissions les ordres du jour donnés à l'armée de Paris par son ancien général en chef, M. Changarnier ; nous savions de bonne source qu'ils avaient été renouvelés, revus, corrigés et augmentés. Les postes, pensions-nous, vont se ranger en bataille à notre approche et faire une décharge à bout portant ; il est impossible que nous y échappions, et, chose plus triste, nous ne mourrons pas comme il le faudrait pour que notre mort fût utile. Heureusement, cette fois, la fortune se mit de notre côté.

Peu de minutes après le retour à la barricade, vers neuf heures et demie [1], on aperçut un détachement d'infanterie du 19e léger qui venait du côté de la Bastille. Il y avait trois compagnies suivies d'un chef de bataillon à cheval, M. Pujol. Quelques personnes se retirèrent, jugeant toute

---

[1] Notre coréligionnaire politique, M. Magen, dans son livre des *Mystères du 2 décembre*, nous fait monter sur la barricade à huit heures. Il ne trouvera pas mauvais que ceux qui étaient là tiennent à dire qu'il se trompe. Il importe à leur honneur qu'on ne puisse même les soupçonner d'avoir voulu accaparer la gloire d'un péril, en précipitant l'heure de l'action.

résistance impossible dans les conditions où l'on se trouvait.

Ceux qui restèrent, hommes intrépides, parmi lesquels on a reconnu les citoyens Cournet, Amable Lemaître, Maillard et Ruin, ne pouvaient, non plus que nous, se faire illusion sur le résultat. La rue n'était pas même entièrement barrée, les deux trottoirs restaient libres ; nous ne possédions pour nous abriter que les quatre voitures renversées, pour nous défendre que vingt-deux fusils pris aux soldats; plusieurs même n'avaient qu'un seul coup à tirer. Que nous importait, après tout ? Nous ne comptions guère, ni les uns ni les autres, réussir là par les armes. Notre défaite comme combattants, dans la situation du moment, était à peu près certaine ; nous n'ignorions pas que la brigade Marulaz occupait la Bastille avec du canon, que, de plus, la brigade Gourtigis campait à la barrière du Trône. Le citoyen Madier-Montjau, après avoir contribué au désarmement du poste du Marché-Noir, était bien parti pour essayer de nous couvrir par derrière, mais il était impossible qu'il eût encore pu rien faire. Nous nous trouvions donc entre deux feux. Personne ne voulut s'en inquiéter. Nous poursuivions tous un grand but : d'abord tâcher d'enlever la troupe en lui montrant des écharpes ; ensuite, donner par un coup d'éclat l'impulsion à la résistance.

Nous comptions que la rumeur publique ne manquerait pas de porter dans tout Paris la nouvelle du soulèvement du faubourg Saint-Antoine, ayant à sa tête des membres de l'Assemblée ; nous pensions que notre barricade en ferait surgir mille autres, et que notre sang, s'il coulait, ne serait pas perdu. Nos patriotiques calculs ne furent pas tous déçus.

Quand le détachement approcha, un de nous dit à ses collègues : « Portons-nous en avant. » Aussitôt les représentants montent sur les voitures renversées ; et lui, s'adressant aux citoyens : « Amis, pas un coup de fusil avant que la ligne n'ait ouvert le feu. Nous allons à elle ; si elle tire, la première décharge sera pour nous ; si elle nous tue, vous nous vengerez. Mais jusque-là pas un coup de fusil. » Les Montagnards voulaient mettre tous les avantages du côté des défenseurs de la loi. Ils étaient huit sur la barricade : Baudin, Bruckner, Deflotte, Dulac, Maigne, Malardier, Schœlcher et un autre que nous ne pouvons nommer parce que les proscripteurs ne le connaissent pas.

Les trois compagnies montaient silencieuses avec une lenteur funèbre. Nous leur faisons signe d'arrêter ; le capitaine (M. Petit), qui était en tête, répond par des signes négatifs ; sept descendent alors et marchent vers lui [1]. A la vue de ces quelques hommes s'avançant dans la majesté du devoir civique, la troupe fait halte presque malgré elle. Nous en appelons à son patriotisme et à son honneur. « Nous sommes représentants du peuple, lui disons-nous; on vous trompe. C'est la Constitution que vous attaquez, sauvez-la au contraire; nous réclamons votre concours pour faire respecter la loi du pays. Venez avec nous, ce sera votre gloire. — Taisez-vous, dit le capitaine, je ne veux pas vous entendre; j'obéis à mes chefs. Retirez-vous, j'ai des ordres à exécuter. Retirez-vous ou je fais tirer. — Vous pouvez nous tuer, répondirent les Montagnards tous d'une même voix, mais vous ne nous ferez pas reculer; nos corps doivent couvrir le peuple! — Soldats, apprêtez vos armes, en avant! » Le mouvement s'exécute.

Nous étions tous les sept rangés sur une même ligne. Quelques-uns, croyant la dernière heure venue, mirent le chapeau à la main comme pour saluer la mort.

Officiers et soldats furent sans doute émus de notre attitude.

Il est certain qu'ils pouvaient nous tuer,

---

[1] Aucun de nous ne tenait, comme on l'a dit, le livre de la Constitution. Il n'en était pas besoin. Nous étions là le droit vivant, le papier n'y faisait rien.

comme le lendemain d'autres ont tué l'héroïque Dussoubs, qui, une écharpe sur l'épaule, désarmé comme nous devant la troupe, faisait ce que nous faisions. Ils ne le voulurent pas. Ils passèrent entre nous. Neuf rangs de soldats, en volant à la barricade, nous trouvèrent successivement face à face; aucun ne frappa. Nous étions au bout de leurs baïonnettes et de leurs épées ; elles se détournèrent à mesure qu'elles rencontraient nos poitrines. Un jeune officier du second peloton, vis-à-vis duquel la mêlée nous amena, et que nous adjurions encore de se joindre à nous en lui reprochant sa faute, nous dit avec désespoir : « Notre position est affreuse. Que pouvons-nous faire? Nous avons des ordres!... » Le sabre à la main, il avait l'air navré. Ah! si les généraux n'avaient pas été vendus !

Celui qui écrit ces pages reçut seul deux coups de baïonnette, qui ne traversèrent même pas tous ses vêtements ; ils avaient été donnés bien plutôt pour l'éloigner du capitaine, dont on le trouvait trop près, que pour le percer.

Un épisode montrera mieux encore ce qu'est le caractère du soldat français quand il est abandonné à sa générosité naturelle. Un fourrier met en joue, à bout portant, notre ami Bruckner. Celui-ci s'en aperçoit, et dit tranquillement : « Voyons, tirez donc un peu, je vous en défie. » Le fourrier sourit, relève son arme au-dessus de l'épaule de l'audacieux, et, lâchant le coup, qui se perd dans l'espace, presse la main du représentant au moment de s'élancer.

Nous avons expliqué que la barricade était indéfendable. Une quinzaine d'hommes armés qui restaient là ne pouvaient évidemment pas tenir. Après le premier feu, ils se retirèrent. La troupe ne fit non plus qu'une seule décharge, et c'est alors que notre collègue Baudin, demeuré ferme et debout sur une des voitures, reçut à la tête trois balles qui le tuèrent roide. Aucun de nous, placés en avant, ne le vit tomber. Un seul autre des défenseurs de la loi fut atteint en même temps que lui. C'était un tout jeune homme. Le citoyen Ruin, qui se trouvait près de lui, le transporta, au péril de sa vie, dans une maison des environs. Nous avons eu le chagrin d'apprendre depuis qu'il avait succombé à sa blessure.

Nous ne savons pas même le nom de ce brave ! Tel est le sort de l'homme du peuple, des soldats de toutes les causes ! Ah ! combien leur mérite est plus grand que le nôtre ! Ils succombent obscurément, sans la dernière consolation de laisser à leurs descendants la gloire de leur mort !

Nous n'eûmes pas d'autres malheurs à déplorer. Les citoyens Madier et Esquiros ne furent ni pris ni blessés là, comme on l'a dit ; ils étaient occupés ailleurs à l'œuvre constitutionnelle, comme nos honorables collègues Aubry, Chaix, Duputz et Sartin, que l'on a fait figurer à tort à cette barricade. C'est deux ou trois heures plus tard que le citoyen Esquiros dirigea la défense d'une autre barricade, où, heureusement, il ne fut pas atteint.

Il est également inexact que le chef de bataillon ait été tué ou renversé de son cheval.

Le représentant du peuple Baudin sera inscrit sur la liste glorieuse et trop immense des martyrs de la liberté, à côté des frères Bandiera, de Robert Blum et de Bathiany. Sa mort ne fut pas sans amertume. « Nous ne voulons pas nous sacrifier pour les *vingt-cinq francs,* » lui avait dit un ouvrier! Les gagistes du suffrage universel, les vingt-cinq francs! ainsi nous appelaient follement quelques-uns même de nos propres amis. « Vous allez voir, répliqua Baudin, comment on meurt pour vingt-cinq francs! » Et lui, précisément, a quitté la vie aux pieds de la Constitution, léguant à la postérité son nom avec un mot sublime!

Ces diverses périodes de l'action s'étaient sucéédé en moins de temps que nous n'en mettons à les écrire. Depuis notre sortie de la salle *Roysin* jusqu'à la prise de la barricade, *il ne s'écoula pas plus d'une heure.* Nous n'avions pas pu enlever la troupe; deux d'entre nous étaient sur le carreau ; mais un grand fait était accompli : le drapeau de la résistance armée était planté.

La troupe s'était enfoncée dans les rues Cotte et Sainte-Marguerite, à la suite de ceux qui, forcément, s'éloignaient. Nous nous trouvâmes tous les sept au milieu du faubourg, avec quelques ouvriers qui se rapprochèrent de nous.

Au moment de se porter en avant, les Montagnards avaient engagé leurs amis à ne pas ouvrir le feu les premiers. Mais en voyant un de nous touché par les baïonnettes, un impatient avait tiré, et un soldat était tombé pour ne plus se relever. Nous l'aperçumes étendu à terre, boutonné jusqu'au col, le sac au dos, le shako attaché sur la tête par la mentonnière. Tout jeune, d'une figure régulière, ses yeux étaient fermés, et la pâleur mate de la mort, déjà répandue sur son visage, donnait un éclat saisissant à deux sillons vermeils qui lui partaient de la bouche et des narines. Si nous savions peindre, nous pourrions encore faire son portrait, montrer tout son sang répandu sur le sol, et donnant à sa tunique, près des bords de la blessure, les teintes moirées qu'il trace sur le drap qu'il imbibe. Ce beau jeune homme personnifiait bien pour nous la description antique du guerrier mort dans son armure. L'atmosphère, chargée des teintes blafardes d'un soleil d'hiver, blanchissait tout. Les portes étaient fermées, la rue propre et déserte, les bruits de l'activité humaine un instant suspendus, le silence universel. Vu ainsi, le faubourg nous semblait immense, et il se passa pour nous devant ce jeune cadavre, la première victime des ambitions bonapartistes, quelques secondes imposantes et solennelles.

Nous allâmes naturellement d'abord au pauvre soldat. Nous lui prîmes la main, elle se refroidissait; tout nous parut déjà fini; il ne fallait cependant négliger aucun moyen de le secourir s'il était possible. Nous le relevâmes à plusieurs pour le déposer à l'hôpital Sainte-Marguerite qui se trouvait à deux pas.

Ce pieux devoir rempli, les citoyens Dulac, Malardier, Schœlcher et un quatrième dont nous devons taire le nom, descendirent le faubourg, excitant de nouveau le peuple à prendre les armes. Les citoyens Bruckner, Deflotte et Maigne avaient pris une autre direction dans le même but.

Un bataillon tout entier, suivi de deux obusiers, montait le faubourg. Des ouvriers nous forcèrent d'entrer dans une cour dont on referma les portes sur nous. Les braves gens qui nous avaient poussés là nous témoignèrent un véritable intérêt. Ils nous disaient : « Vous avez fait votre devoir, c'est nous qui ne faisons pas le nôtre. N'allez pas plus loin, vous vous exposeriez en

vain. Le faubourg n'a pas envie de marcher. »
Nous étions au désespoir ; nous sentions que c'était la république qu'on laissait périr, et nous le dîmes avec toute la véhémence d'une ardente conviction. « Que faire? nous répondirent-ils, nous ne sommes pas en mesure. D'ailleurs, le sort de l'Assemblée ne nous inquiète pas le moins du monde, et puis on nous rend le suffrage universel... »
Malheureux peuple, comme ils te trompaient !

Le bataillon passé, nous continuâmes notre marche pour tenter un dernier effort, accompagnés de notre bon collègue Sartin, qui avait pu nous rejoindre. Toujours revêtus de nos insignes parlementaires, entourés de quelques citoyens déterminés, nous prîmes la rue de Charonne, haranguant les ouvriers, les conviant à la défense des lois, criant toujours : « Aux armes ! Vive la république ! La patrie est en danger ! » Vains efforts. Arrivés au carrefour Baffroid, où cinq ou six hommes commençaient à dépaver pour faire une barricade, nous n'avions pas cent personnes derrière nous, et il y avait plus d'une heure que nous parcourions le faubourg! On nous saluait des portes et des fenêtres, on agitait les casquettes et les chapeaux, on répétait avec nous : Vive la république ! mais rien de plus. Il fallut bien nous avouer que le peuple ne voulait pas remuer; son parti était pris.

Les écharpes avaient fait, au faubourg Saint-

Antoine, tout ce qu'il leur était donné de faire. Nous nous séparâmes de ceux qui nous suivaient, après de cordiales et tristes poignées de mains ; nous leur recommandâmes de pousser aux barricades, et ils nous approuvèrent d'aller nous employer ailleurs[1]. Nous trouvâmes heureusement

---

[1] M. le capitaine Mauduit, auteur de *la Révolution militaire du 2 décembre*, est un légitimiste devenu bonapartiste parce que, selon ses expressions, « M. Louis-Napoléon n'est pas de ceux qui font fi de la couronne de France ; il la trouve, au contraire, tout aussi digne que la Toison d'or que l'on brave mille dangers pour s'en parer le front !... » Page 15. M. Mauduit a écrit de ce style miraculeux trois cents pages, où il glorifie les assassins et insulte les socialistes qu'il donne tous pour des lâches. Jamais on ne mit autant de barbarismes au service de la barbarie. Il raconte à sa façon, avec toute sorte de faussetés et de fautes de français, les événements du faubourg Saint-Antoine. Il dit que trois Montagnards *seuls* osèrent se présenter sur le champ de bataille, les citoyens Baudin, Schœlcher et Madier-Montjau, et il termine sa narration de la sorte : « La mort du citoyen Baudin fut instantanée, les soldats ne relevèrent qu'un cadavre qu'ils prirent d'abord pour un commissaire de police, en raison de son écharpe. Les deux autres représentants durent leur salut à cette même méprise, *et se sauvèrent* en passant d'une cour dans l'autre sur des planches dont on avait recouvert le puits qui les séparait. C'était un nouveau vasistas des Arts-et-Métiers !... » Page 160.

Si difficile qu'il soit de comprendre quelque chose à cet

de meilleures dispositions dans les quartiers Saint-Martin, Saint-Denis et Montmartre, où nous nous rendîmes.

Le citoyen Madier-Montjau, que l'on a vu s'éloigner après la prise du poste du Marché-Noir, affrontait d'autres dangers, accompagné d'un vétéran de la république, d'un ancien carbonaro. Ils portaient ensemble l'annonce du combat dans le faubourg du Temple et à Belleville, où ils avaient des relations ; ils y publiaient la proclamation suivante dont huit copies, faites de leurs mains, furent placardées dans ces quartiers :

AUX ARMES !

« La république, attaquée par celui qui lui avait juré fidélité, doit se défendre et punir les traîtres.

« A la voix de ses représentants fidèles, le faubourg Saint-Antoine s'est levé et combat.

bominable galimatias, on devine que M. Mauduit a eu l'intention de dire que M. Madier-Montjau (qui n'était pas là) et M. Schœlcher *s'étaient sauvés*. M. le capitaine Hippolyte de Mauduit, chevalier de la Légion d'honneur, N A MENTI, LACHEMENT MENTI. Ses planches de puits sont un odieux mensonge, comme le vasistas des Arts-et-Métiers l'une des plus ignobles calomnies des réactionnaires.

« Les départements n'attendent qu'un signal et il est donné.

« Debout tous ceux qui veulent vivre et mourir libres !

« *Pour le comité de résistance de la Montagne,*

« Le représentant du peuple délégué,

« A. MADIER-MONTJAU.

« 3 décembre. »

Un des exemplaires affichés de cette proclamation a été gardé pendant une heure, le pistolet au poing, par un des plus braves ouvriers de Belleville.

Les *rouges* de l'Assemblée nationale se montrèrent ainsi partout, le 3, le 4 et le 5, encourageant de leur présence ceux qui faisaient et défendaient des barricades, excitant et provoquant les autres. Dès le 2, à trois heures, le citoyen Michel (de Bourges), qui se trouvait avec quelques Montagnards chez le citoyen Bonvallet, restaurateur du boulevard du Temple, où l'on devait se réunir, fit connaître au peuple, du haut du balcon, que M. Bonaparte venait d'être mis hors la loi. La police survint, et ce fut à grand'peine que nos collègues lui échappèrent. Le citoyen Delbetz, surpris à l'improviste par une escouade de sergents de ville, fut arrêté sur le boulevard des Italiens le 4, au moment où il conviait la bourgeoisie à s'armer. Le citoyen Victor Hugo fut vu à plusieurs barricades ; quatre Montagnards assistaient les défenseurs de la Constitution qui prirent la mairie du 5e arrondissement. Leur modestie égale leur courage ; à cette heure encore, nous ne savons pas nous-même leurs noms.

§ III.

De son côté le comité de résistance, toujours assisté des Montagnards qui ne cessèrent, à tous risques, de se grouper autour de lui, ne demeurait pas inactif et remplissait bien la mission confiée à son dévouement. La défense fut aussi persévérante et résolue que l'attaque avait été perfide et cruelle. Le comité se mit en communication officielle avec des officiers de la garde nationale et avec des délégués des associations ouvrières, pour utiliser tous les éléments de résistance qui pouvaient se rencontrer. Il fit savoir par mille moyens qu'il était prêt à aller siéger au centre des barricades, dès qu'elles seraient assez fortes pour offrir quelque résistance. Traqués d'asile en asile, les représentants surent non-seulement se réunir plusieurs fois chaque jour, et garder leur liberté pour la mettre au service de la patrie, mais ils trouvèrent le moyen de s'adresser au peuple par des proclamations et des décrets auxquels l'extrême difficulté de se procurer des presses n'a donné qu'une publicité trop restreinte.

La première de ces pièces, après la proclamation de la Montagne lancée dès le matin du 2, fut un décret du 3, relatif à un arrêt de la haute cour de justice, qui mettait en accusation l'ex-président de la république.

Il faut dire l'histoire de cet arrêt.

Les insurgés ont tout sacrifié pour assouvir leurs détestables passions : l'humanité, la morale, le droit et les lois. Que les hommes d'ordre en Europe, que tous les hommes loyaux sachent bien ceci : Les prétendus sauveurs de la civilisation européenne, ceux qui ont fait le coup d'état après avoir contribué aux brochures de la rue de Poitiers [1], ont foulé aux pieds les institutions les plus fondamentales de la vieille société dont ils se proclament les soutiens; ils n'ont rien respecté. Le temple même de la justice, le palladium de la légalité, ils l'ont souillé, profané!

---

[1] On se rappelle que les membres de la majorité, sous la Constituante, se réunirent rue de Poitiers, où ils firent une souscription *considérable* employée à fabriquer des brochures réactionnaires.

Les magistrats, délibérant au nom de la loi, ils les ont chassés de leurs siéges à coups de crosses de fusils! Tels sont à l'œuvre les amis de l'ordre qui imputent aux socialistes de n'avoir rien de sacré!

A la première nouvelle du crime, la haute cour s'était spontanément réunie au palais, où elle avait rendu cet arrêt :

« En vertu de l'article 68 de la Constitution, la haute cour de justice déclare :

« Louis-Napoléon Bonaparte prévenu du crime de *haute trahison*;

« Convoque le haut jury national pour procéder sans délai au jugement, et charge M. le conseiller Renouard des fonctions du ministère public près la haute cour.

« Fait à Paris, le 2 décembre 1851.

« Signé : HARDOUIN, président.
DELAPALME, PATAILLE, MOREAU (de la Seine), CAUCHY, juges. »

La haute cour venait de signer cet arrêt, lorsque des gardes municipaux, envoyés par le conservateur M. Morny et commandés par M. Montour, aide de camp du ministre de la marine [1],

---

[1] Le compte de M. Montour vient d'être réglé. Il a

ENTRÈRENT EN ARMES DANS LA SALLE DES DÉLIBÉRATIONS et sommèrent les magistrats de se séparer. La vieille magistrature française aurait certainement requis les soldats mêmes venus pour la violenter de mettre son arrêt à exécution ; ou, si la force publique lui avait refusé obéissance, elle serait allée solennellement à travers les rues de la ville arrêter de sa propre main le criminel jusque dans son antre, au risque de se faire écraser par les prétoriens. Nos magistrats modernes n'ont pas cette grandeur ; ils crurent avoir assez fait en obéissant strictement à la lettre de la Constitution. Ils se retirèrent sans mot dire, à l'instant, n'emportant même pas leurs papiers, et abandonnant l'arrêt sur le bureau de M. le président Hardouin ! Dispersés par quelques soldats, on ne leur fit pas l'honneur d'une arrestation, et ces timides gardiens de la loi laissèrent, sans plus s'inquiéter, les rebelles poursuivre le cours de leurs attentats 1 !

reçu le commandement d'une frégate en récompense de l'héroïsme qu'il a fait éclater contre les magistrats à robes rouges.

1 Les historiographes élyséens n'ont pas dissimulé cet acte monstrueux ; ils ont osé l'avouer : « Deux commis-« saires *accompagnés de quelques gardes municipaux* « *entrèrent dans la salle des délibérations* et enjoigni-« rent aux conseillers de se retirer sous peine d'arresta-« tion immédiate. La cour obéit sans mot dire avec ce

— 215 —

Cependant l'arrêt existait, il avait puissance de chose jugée ; le premier acte du comité de résistance fut de le porter à la connaissance des populations et d'ordonner aux autorités d'y prêter main-forte.

« RÉPUBLIQUE FRANÇAISE.

« LIBERTÉ, ÉGALITÉ, FRATERNITÉ.

« Les représentants du peuple restés libres,
« vu l'art. 68 de la Constitution ainsi conçu :
« Toute mesure, etc..., le pouvoir exécutif passe
« de plein droit à l'Assemblée nationale ; les
« juges de la haute cour de justice se réunissent

« *sentiment du devoir* individuel qui, dans les dangers
« de la chose publique, parle plus haut même au cœur
« d'un magistrat *que le droit le plus clair et la loi la*
« *plus nette!* » (P. Mayer, page 91.)

M. Granier-Cassagnac, qui est un légiste, ne va pas jusqu'à dire, comme son honorable collègue, que *le devoir d'un magistrat sur son siége est de s'en aller quand un caporal le lui ordonne*; mais il constate aussi la chose.
« Deux commissaires de police, *appuyés d'un bataillon*
« *de garde municipale, entrèrent dans la salle des*
« *séances* et exhibèrent l'ordre d'arrêter les membres de
« la cour, si elle ne se séparait immédiatement. Aucune
« résistance ne fut opposée ; la cour se leva et se sépara
« à l'instant même. » (Page 39.)

« immédiatement, à peine de forfaiture ; ils con-
« voquent les jurés dans le lieu qu'ils désignent
« pour procéder au jugement du président et de
« ses complices ;

« Décrètent :

« Art. 1er. Louis Bonaparte est déchu de ses
« fonctions de président de la république.

« Art. 2. Tous les citoyens et fonctionnaires
« publics sont tenus de lui refuser obéissance,
« sous peine de complicité.

« Art. 3. L'arrêt rendu le 2 décembre par la
« haute cour de justice, et qui déclare Louis
« Bonaparte prévenu du crime de haute trahison,
« sera publié et exécuté En conséquence
« les autorités civiles et militaires sont requises,
« sous peine de forfaiture, de prêter main-forte
« à l'exécution dudit arrêté.

« Fait à Paris en séance de permanence, le
« 3 décembre 1851. »

Des trois autres décrets datés du 4 décembre, le premier lève l'état de siége, le deuxième met en liberté les citoyens arrêtés préventivement, le troisième abroge la loi du 31 mai, et convoque les électeurs pour le 21 décembre, afin de nommer une Assemblée souveraine.

RÉPUBLIQUE FRANÇAISE.

LIBERTÉ, ÉGALITÉ, FRATERNITÉ.

DÉCRET.

Les représentants soussignés, demeurés libres, réunis en assemblée de permanence ;

Vu l'arrestation de la plupart de leurs collègues ;

Vu l'urgence ;

Considérant que, pour l'accomplissement de son crime, Louis-Napoléon Bonaparte ne s'est pas contenté de multiplier les moyens de destruction les plus formidables contre la vie et les propriétés des citoyens de Paris, qu'il a foulé aux pieds toutes les lois, anéanti toutes les garanties des nations civilisées ;

Considérant que ces criminelles folies ne font qu'augmenter la violente réprobation de toutes les consciences et hâter l'heure de la vengeance nationale, mais qu'il importe de proclamer le droit ;

Décrètent :

Art. 1er. L'état de siége est levé dans tous les départements où il a été établi, les lois ordinaires reprennent leur empire.

Art. 2. Il est enjoint à tous les chefs militaires, sous peine de forfaiture, de se démettre immédiatement des pouvoirs extraordinaires qui leur ont été conférés.

Art. 3. Les fonctionnaires et agents de la force publique sont chargés, sous peine de forfaiture, de mettre à exécution le présent décret.

Fait en séance de permanence, le 4 décembre 1851.

RÉPUBLIQUE FRANÇAISE.

LIBERTÉ, ÉGALITÉ, FRATERNITÉ.

DÉCRET.

Les représentants du peuple, soussignés, demeurés libres, réunis en assemblée de permanence extraordinaire ;

Vu l'arrestation de la plupart de leurs collègues ;

Vu l'urgence ;

Considérant que le crime de Louis-Napoléon Bonaparte, en abolissant par la violence l'action des pouvoirs publics, rétablit la nation dans l'exercice direct de la souveraineté ; que tout ce qui l'entrave actuellement doit être annulé ;

Considérant que toutes les poursuites commencées, toutes les condamnations prononcées à quelque titre que ce soit pour crimes ou délits politiques, sont anéanties par le droit imprescriptible du peuple ;

Décrètent :

Art. 1er. Sont abolies dans leurs effets criminels et civils toutes poursuites commencées, toutes condamnations prononcées pour crimes ou délits politiques.

Art. 2. En conséquence, il est enjoint à tout directeur des maisons d'arrêt ou de détention de mettre immédiatement en liberté toutes les personnes retenues en prison pour les causes indiquées ci-dessus.

Art. 3. Il est également enjoint à tous officiers du parquet et de police judiciaire, sous peine de forfaiture, de mettre à néant toutes les poursuites commencées pour les mêmes causes.

Art. 4. Les fonctionnaires et agents de la force publiques sont chargés de l'exécution du présent décret.

Fait à Paris, en assemblée de permanence, le 4 décembre 1851.

RÉPUBLIQUE FRANÇAISE.

LIBERTÉ, ÉGALITÉ, FRATERNITÉ.

DÉCRET.

Le crime de Louis Bonaparte impose aux représentants du peuple, demeurés libres, d'immenses devoirs.

La force brutale cherche à rendre impossible l'accomplissement de ces devoirs.

Traqués, errants d'asile en asile, assassinés dans les rues, les représentants républicains délibèrent et agissent, malgré l'infâme police du coup d'état.

L'attentat de Louis Napoléon, en brisant tous les pouvoirs, n'a laissé debout qu'une autorité, l'autorité suprême, l'autorité du peuple, le suffrage universel.

C'est AU PEUPLE SOUVERAIN qu'il appartient de ressaisir et de reconstituer toutes les forces sociales aujourd'hui dispersées.

En conséquence, les représentants du peuple

Décrètent :

Art. 1er. Le peuple est convoqué le 21 décembre 1851 pour élire une assemblée souveraine.

Art. 2. L'élection se fera par le suffrage universel, selon les formes réglées par le décret du gouvernement provisoire du 5 mars 1848.

Fait à Paris, en assemblée de permanence, le 4 décembre 1851.

L'opposition républicaine, tout en se produisant partout où il y avait de l'action, pourvoyait ainsi, grâce à la sagesse de ses délibérations, aux besoins les plus pressants.

Notons qu'elle se tint dans une mesure parfaite ; réduite comme elle l'était, elle n'affecta jamais la prétention de s'ériger toute seule en Assemblée nationale, elle eut constamment le soin de ne parler qu'au nom des représentants restés libres, et vu l'urgence. On ne manquera pas de remarquer encore que le dernier décret appelait la nation à élire une assemblée organe de la SOUVERAINETÉ DU PEUPLE. Le pays tout entier restait donc maître de ses destinées. Ces rouges, que les calomniateurs patentés représentent toujours comme des ambitieux avides de s'imposer, ne visant qu'à façonner la société à leur image, « à la mettre en coupe réglée, » à lui faire subir les idées les plus subversives, laissaient de la sorte éclater les vrais sentiments. Ils repoussaient toute idée de dictature, de quelque part qu'elle pût venir ! Selon eux l'AUTORITÉ est dans le suffrage universel, dans le peuple ; ils n'en reconnaissaient pas d'autre. — C'est bien pour cela qu'à l'époque de la discussion de la Constitution, ils avaient unanimement voté contre la fatale institution d'une présidence de la république.

Ces pièces imprimées à grand'peine, clandestinement, malgré le sabre levé sur toutes les presses de Paris, furent répandues autant qu'il se pouvait en face de la terreur napoléonienne. Beaucoup de représentants et de citoyens courageux se chargèrent de les distribuer. Ils les lurent aux flambeaux dans la soirée du 4, sur les boulevards, aux groupes nombreux qui se formaient, se rompaient et se reformaient tour à tour sous les charges des lanciers et des cuirassiers.

Le comité fit aussi une proclamation à l'armée, que le manque de presses et la rapidité des événements empêchèrent de publier à un grand nombre d'exemplaires. Nous voulons cependant reproduire ce magnifique morceau, où éclatent le génie d'un grand écrivain et la lumière des vrais principes. Tout le monde y reconnaîtra sans peine la plume du brigand qui s'appelle Victor Hugo :

A L'ARMÉE !

« Soldats !

« Un homme vient de briser la Constitution. Il déchire le serment qu'il avait prêté au peuple, supprime la loi, étouffe le droit, ensanglante Paris, garrotte la France, tra..it la République.

« Soldats, cet homme vous engage dans son crime. Il y a deux choses saintes : le drapeau, qui représente l'honneur militaire, et la loi, qui représente le droit national. Soldats! le plus grand des attentats, c'est le drapeau levé contre la loi.

« Ne suivez pas plus longtemps le malheureux qui vous égare. Pour un tel crime, les soldats français sont des vengeurs, non des complices.

« Tournez vos yeux vers la vraie fonction de l'armée française. Protéger la patrie, propager la révolution, délivrer le peuple, soutenir les nationalités, affranchir le continent, briser les chaînes partout, défendre partout le droit, voilà votre rôle parmi les armées d'Europe. Vous êtes dignes des grands champs de bataille.

« Rentrez en vous-mêmes, réfléchissez, reconnaissez-vous, relevez-vous! Songez à vos généraux arrêtés, pris au collet par des argousins, et jetés, menottes aux mains, dans la cellule des voleurs! Le scélérat qui est à l'Élysée croit que l'armée de la France est une bande du Bas-Empire, qu'on la paye, qu'on l'enivre, et qu'elle obéit! Il vous fait faire une besogne infâme; il vous fait égorger, en plein dix-neuvième siècle, et dans Paris même, la liberté, le progrès, la civilisation; il vous fait détruire, à vous enfants de la France, tout ce que la France a si glorieu-

sement et si péniblement construit en trois siècles
de lumières et en soixante ans de révolutions !

« Soldats, si vous êtes la grande armée, respectez la grande nation !

« Nous, citoyens ; nous, représentants du peuple et vos représentants ; nous, vos amis, vos frères ; nous qui sommes la loi et le droit ; nous qui nous dressons devant vous en vous tendant les bras et que vous frappez aveuglément de vos épées, savez-vous ce qui nous désespère ? Ce n'est pas de voir notre sang qui coule, c'est de voir votre honneur qui s'en va !

« Soldats, un pas de plus dans l'attentat, un jour de plus avec Louis Bonaparte, et vous êtes perdus devant la conscience universelle. Les hommes qui vous commandent sont hors la loi. Ce ne sont pas des généraux, ce sont des malfaiteurs : la casaque des bagnes les attend. Vous, soldats, il en est temps encore, revenez à la patrie, revenez à la République.

« Si vous persistiez, savez-vous ce que l'histoire dirait de vous ? Elle dirait : Ils ont foulé aux pieds de leurs chevaux et écrasé sous les roues de leurs canons toutes les lois de leur pays. Eux, soldats français, ils ont déshonoré l'anniversaire d'Austerlitz !

« Soldats français, cessez de prêter main-forte au crime !

« Paris, 3 décembre 1851. »

Hélas ! l'armée ne pouvait comprendre ce langage. Elle obéissait à la discipline, qui lui commandait de tuer les citoyens et la Constitution !

Les proclamations et les décrets émanés du COMITÉ DE RÉSISTANCE furent toujours signés par les représentants démocrates qui parvinrent à se joindre à lui, malgré la vigilance active et incessamment éveillée de la police. Nous croyons inutile de mentionner les noms. Ceux qui n'ont pas signé auraient certainement le droit de se plaindre, car leur absence était involontaire. Le devoir les retenait ailleurs. Il nous paraît plus juste, plus vrai de dire que l'opposition républicaine tout entière était de cœur et d'esprit avec ceux qui se trouvaient assemblés au moment où l'on prenait la décision.

Certes, si tout le monde avait rempli son devoir comme les représentants républicains ; si la garde nationale, trahie par la faiblesse de ses colonels et des maires, s'était réunie spontanément, sans attendre de convocation ; si le peuple, trompé par les déloyales assurances des placards napoléoniens ; si le peuple, malgré de nobles exceptions, n'avait cru en général devoir s'abstenir, la grande nation humiliée sous la dictature tout à la fois ridicule et féroce de quelques hommes de mauvaise vie ne serait pas aujourd'hui la fable de l'Europe ; la bourgeoisie ne verrait pas ses libertés préférées tout entières perdues ; le peuple ne verrait point l'ancien compagnon des burgraves, que l'Assemblée, disait-il, empêchait de faire le bien des masses, commencer ses réformes radicales en forçant violemment à se dissoudre les associations ouvrières, ce germe de l'émancipation future des travailleurs.

§ IV.

En résumé, dès la première heure et tant qu'il est resté une chance de succès pour le droit, la représentation républicaine n'a pas failli à son mandat ; et, qu'il nous soit permis de le constater à l'honneur de la démocratie, elle seule, des diverses nuances de l'Assemblée, a payé de sa personne, elle seule a usé de la force contre la violence. Elle ne s'est pas contentée de protester. L'écharpe sur l'épaule, elle est allée par la ville et les faubourgs, bravant les innombrables légions prétoriennes, appeler le peuple aux armes ; elle a présidé aux barricades ; elle y a planté l'oriflamme de la loi, et les Montagnards ont vu partout ceux de leurs collègues démocrates qui paraissaient aimer le plus platoniquement la République rivaliser avec eux [1]. Un

---

[1] Nous pouvons dire avec joie que jusqu'au dernier

membre de la Montagne, Baudin, est tombé sur une barricade constitutionnelle ; tous ont fait vaillamment leur devoir, et si des misérables insultent aujourd'hui à la résistance vaincue, les soldats, nous en sommes certains, les soldats dignes de ce nom, qui les ont combattus, leur rendent pleine justice. Ils ont succombé, mais ils ont sauvé quelque chose de l'honneur national.

Un autre souvenir précieux, glorieux, restera à l'Assemblée législative.

C'est qu'à trois ou quatre exceptions près, on n'a vu aucun membre de l'opposition se prosterner lâchement devant le soleil levant. Sur deux cent vingt *républicains*, pas un, peut-on dire réellement, même des plus modérés, ne s'est approché de M. Bonaparte, ni le lendemain de son sanglant triomphe, ni depuis. Malgré de pressantes démarches essayées auprès de plusieurs pour obtenir quelque concession, si petite qu'elle fût, tout a été inutile. Rien n'a pu entamer la fière constance des Montagnards, bien que plus de la moitié d'entre eux ne possèdent au monde que leur honneur.

Avec la lâcheté qui leur est propre, les élyséens ont essayé de souiller ce haut caractère de

---

jour on a vu M. Charamaule, entre autres, à tous les endroits périlleux. M. V. Magen ayant cité son nom, nous ne sommes plus forcé de le cacher dans la crainte de compromettre cet homme de cœur.

désintéressement qui a toujours distingué les démocrates. M. P. Mayer ose dire : « Des repré- « sentants montagnards sollicitèrent et obtinrent « de nombreux secours. » (Page 166.) Nous déclarons hautement que c'est là un infâme mensonge, et nous mettons nos ennemis au défi de citer un seul Montagnard, un seul, qui ait sollicité des secours 1. L'Élysée vient encore d'essayer de compromettre un de nos collègues bannis, M. Bandsept, ouvrier cordonnier. Mais la manière dont le vainqueur a été reçu ne l'engagea guère à y revenir 2.

1 Un membre de la Montagne, sachant que M. Bonaparte avait *gagné* de quoi payer ses dettes, a eu l'impardonnable tort de lui réclamer des *honoraires dus depuis longtemps*, pour services autrefois rendus comme avocat. Est-ce là ce qu'on aurait l'audace de représenter comme une demande de secours ?

2 *Le Moniteur*, le journal *officiel*, après avoir inséré une prétendue lettre du jeune représentant du Bas-Rhin, qui aurait demandé à rentrer en France, ajoutait que cette demande avait été accueillie ! Il comptait sans doute que le pauvre ouvrier s'empresserait de passer par la porte qu'on lui ouvrait. Le *Times*, du 17 février, va nous dire comment a été relevé ce nouveau mensonge.

« Londres, le 16 février 1852.

« A Monsieur l'éditeur du *Times*.

« Le gouvernement de l'ex-président de la république

On se rappelle que les citoyens Jules Favre et Emmanuel Arago, dont les noms ne figurent pas sur les listes de proscription, ayant entendu dire qu'ils n'avaient échappé au sort de leurs

française, non content d'expulser arbitrairement les hommes qui n'ont pas voulu reconnaître son usurpation, cherche encore à les déconsidérer dans l'opinion publique par les moyens les plus vils et les plus infâmes.

« Ainsi il fait insérer dans les colonnes du *Moniteur* une lettre par laquelle j'aurais demandé à rentrer en France, en me déclarant décidé à m'abstenir de toutes affaires politiques.

« Comme il est probable que la censure de l'ex-président ne permettra pas la reproduction de ma protestation et de mon démenti, je vous prie, monsieur le rédacteur, de vouloir bien donner place dans vos colonnes à la lettre suivante, que j'adresse au *Moniteur* et à *la Presse*, afin que l'Europe tout entière sache quels sont les moyens lâches employés par l'usurpateur traître et parjure qui tient momentanément dans ses mains les destinées de la France.

« Veuillez agréer, etc.

« PANNSEPT.

« Londres, le 16 février 1852.

« Monsieur le rédacteur en chef du *Moniteur*,

« Vous publiez dans le *Moniteur* une lettre par laquelle je demanderais à M. Louis Bonaparte l'autorisation de rentrer en France, me déclarant décidé à m'abstenir entièrement de toutes affaires politiques.

« Je n'ai jamais écrit lettre semblable ; c'est une infâme

15

amis qu'en faisant acte de soumission, ont signifié énergiquement, dans les journaux belges, que cela était faux, et qu'ils ne communieraient jamais, sous quelque espèce que ce fût, avec le 2 décembre.

C'est, nous le croyons, un fait sans exemple dans les annales de l'histoire parlementaire de tous les pays, que sur DEUX CENT VINGT représentants d'une opinion écrasée par une contre-révolution, aucun ne se soit rendu ! Ils n'ont fait que leur devoir, cela est vrai, mais il est heureux pour la démocratie que tous, à trois ou quatre exceptions près, l'aient si bien fait, et nous sommes glorieux de le constater à la face de l'Europe. C'est une éclatante réponse à tant d'ignobles diffamations lancées par les honnêtes gens de tous rivages contre la Montagne et contre les *rouges*.

Nous le demandons à quiconque veut être juste, un parti qui a pour lui ces inflexibles convictions jusque dans la défaite et la pauvreté peut-il être un ramas de forcenés aux appétits

---

imposture, contre laquelle je proteste de la façon la plus énergique et avec la plus profonde indignation, sans pouvoir m'expliquer comment elle se trouve dans le journal officiel de M. Bonaparte.

« Veuillez agréer, etc.

« LANDSPT,
« *Représentant du Bas-Rhin.* »

brutaux et aux instincts féroces, tels que les faussaires de l'ordre et de la religion nous ont dépeints aux yeux du monde policé? Nous ne souhaiterions qu'une chose pour l'honneur de notre pays, c'est que les *honnêtes gens* fussent aussi intègres que les *partageux*, et les *modérés* aussi humains que les *enfants de la guillotine*. Le parti dont les élus ont en masse cette haute moralité, et qui a derrière lui l'immense majorité des peuples, est assuré, tôt ou tard, de la victoire.

Quelques républicains, *n'appartenant pas à l'Assemblée*, ont plus d'une fois reproché à leurs frères de la Montagne de n'avoir pas quitté leurs bancs « pour faire appel à la révolution. » La date du 2 décembre 1851 et celle du 13 juin 1849 répondront pour nous devant la démocratie européenne et devant l'histoire.

On ne donne pas rendez-vous à une révolution. Ces grands mouvements de l'humanité s'opèrent eux-mêmes, les individus ne les commandent pas. Le peuple ne se bat qu'à son heure et quand il lui plaît. Telle est la conviction, croyons-nous pouvoir dire, qui a réglé la conduite de la Montagne à l'Assemblée législative. Des hommes qui regardent à leur responsabilité ne compromettent pas la cause qu'ils représentent par des actes de témérité, plus faciles, en définitive, qu'on ne le croirait, à voir la prudence de presque tous ceux qui les conseillent. Pour les gens de cœur, il y a bien souvent plus de courage à laisser l'épée au fourreau qu'à la tirer. Personnellement, nous avions, en différentes occasions, causé de l'éventualité d'une prise d'armes avec des ouvriers *sérieux*, connaissant à fond les faubourgs, et ils nous avaient presque tous dit que le peuple n'était pas disposé à la lutte. Écrasé, transporté, désarmé après juin 1848; préoccupé, depuis, de l'expérience qu'il faisait de l'Association, confiant dans la vertu du suffrage universel, le peuple avait résolu de demander au scrutin des victoires pacifiques. Il se réservait pour le vote de 1852.

On l'a bien vu par deux fois.

Le 13 juin 1849, les Montagnards ont pensé que l'attentat commis sur la république romaine était une violation du pacte fondamental, un crime qu'il fallait venger; ils ont descendu dans la rue; ils ont fait « appel à la révolution. » Ils ne parlaient pas seulement au nom de l'honneur français, mais aussi au nom de la solidarité des peuples. Ils avaient à leur tête le citoyen Ledru-Rollin, l'élu de six départements, la voix la plus éloquente de tous les partis; le seul homme de France, avec *le neveu de l'empereur*, dont le nom soit connu jusqu'au fond des campagnes. Le peuple n'a pas répondu; la bourgeoisie n'a pas même compris! Ce fut en pure perte que Ledru-Rollin et ses collègues, si lâchement calomniés depuis, bravèrent avec un admirable courage, aux Arts-et-Métiers, les baïonnettes qui touchaient leur poitrine. Le lendemain la Montagne était décimée, et, sur trente de ses membres proscrits, dix étaient remplacés à l'Assemblée par des réactionnaires!

Après le vote de la loi du 31 mai, qui supprima le suffrage universel, la Montagne eût-elle été mieux inspirée en se retirant en masse, comme on le lui a conseillé avec trop de superbe? Les partis royalistes étaient alors étroitement unis au pouvoir exécutif, et, d'un commun accord, demandaient la révision de la Constitution. La loi du suffrage restreint n'avait été proposée et votée que comme un défi à l'adresse de la démocratie. La triple coalition monarchique était préparée à la lutte; M. Thiers l'a avoué à la tribune. Qu'eût produit la retraite de la Montagne? Le terrain abandonné à la réaction, la république eût été supprimée, ou plutôt escamotée, à petit bruit et pacifiquement, grâce aux quatre cent mille baïonnettes inintelligentes et obéissantes. Peut-on en douter aujourd'hui, après le 2 décembre? Mais, prétend-on, la division n'eût pas tardé à éclater dans les rangs de nos ennemis, et eût permis au peuple de reconquérir le bien perdu. A cette hypothèse, nous en opposerons une autre, à laquelle les événements ne donnent que trop de probabilité. La république une fois captive des réactionnaires, la division entre les légitimistes, les orléanistes et les bonapartistes eût allié l'armée au prétendu neveu de l'empereur plus facilement encore qu'on ne l'a vu naguère, et eût donné à sa victoire l'apparence d'une victoire de la démocratie.

Au 2 décembre, le pouvoir exécutif s'est mis en insurrection ; les Montagnards ont encore descendu dans la rue. Ils ont paru sur des barricades faites de leurs propres mains, en appelant de nouveau le peuple « à la révolution ; » le peuple n'a pas plus répondu que le 13 juin, et soixante et dix-sept membres, tant de la Montagne que de l'opposition avancée, sont en exil.

Que le peuple ait eu tort, personne n'en est plus convaincu que nous. Nous nous permettons de le lui dire respectueusement : c'est une faute qu'il se reprochera longtemps. Mais toujours est-il que la Montagne avait bien jugé de ses dispositions, et, après l'épreuve du 13 juin, fit œuvre d'intelligence et de patriotisme en ne cherchant point de batailles perdues d'avance, bonnes seulement pour la gloire individuelle de ses membres. Les batailles perdues ne sont jamais très-profitables. mais, en politique surtout, elles sont désastreuses. Lors même qu'elles ont été livrées pour la plus grande, la plus sainte des causes, elles font reculer le progrès en effrayant les peureux. Ce n'est pas la faute des soldats du droit, c'est la faute de la faiblesse humaine, qui donne toujours tort aux vaincus.

Cessez donc d'accuser des hommes qui ont fait leur devoir consciencieusement, comme il fallait le faire ; qui se sont condamnés à de grandes souffrances morales en soutenant à la tribune le drapeau de la république démocratique en face d'une majorité peu généreuse. Nous le disons sans orgueil, mais avec le sentiment d'une susceptibilité légitime, ces hommes-là ont assez prouvé tous, le moment venu, que s'ils ont cru devoir à l'intérêt du parti de rester sur leurs bancs, ce n'est pas que la place sur une barricade leur parût moins commode à occuper !

Ceux qui persistent encore aujourd'hui à les charger étaient au feu pendant les journées de décembre, ou bien y seraient venus, s'ils avaient pu le faire, nous n'en doutons pas, nous n'en faisons pas le moindre doute : ce devrait être une raison de plus pour eux, il nous semble, de rendre enfin justice à la Montagne, et de ne pas ajouter aux douleurs de la défaite des récriminations trop mal justifiées.

§ V.

Aux derniers coups portés par les décembriseurs à l'Assemblée nationale, on peut juger de la crainte que leur inspire encore l'idée républicaine, même au milieu de leurs triomphes. Ils ont poursuivi avec rage tous les représentants de la Montagne, que ceux-ci eussent ou non pris part à la résistance. On fit ces recherches à Paris avec une impudence rare; on y employa des voitures cellulaires, comme si l'on ne doutait pas que les Montagnards n'eussent respectueusement attendu les janissaires, et que l'on n'en pût prendre une douzaine à la fois. On se présenta ainsi chez notre honorable et courageux collègue M. Aubry (du Nord) qui échappa heureusement comme les autres.

Ce n'est pas là de la force, c'est du cynisme; l'histoire de tous les temps ne nous enseigne-t-elle pas que la force peut ce qu'elle veut contre un peuple abattu? Tous les égards accordés aux vaincus témoignent de la courtoisie du vainqueur. Mais les décembriseurs se sont montrés plus indignes encore de la victoire par la manière dont ils en ont usé, que par la façon dont ils l'ont gagnée. Jamais on ne fut plus cruel ni plus grossier tout à la fois. La cruauté; ils l'ont eue envers le peuple ; la grossièreté envers les représentants. — Notre collègue de la Montagne, le citoyen Viguier, ancien ouvrier armurier, vieux soldat très-fier d'avoir été de la garde impériale et très-dévoué républicain, est âgé de 72 ans. Les conspirateurs n'avaient pas cru devoir le faire arrêter. Mais il y avait au parquet de Bourges un sieur Corbin, procureur général, qui ne lui pardonnait pas d'avoir eu aux élections du Cher 32,000 voix contre lui 500. M. Corbin, en véritable ami de l'ordre, profite du désordre général pour faire appréhender, le 20 décembre, son rival électoral, en vertu d'une commission rogatoire. On voulut d'abord faire faire à ce vieillard la route de Paris à Bourges à pied, de brigade en brigade, et ce ne fut pas sans peine qu'il obtint d'accomplir ce voyage en voiture, à ses frais. Mais, par compensation de la fatigue qu'on daignait lui épargner, on le chargea de payer les places de deux agents de police commis à sa garde. Arrivé à Bourges, ce fut en prison qu'on le logea. Quelle accusation M. Corbin avait-il imaginée? Elle était banale : société secrète. Avec ce mot, tous les Corbins de province ont fait autant d'arrestations que M. Maupas en faisait à Paris avec son complot contre la sûreté de l'État. M. Viguier n'eut pas de peine à confondre son dénonciateur, misérable ivrogne que le parquet de Bourges poussait par la peur à révéler ce qui n'existait pas. Le Montagnard fut néanmoins retenu captif. Un jour, comme il avait quelque affaire domestique à régler, on lui donne une heure et deux gendarmes pour aller chez lui. Les hommes que nous verrons, en poursuivant cette histoire, déporter des enfants et fusiller des femmes, ne devaient pas avoir plus d'égards pour un représentant du peuple âgé de 72 ans; les gendarmes de M. Corbin mirent aux poignets de son ancien concurrent une énorme chaîne, qu'ils serrèrent d'importance. « Vous pouvez, lui dirent-ils, cacher vos mains sous votre paletot. — Cette chaîne ne déshonore que toi et tes maîtres, répondit le vieux et ferme républicain, je ne la cacherai pas. » Ils sortirent. Partout, sur son passage, M. Viguier rencontra d'expressives sympathies. Tous les yeux s'arrêtaient sur cette chaîne dont on chargeait un vieillard qui s'en allait la tête haute. Personne n'ignorait que son crime était dans la haine du procureur général des parjures. L'émotion devint telle en peu d'instants, que les gendarmes prirent peur. Quand *ils durent ramener leur prisonnier, ils supplièrent* la famille de l'accompagner, et cette fois ce fut par des rues détournées, sans chaîne, entouré des siens, au milieu desquels les gendarmes paraissaient se cacher, que M. Viguier fut réintégré à la geôle. Quelques jours après, on l'envoyait en exil. Les rancunes de M. Corbin étaient satisfaites. Cet honnête magistrat remplit ses réquisitoires d'injures triviales contre les socialistes, les brigands, les anarchistes. Ceux-ci s'honorent de la haine d'un homme qui ne respecte pas plus la vieillesse que la vérité et la justice, dont il est l'indigne organe.

A quels excès ne se sont pas portés les sauveurs de la société, afin de s'emparer des membres de la Montagne ! Croirait-on que, pour s'emparer de M. Carnot, ils ont poussé l'oubli de tout respect d'eux-mêmes et du pouvoir jusqu'à s'introduire chez lui à l'aide de fausses clefs ? M. Carnot ne dormait plus chez lui depuis le 2 décembre. Dans la nuit du 5 au 6, vers deux heures, son beau-frère, qu'il avait prié de venir protéger sa femme et ses enfants, fut stupéfait de voir tout à coup plusieurs hommes auprès de son lit. Il n'avait entendu ni une sonnette, ni le moindre bruit. Les suppôts de l'Élysée étaient entrés comme les voleurs, avec des rossignols ! Ils pénétrèrent effrontément dans la chambre de madame Carnot, qui était au lit ; ils fouillèrent son cabinet de toilette, et jusqu'à la chambre des enfants. — MM. Kestner et Chauffour, pris à leurs domiciles le 7 décembre, quand on croyait tout fini, sont menés à la Conciergerie, au milieu de la razzia générale du jour. On voulut bien cependant admettre une distinction pour les deux représentants du peuple, et leur donner de quoi se coucher. Que fit-on ? On les plaça dans une chambre à quatre lits, où ils se trouvèrent en compagnie d'un misérable condamné pour viol, et d'un faussaire gardé là depuis quinze ans, parce qu'il remplit l'office de mouchard des prisonniers !

Par compensation, les loyaux conjurés n'ont pas touché à un seul légitimiste, et quand vinrent les proscriptions, ils n'ont banni, avec les généraux Bedeau, Lamoricière, Leflô et Changarnier, particulièrement redoutables aux traîtres, que sept des principaux orléanistes : MM. Duvergier-Hauranne, Creton, Baze, Thiers, Chambolle, Rémusat et Jules Lasteyrie.

L'acte de bannissement de ces messieurs, signé Bonaparte et Morny, porte : « Sont momentané-
« ment *éloignés* du territoire français et de celui
« de l'Algérie, pour cause de sûreté générale,
« etc , etc... Ils ne pourront rentrer en France
« qu'en vertu d'une autorisation spéciale du pré-
« sident de la république. »

Tous ces amis de l'ordre chassés de leur pays *pour cause de sûreté publique !* le mot est curieux à noter. Les voilà traités comme ils nous traitaient ! Mais ceux-là que les deux bons frères Flahaut et Verhuel honorent de leur peur ne sont qu'*éloignés*. Pour les Montagnards, au contraire, eux que l'on flattait en livrant la bataille, soixante-six obtiennent l'honneur, après la victoire, d'être EXPULSÉS en ces termes :

« Art. 1er. Sont *expulsés* du territoire français, de celui de l'Algérie *et de celui des colonies*, pour cause de sûreté générale, les anciens représentants à l'Assemblée dont les noms suivent :

« Edmond Valentin, Paul Racouchot, Agricol Perdiguier, Eugène Cholat, Louis Latrade, Michel Renaud, Joseph Benoît (du Rhône), Joseph Burgard, Jean Colfavru, Joseph Faure (du Rhône), Pierre-Charles Gambon, Charles Lagrange, Martin Nadaud, Barthélemy Terrier, Victor Hugo, Cassal, Signard, Viguier, Charrassin, Bandsept, Savoye, Joly, Combier, Boysset, Duché, Ennery Guilgot, Hochstuhl, Michot, Boutet, Baune, Bertholon, Schœlcher, de Flotte, Joigneaux, Laboulaye, Bruys, Esquiros, Madier-Montjau, Noël Parfait, Émile Péan, Pelletier, Raspail, Théodore Bac, Bancel, Belin (Drôme), Besse, Bourzat, Brives, Chavoix, Dulac, Dupont (de Bussac), Gaston Dussoubs, Guiter, Lafon, Lamarque, Pierre Lefranc, Jules Leroux, Francisque Maigne, Malardier, Mathieu (de la Drôme), Millotte, Roselli-Mollet, Charras, Saint-Ferréol, Sommier, Testelin (Nord).

« Art. 2. Dans le cas où, contrairement au présent décret, *l'un des individus* désignés en l'art. 1er rentrerait sur les territoires qui lui sont interdits, il pourra être déporté par mesure de sûreté générale.

« Fait au palais des Tuileries, le conseil des ministres entendu, le 9 janvier 1852.

« Signé : LOUIS-NAPOLÉON.

« *Le ministre de l'intérieur,*

« Signé : DE MORNY. »

L'un des individus ! etc., quel style ! quelles mœurs ! Ces drôles-là se donnent des plaisirs de roi et ne savent pas même vous exiler poliment. N'avions-nous pas raison de dire que monseigneur le prince Louis-Napoléon Bonaparte et M. le comte de Morny sont des *individus* de fort mauvaise compagnie ?

Afin de faire ressortir une fois de plus la loyauté de ces deux gentilshommes, qui déclaraient faire leur coup pour MAINTENIR LA RÉPUBLIQUE (nous ne saurions trop répéter à leur honte que c'est là ce qu'ils ont dit, affirmé, signé), il faut noter que plusieurs des membres inscrits sur cette liste n'ont été frappés d'ostracisme qu'à titre de républicains. Le hasard a voulu qu'ils n'aient pu prendre aucune part directe ni indirecte à la résistance ; on n'a pas même ce prétexte contre eux. Nous citerons particulièrement nos honorables collègues MM. Chavoix et Gaston Dussoubs : le premier, malade à quatre-vingt-dix lieues de Paris ; le second, retenu dans son lit presque sans connaissance !

Six autres républicains, MM. Edgard Quinet, Victor Chauffour, le général Laidet, Pascal Duprat, Versigny et Antony Thouret, les deux premiers appartenant à la Montagne, sont portés sur la liste des *éloignés*. Ils ne peuvent imaginer eux-mêmes ce qui leur a valu cette exception, ils sont tout à fait dignes d'être *expulsés*.

Cinq membres de la Montagne, les citoyens Miot, Mathé, Greppo, Marc-Dufraisse et Richardet, avaient été plus impitoyablement traités encore. Ils étaient destinés à la transportation à Cayenne ; l'un d'eux, le citoyen Miot, a subi cette torture ; il est déjà en Algérie avec des milliers de républicains qu'accompagnent nos plus affectueuses sympathies. Le second, le citoyen Mathé, s'était heureusement soustrait à la vengeance napoléonienne ; mais les trois autres ont été depuis simplement expulsés. On assure que cette *grâce*, l'expression est au moins bizarre, a été obtenue par une femme célèbre. Nous ne savons. Mais nous affirmons qu'aucune espèce de démarche n'a pu être faite en leur nom, de leur aveu, à leur connaissance, pour obtenir cette modification aux rancunes et aux fureurs de l'ex-président.

En somme, quatre-vingt-huit représentants du peuple ont eu l'honneur d'être expulsés, transportés ou éloignés; un autre a été tué. Il doit nous être permis de dire que l'Assemblée nationale a bien payé, au dernier jour, sa dette à la Constitution.

Inutile de déclarer qu'aucun des rouges ne reconnaît à M. Bonaparte le droit de les bannir de France. Nous cédons à la force brutale. Nous ne rentrons pas dans notre pays, parce que des shires nous arrêteraient; nous nous courbons sous la puissance d'un fait matériel, rien de plus. Nous sommes dans la situation de voyageurs qui, n'étant pas en nombre, renonceraient à traverser une forêt infestée de brigands; ils ne passent pas, mais ils ne reconnaissent pas pour cela que la forêt appartienne aux brigands.

L'Assemblée nationale française a été dissoute de fait le 2 décembre, comme l'Assemblée constituante l'avait été le 15 mai : elle existe toujours de droit tant que l'usurpation des conjurés de Décembre durera. Il n'est pas donné à la force brutale de détruire le droit. La France est aux mains de factieux, tout ce qu'ils font et feront est nul de soi, radicalement nul. Les représentants du peuple, dispersés par la violence, ont emporté le droit avec eux. Aujourd'hui en France, c'est un crime qui gouverne, et il n'y a pas de prescription pour de pareils forfaits.

CHAPITRE IV.

LA RÉSISTANCE A PARIS.

§ I.

Le principal confident de la conjuration militaire du 2 décembre, M. P. Mayer, a révélé les doctrines des conspirateurs et leurs résolutions préméditées. « En somme, dit-il, tout commen-
« taire est inutile. Il fallait, *sous peine de défaite*
« *honteuse* et de guerre civile, ne pas seulement
« prévenir, mais ÉPOUVANTER. En matière de
« coup d'état, on ne discute pas, ON FRAPPE ; on
« n'attend pas l'*ennemi*. ON FOND DESSUS, ON
« BROIE ou l'on est broyé. » (Page 55.)

Là est l'explication des crimes monstrueux qui ont donné la victoire à l'insurrection élyséenne, et qui feront de la journée du 4 décembre l'une des pages les plus sanglantes, les plus hideuses, les plus déshonorantes de l'histoire du dix-neuvième siècle. Les conjurés, pour réussir, ont *frappé, broyé, épouvanté.* Lorsqu'ils passèrent de l'Élysée aux Tuileries, le sang répandu leur montait jusqu'à la cheville, et ces affreux triomphateurs étaient accompagnés par le long gémissement des mères, des sœurs, des femmes de ceux qu'ils avaient assassinés.

Quelles que fussent les dispositions générales du peuple et de la bourgeoisie, un grand nombre de citoyens de toutes classes se mirent en mesure de défendre la république. Des ouvriers d'élite, des membres des associations, des chefs d'atelier se répandirent partout, et profitèrent de l'impression produite par la barricade du faubourg Saint-Antoine pour dire qu'il y avait un double devoir à suivre les représentants montagnards.

Dès le soir du 3, il y eut quelques escarmouches rues du Temple, Rambuteau, Beaubourg, Grénetat et Transnonain.

Le 4 au matin, la résistance prit un caractère assez sérieux. Des barricades furent élevées dans différentes directions par ces hommes intrépides que l'on trouve toujours prêts, dès le premier moment, à risquer leur vie et ce qu'ils possèdent de plus cher pour le bien de la chose publique.

Les citoyens Pierre et Jules Leroux, représentants du peuple, Desmoulins, typographe, Naquet, réfugié de Londres, qui avait pu gagner Paris, Boquet, Nétré, avec des ouvriers et des délégués, formaient un groupe très-actif. Ils étaient parvenus, malgré toute la surveillance de la police dont l'insurrection disposait, à imprimer et placarder quelques exemplaires d'un appel aux travailleurs fait par le Comité central des corporations. C'est une pièce remarquable, dans laquelle on retrouve la netteté de vue, le caractère mâle qui distinguent les œuvres populaires :

AUX TRAVAILLEURS.

« Citoyens et compagnons !

« Le pacte social est brisé !

« Une majorité royaliste, de concert avec Louis-Napoléon, a violé la Constitution le 13 mai 1850.

« Malgré la grandeur de cet outrage, nous attendions, pour en obtenir l'éclatante réparation, l'élection générale de 1852.

« Mais hier, celui qui fut le président de la république a effacé cette date solennelle.

« Sous prétexte de restituer au peuple un droit que nul ne peut lui ravir, il veut, en réalité, le placer sous une dictature militaire.

« Citoyens, nous ne serons pas dupes de cette ruse grossière.

« Comment pourrions-nous croire à la sincérité et au désintéressement de Louis-Napoléon ?

« Il parle de maintenir la république, et il jette en prison les républicains ;

« Il promet le rétablissement du suffrage universel, et il vient de former un conseil consultatif des hommes qui l'ont mutilé ;

« Il parle de son respect pour l'indépendance des opinions, et il suspend les journaux, il envahit les imprimeries, il disperse les réunions populaires ;

« Il appelle le peuple à une élection, et il le place sous l'état de siége : il rêve on ne sait quel escamotage perfide qui mettrait l'électeur sous la surveillance d'une police stipendiée par lui.

« Il fait plus, il exerce une pression sur nos frères de l'armée, et viole la conscience humaine en les forçant de voter pour lui, sous l'œil de leurs officiers, en quarante-huit heures.

« Il est prêt, dit-il, à se démettre du pouvoir, et il contracte un emprunt de vingt-cinq millions, engageant l'avenir sous le rapport des impôts qui atteignent indirectement la subsistance du pauvre.

« Mensonge, hypocrisie, parjure, telle est la politique de cet usurpateur.

« Citoyens et compagnons, Louis-Napoléon s'est mis hors la loi. La majorité de l'Assemblée, cette majorité qui a porté la main sur le suffrage universel, est dissoute.

« Seule, la minorité garde une autorité légitime. Rallions-nous autour de cette minorité. Volons à la délivrance des républicains prisonniers ; réunissons au milieu de nous les représentants fidèles au suffrage universel ; faisons-leur un rempart de nos poitrines ; que nos délégués viennent grossir leurs rangs, et forment avec eux le noyau de la nouvelle Assemblée nationale [1] !

« Alors, réunis au nom de la Constitution, sous l'inspiration de notre dogme fondamental : Liberté-Fraternité-Égalité, à l'ombre du drapeau populaire, nous aurons facilement raison du nouveau César et de ses prétoriens !

---

[1] Nous citons cette pièce comme un des plus nobles documents de la résistance, mais sans en partager toutes les idées. Selon nous, la majorité de l'Assemblée n'était pas plus dissoute que la minorité ; selon nous, la nouvelle Assemblée, comme le proclama la Montagne, ne pouvait sortir que du suffrage universel librement consulté. Nous sommes ennemi juré de toute dictature individuelle, ou de toute Convention dictatoriale, parce que la dictature, c'est la suspension de l'empire du droit. Il n'y a d'autorité légitime que celle émanant directement du peuple.

« LE COMITÉ CENTRAL DES CORPORATIONS. »

« Les républicains proscrits reviennent dans nos murs seconder l'effort populaire [1]. »

Cette proclamation fut lue par des hommes dévoués, à haute voix, au milieu des groupes, sur les barricades, et prouva aux conjurés que la déloyauté de leurs protestations républicaines était percée à jour. Les barricades élevées sur plusieurs points à la fois leur firent comprendre aussi que l'on commençait à revenir de la première surprise et à s'entendre. D'un autre côté, l'attitude de la bourgeoisie réunie en masse compacte sur les boulevards, ses paroles de réprobation unanimement proférées, ses cris de « Vive la république! » quand passaient les troupes, ne laissèrent aucun doute sur l'hostilité de ses sentiments [2]. Il suffisait d'une étincelle

---

[1] Nous renvoyons aux ANNEXES n° 2 l'exposé des courageuses tentatives des proscrits de 1848 et 1849 pour venir prendre leur part des périls de la lutte.

[2] Le capitaine Mauduit a plusieurs fois dans son livre reconnu que cette hostilité ne se dissimulait nullement. Il dit, par exemple, au moment où il se trouve sur le boulevard Montmartre, le 2 décembre : « Je me promenai
« en serpentant au milieu de cette foule de *bonne com-*
« *pagnie*, étudiant son esprit, ses intentions et ses
« vœux. Ses sentiments étaient évidemment hostiles au
« président et à l'armée; je le déplorais, car là se trou-

pour la faire passer du blâme à l'action. La majorité du peuple était encore froide, mais l'énergie des premiers combattants pouvait l'entraîner; les gardes nationaux, trahis par le général Lawœstine, étaient encore enfermés chez eux, mais il n'était pas impossible qu'ils se décidassent spontanément, et, s'ils se montraient, la partie du peuple qui, dans ces crises funestes, ne prend les armes que le second jour, ne manquerait pas de se battre.

Les insurgés conçurent des craintes vives, ils résolurent d'étouffer ces symptômes dans le sang. Ils occupaient tous les postes, 120,000 soldats leur obéissaient, ils crurent à la victoire par la terreur et ne réussirent que trop. La troupe fut enivrée, les ordres les plus barbares lui furent donnés, et des officiers, honnêtes gens, se chargèrent de la surexciter encore par l'exemple de la cruauté. Pour l'engager dans le crime, on lui commanda tout d'abord de véritables assassinats, on la fit tirer sur les citoyens les plus

« vaient un grand nombre de personnes pour qui l'uni-
« forme doit toujours avoir *un caractère sacré*, quelle
« que soit l'épreuve à laquelle soit soumis l'homme qui
« le porte !... L'esprit de parti ne devrait jamais aller
« jusqu'à méconnaître la vertu du devoir militaire.....
« Mais, hélas! de nos jours quelle vertu est à l'abri de la
« haine politique ! » (*Révolution militaire*, etc. Page 149.)

tranquilles comme des chasseurs tireraient sur des animaux malfaisants. Une dame nous a personnellement certifié que, le jeudi 4 décembre, entre trois et quatre heures, rue de la Chaussée-d'Antin, la troupe fit feu quoiqu'il n'y eût eu aucune démonstration hostile : cette dame avait été obligée de se réfugier sous une porte cochère. Le même jour, à la même heure, un de nos amis, débouchant de la rue Vivienne, reçut, avec tous les passants, une décharge de mousqueterie. « Les soldats établis place de la Bourse ont tiré « sur nous, nous dit-il, parce que nous étions « des bourgeois, rien de plus ; il n'y avait eu « de la part des personnes présentes quoi que « ce fût qui pût motiver cette sanglante bruta- « lité. » — « Je vois encore, a dit notre collègue « le citoyen Versigny au citoyen Victor Hugo, « je vois encore, à la hauteur de la rue du Crois- « sant, un malheureux limonadier ambulant, sa « fontaine en fer-blanc sur le dos, chanceler, « puis s'affaisser sur lui-même et tomber mort « contre une devanture de boutique. Lui seul, « ayant pour toute arme sa sonnette, avait eu les « honneurs d'un feu de peloton. » Le même témoin (Versigny, ex-représentant) : « Les soldats « balayaient à coups de fusil des rues où il n'y « avait pas un pavé remué, pas un combattant. » (*Napoléon le Petit*, p. 151.)

Notre courageux ami, le citoyen Jules Simon,

professeur de philosophie à l'École normale, a écrit à un journal de province : « ... Rue Mont-
« martre, vers quatre heures, on a tiré sur un
« groupe *inoffensif, sans armes, ne criant pas.*
« Un homme tombe, nous le relevons, il n'était
« que blessé. A trois pas de là, un autre était
« mort. Une femme avait le bras cassé par une
« balle. Je retourne rue Richelieu, je vois un
« soldat ajuster et tirer sur une fenêtre, etc. »
A la même heure, le citoyen Ruin, aujourd'hui à Londres, a vu des fantassins massés boulevard du Temple, au coin de la rue Charlot, faire une décharge sur des groupes inoffensifs et y tuer plusieurs personnes. Nous pouvons rapporter encore l'attestation d'un de nos compagnons d'exil, le citoyen Naquet, qui, allant de la rue Lafayette au faubourg Saint-Denis, se trouva en avant de deux compagnies sorties de la caserne Poissonnière. Au coin du faubourg, il vit une douzaine d'hommes occupés à construire une barricade ; il les engagea à se retirer, jugeant bien qu'ils ne pourraient tenir contre les deux compagnies qui s'avançaient. A peine étaient-ils partis, que le détachement arriva et fit feu sur les curieux qui regardaient aux alentours !

Il entrait bien évidemment dans les plans des conjurés militaires d'engager l'armée avec eux par des meurtres. Expliquez autrement ces fusillades sans la moindre provocation d'une part, sans aucune sommation de l'autre! Ils s'attendaient positivement à la bataille qu'ils avaient provoquée, préparée, et ils prirent de bonne heure, dès midi, leurs précautions de mort. C'est un de leurs journaux qui nous l'apprend :

« *A midi,* tous les appareils et le personnel
« de l'ambulance arrivaient à l'hôtel de ville, et
« à la place de la Concorde, avec leurs guidons
« jaunes, et leurs brancards tout préparés en
« cas de collision. »
(*Journ. du Lot-et-Garonne,* 4 déc. 1851.)

§ II.

Mais c'est surtout dans les atrocités commises de propos délibéré sur les boulevards des Italiens, Montmartre et Poissonnière, le 4, à deux heures, que l'on reconnaît la volonté bien arrêtée de vaincre à tout prix, de terroriser la bourgeoisie, « *d'épouvanter la population, de fondre sur elle, de la broyer.* » On ne fait pas monter à moins de 50,000 hommes le nombre des troupes, artillerie, infanterie et cavalerie, qui couvrirent toute la longueur des boulevards, depuis la Madeleine jusqu'à la porte Saint-Denis. Pourquoi cet amas de soldats concentré sur un point de la ville où il n'y avait, où il n'y eut jamais de barricades, si ce n'était pour exécuter un plan dont la férocité ne trouve rien d'égal dans l'histoire des plus grands scélérats couronnés?

Voici de quelle manière la *Patrie* du 6 relate le commencement des massacres :

« Un malheureux incident a signalé la journée
« d'hier sur le boulevard des Italiens. Voici les
« faits détaillés :
« Au passage du 1er de lanciers, de la brigade
« Reybell, et de la gendarmerie mobile, plu-
« sieurs coups de feu sont partis *de différentes*
« *maisons* et plusieurs lanciers ont été blessés.
« Ce régiment a riposté et DES DÉGATS regret-
« tables, mais naturels et *nécessaires*, en sont
« résultés.
« *Les individus qui se trouvaient dans ces*
« *maisons ont été plus ou moins atteints* par les
« coups de feu de la troupe. Les soldats, sur
« l'ordre de leurs chefs, ont ensuite dû pénétrer,
« de vive force, *dans plusieurs maisons*, et no-
« tamment au café de Paris, dans la Maison d'Or,
« au café Tortoni, à l'hôtel de Castille, dans la
« maison de la Petite-Jeannette et au café du
« Grand-Balcon. Ils ont saisi des fusils dont la
« culasse était encore chaude. Les individus
« trouvés dans ces établissements ont été arrêtés.
« Deux ouvriers tailleurs, *soupçonnés* d'avoir

« tiré de la maison du tailleur Dusautoy, rue
« Lepelletier, 2, ont été également arrêtés, et
« *ils auraient été* FUSILLÉS sans l'intervention
« du général Lafontaine.

« Le Cercle du Commerce, qui occupe le grand
« balcon du premier étage de cette même mai-
« son, et qui se compose de notabilités de l'ar-
« mée, de l'industrie et de l'administration,
« propriétaires, rentiers, négociants, généraux,
« tous hommes honorables, a failli être victime
« de son voisinage avec le tailleur. Les balles
« des lanciers ont malheureusement atteint deux
« membres distingués de ce cercle, le général
« Billiard et M. Duvergier. Le premier a été
« blessé à l'œil droit par un éclat, et le second
« plus grièvement à la cuisse gauche. »

Doux et bénins personnages qui menacent toujours la société des échafauds du socialisme! Avec quelle tranquillité ils vous disent qu'on allait *fusiller* deux ouvriers *soupçonnés !* Comme on reconnaît bien des modérés bonapartistes à ces traits d'insensibilité que l'on voit percer jusque dans le récit de ce qu'ils consentent à appeler « un malheureux incident ! »

A-t-on tiré de quelques maisons des boulevards sur la troupe? cela paraît certain. — Tous les mauvais gouvernements ont eu des agents provocateurs ; tous ont employé la police à pousser aux excès. Nous en sommes convaincu, rien n'est plus facile à admettre. Cependant nous n'avons pas coutume de voir l'action de la police partout. Mais ici il nous semble difficile de ne pas reconnaître sa main. Des masses de soldats occupaient militairement les boulevards ; quel républicain eût été assez fou pour venir tirer sur elles de l'intérieur d'habitations non défendues ? A quoi bon ? Dans quel but ? Des coups de feu isolés ne pouvaient rien produire là d'utile, absolument rien pour le salut de la république ; ils ne pouvaient évidemment que servir les projets bonapartistes en irritant la troupe, en fournissant aux chefs de corps complices un nouveau moyen de l'exciter. Il faut donc attribuer ces coups de feu à ceux qui en avaient besoin pour pousser l'armée aux massacres. Les fusils d'où ils sont partis doivent avoir été chargés à l'Élysée. La maison du Cercle du Commerce, une des plus maltraitées, comme celle qui aurait été la plus coupable, est habitée, au rez-de-chaussée, par M. Dusautoy, tailleur de l'ex-président, reconnu pour bonapartiste, ce qui permet de le considérer comme un double ami de l'ordre ; au premier, par le Cercle du Commerce, composé de *notabilités*, selon la propre expression de la *Patrie*. Le moyen de croire qu'un républicain ait pu se glisser là, et entrer dans un appartement pour y attaquer à lui tout seul deux régiments de cavalerie ?

En tous cas, cette attaque ne pourrait avoir été qu'isolée, individuelle, sans caractère grave. Elle devint cependant le signal d'une boucherie dont le souvenir effacera celui des massacres de la rue Transnonain en 1834. Sur l'ordre de leurs chefs, les soldats envoyèrent des volées de balles à droite et à gauche, indistinctement du premier au dernier étage, pour se venger, leur avait-on insinué « de la guerre des fenêtres en février et en juin. » Ils visaient toute personne, homme *ou femme*, qui apparaissait même derrière les vitres. Au moment où partirent les premiers coups, deux jeunes filles, irlandaises, qui habitaient un appartement au-dessus du Café de Paris, s'approchèrent de leur fenêtre par un sentiment bien naturel d'inquiétude et de curiosité. Les vitres grandes et claires rendaient ces demoiselles parfaitement visibles du dehors, aucune méprise n'était possible ; cependant les troupes les mirent en joue, et elles avaient eu à peine le temps de fuir que quinze balles vinrent fracasser leur fenêtre et quelques meubles de leur chambre! Un grand nombre de personnes, des enfants même furent tués ou blessés ainsi *dans leurs appartements*. Sur une liste que donne M. P. Mayer, des citoyens bonapartistes tués par les décembriseurs

(pages 298 à 304), on en trouve avec cette note
« tué chez lui : »

MM. Adde. — Boulevard Poissonnière,
De Courcevelle. — Rue Saint-Denis,
Labitte. — Boulevard Saint-Martin.

Voilà donc officiellement avoué le meurtre de trois personnes qui assurément ne faisaient pas d'émeute. Il y en a eu beaucoup d'autres. Nous citerons nominativement M. Jollivart, peintre de paysage assez renommé, atteint d'une balle pendant qu'il travaillait ; il succomba devant son chevalet, le pinceau à la main. On verra tout à l'heure que Louis, domestique de M. Brandus, a été tué dans l'intérieur de la maison. Enfin, boulevard Poissonnière, nº 20, M. Pecquet, ancien médecin, millionnaire, âgé de 75 ans, se trouvait dans son salon, au premier, les rideaux et les fenêtres fermés ; il fut là frappé d'une balle au flanc droit. Des morceaux de drap et de rideaux ont été extraits de la plaie, mais non la balle. M. Pecquet, dont on a longtemps désespéré, n'a heureusement pas succombé, malgré son grand âge et la gravité de sa blessure. On n'avait pas tiré de cette maison, mais on voulait y abriter un soldat blessé et l'on frappait à coups de crosse dans la porte cochère. Le portier avait hésité à ouvrir ; lorsqu'il s'y décida, un officier lui dit : *Vous avez bien fait; car, une minute de plus, tous ceux qui étaient dans la maison auraient passé un vilain quart d'heure.* Cela a été répété par toute la famille de M. Pecquet.

On ne tirait pas seulement aux fenêtres, pas seulement sur tout ce qui avait l'apparence d'un groupe, pas seulement sur les passants et les promeneurs on tirait même dans les boutiques. Un pharmacien de la rue Lepelletier, nº 9, M. Boyer, était assis devant son comptoir au moment où les lanciers se précipitèrent à l'entrée de la rue, déchargeant leurs carabines à droite et à gauche. Il fut frappé de plusieurs balles et expira près de son comptoir [1]! Le

---

1. Un témoin oculaire établit que les circonstances de l'assassinat de M. Boyer sont plus odieuses encore qu'on ne nous l'avait rapporté. Nous lisons dans le magnifique ouvrage de notre collègue V. Hugo : « Un témoin qui
« nous permet de le nommer, un légitimiste, l'honorable
« M. de Cherville, déclare : Le soir, j'ai voulu recom-
« mencer ces tristes investigations; je rencontrai, rue
« Lepelletier, MM. Bouillon et Gervais (de Caen); nous
« fîmes quelques pas ensemble et je glissai; je me retins
« à M. Bouillon. Je regardai à mes pieds. J'avais
« marché dans une large flaque de sang. Alors M. Bouil-
« lon me raconta que, le matin, étant à sa fenêtre il
« avait vu le pharmacien dont il me montrait la bouti-
« que occupé à en fermer la porte. Une femme tomba,

garçon d'un marchand drapier, à côté de la maison Sallandrouze, boulevard Poissonnière, a été tué de même au moment où il fermait sa boutique.

Ce n'est pas tout. Les fantassins, toujours conduits par leurs chefs, pénétrèrent dans les maisons, et y commirent les excès que l'on peut attendre de soldats ivres-fous de vin et de colère. Le capitaine Larochefoucault, à la tête d'une compagnie d'infanterie, se distingua particulièrement à l'assaut de la maison du Cercle du Commerce. M. Dusautoy, le tailleur bonapartiste, n'échappa à la mort que par la fuite ; deux de ses ouvriers furent mis en réserve pour être fusillés, et, lorsqu'on entra dans le salon du Cercle, le capitaine annonça aux membres réunis « qu'on allait les fusiller tous. » *Fusil-*

« le pharmacien se précipita pour la relever ; *au même
« instant un soldat l'ajusta et le frappa d'une balle
« dans la tête.* M. Bouillon, indigné et oubliant son
« propre danger, cria aux passants qui étaient là : Vous
« témoignerez tous de ce qui vient de se passer. »
(*Napoléon le Petit*, page 160.)

Quoi! voilà des soldats français qui assassinent un homme parce qu'il secourt une femme blessée! Et l'on voudrait nous empêcher de dire qu'on les avait enivrés ! Ah! monstres! ils ne vous pardonneront jamais, quand ils ouvriront les yeux, les crimes où vous les avez entraînés *ler ! fusiller !* les défenseurs de l'ordre n'avaient que ce mot à la bouche. Le général Lafontaine, membre du Cercle, essaye de faire des remontrances à M. Larochefoucault, lui affirmant qu'aucun des assistants n'avait tiré; mais l'officier était plus furieux que ses soldats, et moins qu'eux encore en état de comprendre. « Eh bien ! s'écria le général, espérant trouver « ailleurs à qui parler, vous nous fusillerez, « descendons. » Arrivé sur le boulevard, il appela à haute voix le colonel qui se trouvait là, se nomma, et lui dit : « Voilà un capitaine « qui veut absolument faire fusiller, moi et « trente personnes parfaitement tranquilles ; « veuillez le mettre aux arrêts et nous déli- « vrer. » Heureusement le général Lafontaine était bien connu ; il fut écouté, et sauva ainsi ses collègues du Cercle avec les deux ouvriers qui allaient être assassinés s'il avait eu moins de sang-froid et surtout d'autorité.

Le nombre des maisons où l'on fit irruption, avec les dernières violences, comme dans celle du Cercle du Commerce, est considérable. Un Anglais raconte en ces termes (*Times* du 6 décembre) l'envahissement d'un grand hôtel où il se trouvait : « J'étais, en compagnie de sept ou huit autres personnes, sur le balcon du magasin de musique de M. Brandus, qui occupe le premier étage au-dessus du Café Cardinal, au coin du boulevard des Italiens et de la rue Richelieu; nous regardions les évolutions des troupes, dont le nombre immense, la variété et les mouvements surprenaient tout le monde dans un quartier où l'on prévoit d'ordinaire très peu de danger en temps de révolution. Deux décharges faites sur les maisons voisines, sans que nous ayons pu en deviner la cause, nous donnèrent la conscience du danger que nous courions, et nous nous hâtâmes de nous retirer dans le magasin. Mais *le feu ne tarda pas à être dirigé précisément contre notre maison, et le bruit des fenêtres volant en éclats* nous engagea bien vite à monter à l'étage supérieur, où nous nous imaginions être hors d'un péril immédiat. Il n'en était rien cependant. Les balles pénétraient jusque dans la chambre à coucher de M. Brandus. La consternation devint aussi générale *que la cause de l'agression était incompréhensible*. Mais, bientôt, tandis que chacun se mettait le mieux qu'il pouvait hors de la portée des balles, les cris des servantes dans la partie inférieure de la maison nous annoncèrent un nouvel événement, et le bruit de plusieurs centaines de voix criant du dehors : « Ouvrez ! ouvrez ! » nous indiqua que la force armée voulait entrer. Personne n'osant descendre pour leur ouvrir, *la porte fut bientôt enfoncée*, et un grand nombre de soldats se précipitèrent dans les escaliers, démolissant, brisant tous les obstacles qui se présentaient. Ils fouillèrent successivement toutes les chambres, jusqu'à ce qu'ils arrivassent enfin au quatrième étage où M. Brandus et ses amis s'étaient réfugiés pour leur sûreté. Là, on nous déclara qu'un coup de fusil avait été tiré de la maison, et que les assaillants venaient pour visiter chaque appartement et interroger toutes les personnes présentes. La recherche se trouva n'avoir aucun résultat; mais, les soldats persistant à dire qu'un coup de feu était parti de la maison, *tout le monde fut arrêté* et conduit devant le général, qui était sur le boulevard. Heureusement, une des personnes présentes se trouva être M. Sax, le célèbre inventeur des instruments qui portent son nom. M. Sax étant connu du général, sa protestation fut acceptée, et toute la compagnie eut la permission de s'échapper dans le passage de l'Opéra, mais non de rentrer dans la maison.

« Il paraît qu'ensuite le prétendu coup de feu fut attribué à la maison voisine de celle de M. Brandus, et plus tard au Café Anglais, qui fut à son tour presque démoli.

« Je laisse aux hommes que cela regarde le soin de décider si, sous un prétexte aussi futile, la maison d'un citoyen paisible peut être détruite, la vie de ceux qui l'occupent mise en péril. Une perquisition pour rechercher des armes aurait certainement pu se faire sans briser à coups de fusil les fenêtres de l'hôtel. Combien les explorateurs durent se trouver méprisables lorsque, après tant de fracas, ils n'eurent découvert dans la maison qu'un fusil rouillé, lequel avait servi à M. Brandus en 1848, quand il avait aidé, comme un des officiers les plus zélés et les plus actifs de la garde nationale, à maintenir la paix publique dans la capitale! »

Un autre correspondant du *Times* ajoute (nº du 13 décembre) : Dans la maison au coin de la rue Richelieu, dont l'attaque a été minutieusement décrite par un de vos correspondants, Louis, un vieux et fidèle domestique de M. Brandus, *a été tué* au moment même où ce monsieur et ses amis se précipitèrent dans les escaliers pour se réfugier dans une chambre voisine. Toutes les fenêtres de la pièce où le domestique a été tué étaient brisées, les balles y avaient pénétré dans toutes les directions, ce que l'on peut parfaitement constater par les traces que portent les murailles.

« La soldatesque est aussi entrée dans l'hôtel de Castille.

« Il paraît extrêmement douteux qu'on ait réellement fait feu sur les troupes d'aucune maison du boulevard des Italiens, bien que plusieurs personnes affirment qu'il est possible qu'on ait tiré du Cercle Grammont. Mais il est incontestable que les représailles de la troupe ont été exercées sans distinction, et pour cette raison elles sont doublement injustifiables.

« Le général devant qui M. Brandus et sa société ont été conduits était le général Reybell, lequel dit à l'un de ces messieurs : « Moi aussi « je fais un peu de musique en ce moment; » plaisanterie très-convenable, en vérité, en un pareil jour! »

Il est bien évident que l'intention des meneurs, de ceux qui avaient le mot d'ordre, était de provoquer des collisions entre l'armée et la population, afin d'avoir occasion « de *broyer* et d'*épouvanter*. » C'est le système qu'à Vienne et sur les bateaux à vapeur du Danube nous avons entendu préconiser par des officiers autrichiens comme le meilleur moyen de détruire « la race révolutionnaire. » Dans l'aveuglement de leur rage, les héros de l'ordre tiraient aux maisons indistinctement, sans s'inquiéter qu'elles appartinssent ou non à leurs propres partisans. La maison de M. Billecocq, marchand de châles, boulevard Poissonnière, a été si maltraitée par le canon que, le 5, on dut y mettre de grands étais pour l'empêcher de s'écrouler. M. Billecocq a protesté, dans une lettre adressée au *Journal des Débats*, qu'aucun coup de feu n'était parti de ses fenêtres, et l'on peut l'en croire, car c'est un *bon citoyen ;* il ne se plaint nullement des dégâts causés à sa propriété.

Pour ce qui s'est passé boulevard Poissonnière, un capitaine de l'armée anglaise l'a en partie raconté dans le *Times* du 13 décembre. Comme nous recherchons avant tout les déclarations des témoins oculaires, nous citons volontiers la lettre de M. le capitaine William Jesse. Il habitait boulevard Montmartre, au coin de la rue Montmartre, un hôtel d'où la vue s'étend depuis la rue Richelieu jusqu'à l'extrémité du boulevard Bonne-Nouvelle. Il *a vu* beaucoup.

« A deux heures et demie, le 4 décembre, on entendait distinctement le canon dans la direction du faubourg Saint-Denis ; à trois heures, je me plaçai sur le balcon de mon appartement, avec ma femme, pour voir les troupes. Les boulevards, aussi loin que l'œil pouvait atteindre, en étaient couverts, artillerie, infanterie et cavalerie. Les officiers fumaient leurs cigares. Les fenêtres étaient garnies de spectateurs : femmes, enfants, servantes, locataires des appartements, et aussi des commerçants, qui tous avaient fermé leurs boutiques. Tout à coup, et tandis que je regardais attentivement avec ma longue-vue les troupes les plus éloignées vers l'extrémité du boulevard Bonne-Nouvelle, quelques coups de fusil furent tirés à la tête de la colonne, qui se composait d'environ 3,000 hommes. En peu de moments le feu se propagea, et, après avoir été suspendu un instant, descendit le boulevard comme un rideau de flamme ondulant. Cependant il était si régulier que je le pris d'abord pour un *feu de joie* en réjouissance de la prise de quelque barricade, ou bien destiné à indiquer la position des troupes à quelque autre division. Ce ne fut que lorsqu'il arriva à une cinquantaine de mètres de moi que je reconnus le son tranché des cartouches à balles ; mais alors même je pouvais à peine en croire le témoignage de mes oreilles, car quant à celui de mes yeux il m'était impossible de découvrir aucun ennemi sur lequel on pût faire feu. Je continuai de regarder les soldats jusqu'à ce que la compagnie placée au-dessous de moi apprêtât les armes et qu'un coquin plus vif que les autres, un tout jeune homme sans favoris ni moustaches, *m'eût ajusté.* En un instant, je poussai ma femme, qui venait de se retirer, contre le massif, entre les deux fenêtres, et une balle qui frappa le plafond au-dessus de nos têtes nous couvrit de poussière et de morceaux de plâtre. Une seconde après, je fis coucher ma femme sur le parquet, et *une autre décharge frappa toute la façade de la maison,* le balcon et les fenêtres; une balle brisa la glace sur la cheminée, une autre le globe de la pendule ; tous les carreaux de vitre, à l'exception d'un seul, furent mis en pièces, les rideaux et le châssis des fenêtres coupés. Le balcon de fer, quoique un peu bas, fut une grande protection ; cependant *cinq balles* entrèrent dans la chambre. Tandis qu'on rechargeait les armes, j'entraînai ma femme, et me réfugiai avec elle dans les chambres de derrière de la maison. Le retentissement de la fusillade ne cessa pas pendant plus d'un quart d'heure ! Quelques minutes après, *les canons furent démasqués et pointés contre le magasin de M. Sallandrouze*, cinq maisons plus bas à notre droite.

« L'objet ou la justification de tout cela était parfaitement une énigme pour tous ceux, Français comme étrangers, qui étaient dans la maison. Quelques-uns s'imaginaient que les troupes avaient tourné et se joignaient aux rouges ; d'autres disaient qu'il fallait qu'on eût tiré sur elles de quelque part, quoique cela ne pût être venu d'aucune maison du boulevard Montmartre, car nous l'eussions certainement vu du balcon. En outre, dans les dispositions où se trouvaient les soldats, si cela eût été vrai, ils n'auraient certainement pas attendu le signal de la tête de colonne placée à plus de 800 mètres de distance. Il faut que cette fusillade de gaicté de cœur ait été le résultat d'une panique, et que les soldats aient voulu effrayer par un premier feu dans la crainte que les fenêtres ne fussent garnies d'ennemis cachés, ou qu'elle ait été le résultat d'une impulsion sanguinaire : double hypothèse également déshonorante pour eux : comme soldats dans le premier cas, comme citoyens dans le second. A titre de militaire, c'est avec le plus profond regret que je me sens forcé d'admettre la dernière opinion.

« La troupe, comme je l'ai déjà dit, a fait décharges sur décharges pendant plus d'un quart d'heure, *sans qu'on lui ait aucunement riposté*. Ils ont tué beaucoup de malheureux qui étaient restés sur les boulevards parce qu'on ne voulait les recevoir dans aucune maison. Quelques personnes ont été *tuées sur le seuil de leur porte*. Le sang de ces victimes remplissait encore les trous creusés autour des arbres, le lendemain vers midi, quand j'y ai passé. Les boulevards et les rues adjacentes étaient sur quelques points un véritable abattoir. Ce tableau restera gravé par la baïonnette dans le cœur des habitants de ce quartier de Paris, qui pour l'avenir ne peut que redouter la protection des propres soldats de la France.

« Les soldats sont entrés dans des maisons *d'où jamais aucun coup de feu n'a été tiré*, et quoique *la Patrie*, journal de l'Élysée, ait eu la prétention d'indiquer ces maisons par leurs noms, elle a été obligée, dans son numéro suivant, de démentir ses imputations scandaleuses. Mais admettons que quelques coups de feu aient été tirés de deux ou trois maisons sur les boulevards ; admettons même que quelques soldats français aient été tués, était-ce une raison pour justifier cette attaque meurtrière contre les maisons et les personnes de leurs concitoyens sur une étendue de près d'un mille anglais, au lieu de passage le plus populeux et le plus fréquenté ?...

« Signé : WILLIAM JESSE,
« Ingatestone Cottage,
« Essex. »

Dira-t-on que M. W. Jesse est un étranger, un ennemi qui fausse la vérité pour calomnier l'armée française ? Nous répondrons que les propres aveux des assassins confirment pleinement le récit du capitaine anglais.

La Patrie, forcée du reste de se démentir plus tard, allègue qu'il y a eu provocation, que l'on a tiré des fenêtres sur la troupe, mais elle ne nie pas les sanglantes répressions. Que l'Europe civilisée écoute le récit de la feuille élyséenne :

« *Un feu de tirailleurs*, APPUYÉ D'UN OBUSIER, a
« été instantanément dirigé *contre les maisons*
« *d'où était parti le feu. Les fenêtres, les façades ont été en partie détruites.* Puis *des détachements sont entrés dans l'intérieur*, ET ONT
« PASSÉ PAR LES ARMES TOUS LES INDIVIDUS QUI

« S'Y TROUVAIENT CACHÉS. SIX INDIVIDUS en
« blouses, qu'on a découverts derrière des tapis
« qu'ils avaient amoncelés pour éviter les balles
« de la troupe, et tirer sur elle sans danger, ONT
« ÉTÉ FUSILLÉS SUR L'ESCALIER de l'hôtel Lan-
« nes, aujourd'hui dépôt de tapis de la fabrique
« Sallandrouze.

« Plusieurs scènes de même nature se sont
« passées aux environs du théâtre des Variétés,
« *et la troupe* A FAIT JUSTICE *de ses assassins.* »

« *La troupe a fait justice de ses assassins.* »
Pouvait-on dire, avec une plus odieuse cruauté,
que la troupe avait assassiné indistinctement
tout ce qui lui tomba sous la main? Dans quel
pays civilisé des soldats *font-ils justice* des prisonniers qu'ils prennent? Mais on avait résolu
« *d'épouvanter.* »

« La troupe a fait justice de ses assassins ! »
Voilà ce qu'osent dire, ce qu'osent écrire les
instigateurs, les panégyristes de ces abominables égorgements !

Le 11 septembre, il fut question devant nous,
dans un salon de Londres, de la polémique qui
venait de s'élever entre le *Times* et le *Moniteur*
sur le nombre des morts de décembre. Il y avait
là un étranger de distinction, comme on a coutume de dire des étrangers riches. Il mettait à
soutenir la vérité des assertions du *Times* un
feu extraordinaire ; on le sentait agité d'une

vive passion. Bientôt nous apprîmes que le hasard nous avait placés en face d'un « de ces assassins dont la troupe a fait justice » précisément à côté du théâtre des Variétés ! On le questionna et il raconta ce qui lui était arrivé, avec une animation dont il ne peut jamais se défendre, dit-il, chaque fois qu'il pense au massacre dont il fut le témoin et une des victimes. Nous l'avons avidement écouté ; nous ne pourrons reproduire la verve, l'originalité de son langage, mais nous jurons que nous n'ajouterons rien à son récit.

« Le 4 décembre, a-t-il dit, une affaire m'appelait sur les boulevards. On voulut me détourner d'y aller, parce qu'il y avait beaucoup de monde et beaucoup de troupe ; mais j'aime les Français ; j'admirais l'armée française. « Il n'y
« a pas d'exemple, répondis-je, que les soldats
« de cette nation aient tiré sur des ennemis
« désarmés, à plus forte raison ne doit-on pas
« craindre qu'ils tirent sur des promeneurs. »
Jamais, jamais je n'aurais cru qu'on pût transformer l'armée française en une bande d'assassins.

« J'allai donc, plein de sécurité, sur les boulevards, et à 3 heures je me trouvais près des Variétés. A ce moment, la troupe stationnée sur la chaussée exécuta un mouvement de volteface vers les maisons. *Pas un homme armé n'était mêlé à la foule;* curieuse, elle attendait comme à une revue. Mais qu'on se peigne son épouvante lorsque, au milieu d'un bruit de mousqueterie, une ligne de feu et de fumée descendant avec rapidité du boulevard Poissonnière vint lui révéler l'ordre monstrueux qui s'exécutait méthodiquement! Nous voyions devant nous les promeneurs tomber sous ces inexplicables décharges à mesure que le feu approchait. On eût dit une trombe tordant et renversant hommes, femmes et enfants, et jusqu'aux arbustes plantés le long des trottoirs. *Les soldats tiraient indistinctement sur quiconque se trouvait à la portée de leurs fusils.* Chacun fuyait pour éviter la mort. Quelques personnes et moi, nous nous efforçâmes d'entrer dans la maison n° 5, près du théâtre des Variétés, et pendant que, pressés les uns contre les autres, nous frappions à coups redoublés pour nous faire ouvrir, la décharge arriva sur nous. *Six* hommes tombèrent, trois roides morts, les trois autres, moi compris, grièvement blessés! Une balle m'avait labouré le dessus de la main droite, une autre m'avait frappé dans les reins. J'eus soin de faire le mort, et je dis à mes deux compagnons d'infortune de rester bien immobiles. J'avais vu, peu de minutes auparavant, des soldats abattre des blessés qui se redressaient. *Ils achevaient ceux qui remuaient!*

« Les soldats étaient tous ivres et furieux; cette ivresse peut seule expliquer tant d'horribles fureurs. Je ne sais si, comme on l'a prétendu, on a tiré de quelques fenêtres du boulevard Poissonnière ; mais ce que je puis affirmer, pour en être bien sûr, c'est que pas un coup n'est parti des maisons de notre côté. J'affirme de même que pas un cri qui eût pu exciter les soldats n'était proféré. Non ! ils n'ont pas même cette excuse, si c'est une excuse. Ils ont tué les messieurs, les bourgeois, parce qu'ils ont voulu les tuer, ni plus ni moins ; c'est, en termes de justice, un *assassinat prémédité*. A mesure que leur tour arrivait, ils abaissaient leurs fusils, mettaient en joue quelqu'un des promeneurs placés devant eux et lâchaient froidement la détente !!!

« Quand il n'y eut plus personne sur l'asphalte que des morts et des mourants, ils se mirent à tirer aux maisons, comme des insensés, et je sentais les balles qui avaient frappé les murs retomber sur moi par centaines. Les murs ont été, après cela, comme s'ils avaient eu la petite vérole.

« Je restai là *une demi-heure* sans remuer, *tant que durèrent les décharges*. J'étais bien mal, je souffrais déjà beaucoup de ma blessure des reins, et puis j'avais sur ma cuisse un des morts. Tout son sang, coulant sur moi, avait traversé mon pantalon et inondé ma jambe ; de plus, je me trouvais couché face à face avec un autre mort dont le front tout entier avait été enlevé par les balles, et je voyais l'intérieur de sa tête... C'était terrible. Une large nappe de sang ruisselait du trottoir jusqu'aux pieds de la troupe.

« Un roulement de tambour fit cesser le feu; mais les soldats, ivres de vin, de sang et de poudre, *tiraient encore isolément sur les malheureux qui donnaient le moindre signe de vie.* Cependant la douloureuse position où j'étais devint intolérable, je me relevai à tout risque. Aussitôt, deux soldats me couchèrent en joue... J'aperçus un jeune officier, je lui tendis une petite badine que je tenais encore à la main. « Vous voyez, monsieur, lui dis-je; il n'y a pas « d'armes ici : êtes-vous résolu à massacrer un « étranger inoffensif? » Il releva avec son sabre les fusils braqués sur moi, en s'écriant : « N'a- « vez-vous pas entendu le tambour? N'en trou- « vez-vous pas assez? » Il fit ensuite un grand geste de désespoir; ses traits étaient tout altérés. Celui-là avait conscience de l'horrible action que l'on venait de faire commettre à l'armée et de la tache dont elle s'était souillée.

« Il y a ainsi de jeunes officiers qui se sont très-bien conduits et qui avaient beaucoup de chagrin. Il y eut un lieutenant d'artillerie qui, ne pouvant arrêter ses canonniers, se mit devant la bouche du canon, leur disant : « Vous ne tire- « rez plus ou vous me tuerez d'abord. »

« Je m'en allai le long du boulevard, en évitant de marcher sur les corps, dans la crainte de faire du mal à des blessés. A l'entrée de la rue Montmartre, j'eus de la peine à enjamber un marchand de coco qui était étendu en travers avec sa fontaine sur le dos. Je vis par là que l'on avait aussi tiré dans la direction de la rue. C'est un fait connu de tout Paris, que dans la rue Vivienne on a vu étendue morte une dame en chapeau, les mains encore placées dans son manchon.

« Arrivé chez moi, j'ai fait constater par un médecin la nature de mes blessures. J'ai son certificat; j'ai été plus de trois mois à me guérir; il a fallu deux ou trois bains pour enlever de ma chair la trace du sang qui avait coulé sur moi.

« Il est bien certain qu'il n'y a pas eu d'autre raison à cette boucherie que la volonté de remplir la ville de terreur; car on nous a assassinés là tous les six, sans que nous ayons rien dit ni rien fait de mal; nous tâchions d'entrer dans la maison et nous avions presque tous le dos tourné. Les gens de la maison ont eu tort aussi de ne pas ouvrir, mais ils avaient peur pour eux-mêmes.

« Ah! je ne dirai plus que les soldats français sont généreux. Je les ai vus tuer des gens désarmés, qui ne leur disaient rien. Je ne croyais pas qu'ils pussent être aussi barbares, et il faut qu'on leur ait dit bien du mal des bourgeois pour qu'ils aient été si acharnés. Il est vrai qu'ils étaient tous ivres ; ils avaient la figure rouge comme un soleil. Ils peuvent dire qu'on les a enivrés pour leur faire oublier le sentiment de l'honneur ; je crois bien aussi qu'ils n'auraient pas commis tout ce mal-là, si on ne leur avait pas donné tant d'eau-de-vie à boire. Mais pourquoi, depuis, n'ont-ils pas puni les chefs qui les ont menés au déshonneur ? Moi, je ne me mêlais pas des querelles des Français entre eux, je ne faisais point parti d'un groupe agressif, je n'étais pas dans le quartier des barricades, j'étais tranquillement au milieu d'une foule sans armes, sur la plus belle promenade de Paris. C'est une abomination. Non ! je ne dirai plus que les soldats français sont généreux et qu'ils ont recouvré leur honneur tant qu'ils ne se seront pas vengés des monstres qui leur ont commandé d'assassiner les passants, des promeneurs, des femmes, des enfants, des étrangers paisibles comme moi. »

Au moment où nous ajoutons à l'acte d'accusation des égorgeurs du 2 décembre cette déposition solennelle et accablante, nous lisons dans le *Moniteur* du 14 septembre une circulaire de l'archevêque de Bourges, M. Célestin, cardinal Dupont, qui dit aux curés de son diocèse :
« Vous savez que le prince président *honore* de
« sa visite la capitale du Berry... Vous prierez

« avec nous pour que Dieu bénisse tous les pas
« du prince, et comble ses vœux et les nôtres,
« en lui donnant tous les moyens d'achever,
« *dans l'intérêt de la religion* et de la société,
« *l'œuvre de salut qu'il a si noblement et si heu-*
« *reusement commencée*, etc »

Et c'est nous qu'ils appellent les ennemis de la religion!

Les mitraillades de Paris, dans lesquelles cet indigne ministre de Jésus-Christ voit une œuvre de salut noblement et heureusement commencée, ont soulevé l'indignation de tous ceux qui en ont été témoins, à quelque parti et à quelque nation qu'ils appartinssent : « Nous apercevions,
« rapporte le représentant Versigny, au loin,
« jusque près la porte Saint-Denis, les immen-
« ses feux des bivacs de la troupe. C'était, avec
« quelques rares lampions, la seule clarté qui
« permît de se retrouver au milieu de cet affreux
« carnage. Le combat du jour n'était rien à côté
« de ces cadavres et de ce silence. R. et moi,
« nous étions anéantis. Un citoyen vint à passer ;
« sur une de mes exclamations, il s'approcha,
« me prit la main et me dit : Vous êtes républi-
« cain ; moi, j'étais ce qu'on appelait un ami de
« l'ordre, un réactionnaire ; mais il faudrait être
« abandonné de Dieu pour ne pas détester cette
« effroyable orgie. La France est déshonorée ! »
Et il nous quitta en sanglotant. (*Napoléon le*

Petit, p. 160.) Les journaux catholiques de la Belgique eux-mêmes ont exprimé l'horreur dont leurs correspondants avaient été saisis en face des torrents de sang répandus. Les étrangers, les personnes les plus désintéressées, ont été tous d'accord sur ce triste sujet, et c'est à dessein que nous empruntons leurs récits. Nous voulons que l'on ne puisse pas croire que nos passions de proscrit nous portent à rien exagérer.

Voici, entre autres, ce que disait *l'Émancipation* du 7 décembre, *l'Émancipation* qui est en Belgique ce que *l'Univers* est en France :

« Nous avons l'état de siége avec d'incroyables rigueurs, nous avons plus que l'état de siége, nous avons la plus brutale et la plus avilissante compression. Si la France ressentait comme elle le doit son outrage, les pavés s'élèveraient d'eux-mêmes en barricades, le Spartacus de marbre des Tuileries prendrait un fusil.

« Je ne sais par où commencer les épisodes de la lutte, et je ne vois aucun moyen de vous les présenter d'une manière croyable, tant il me semble que tout cela doit paraître impossible à croire à tout cœur honnête.

« Et ne supposez pas qu'il s'agisse du peuple, des combattants ordinaires de toutes les révolutions.

« C'est la bourgeoisie, la société riche et polie

qui résiste et qui combat pour la liberté constitutionnelle.

« Il n'y a plus de partis.

« Le soldat frappe sans pitié. Il détruit les maisons et en tue les habitants.

« Le boulevard Bonne-Nouvelle, du côté des maisons Raguenault et Odier, la maison Sallandrouze sont à demi démolis par les boulets. Les soldats, en rentrant, se vantaient de cet exploit.

« *J'ai compté vingt-sept* cadavres dans la cour de la maison Odier. Et c'étaient des cadavres couverts d'habits luxueux, c'étaient *des femmes, des vieillards et des enfants.* »

L'échafaud, que les faussaires de l'ordre nous accusent sans cesse de vouloir établir, bien que le monde entier sache que nous l'avons aboli, aurait à fonctionner de longs jours pour couper autant de têtes que les conjurés de décembre ont percé de poitrines d'hommes, de femmes et d'enfants inoffensifs, en dehors de toute lutte et de tout combat.

Le lendemain, 5 décembre, au matin, le théâtre du carnage était encore affreux à contempler.

Les morts avaient été enlevés : mais les traces sanglantes se voyaient partout, les trottoirs et les murs étaient souillés de débris de cervelles humaines ; une sorte de cascade de sang avait ruisselé par les escaliers et sous la porte de la maison Sallandrouze, et s'y trouvait coagulée.

On avait répandu le sang à telle profusion que les ruisseaux en étaient encore rougis dans la rue Montmartre, jusqu'à la hauteur du passage des Variétés. Notre honorable collègue M. Pierre Lefranc a vu cela de ses yeux.

Nous retrouvons ici cette volonté de terroriser Paris qui détermina le massacre dans les conseils de M. Bonaparte. La veille, on avait laissé les morts sur les boulevards jusqu'à la fin du jour pour effrayer davantage la population par ce lugubre spectacle. M. Mauduit constate lui-même, page 273 de son livre, « que l'on a *rangé et exposé trente cadavres* devant la maison Sallandrouze *pendant vingt-quatre heures !* » Le lendemain on n'effaçait pas encore les taches de sang ; à elles seules, elles étaient une menace terrible, elles apprenaient aux habitants le sort, qui les attendait à la moindre tentative de soulèvement contre les ennemis.

Les fenêtres et les vitres étaient brisées, les maisons déchirées, ébréchées, par les balles et les boulets.

Cependant quand l'effet que l'on voulait obtenir fut produit ; quand la ville, plongée dans la stupeur, ne remua plus, les factieux sentirent la nécessité de faire disparaître les stigmates de leurs fureurs ; ils firent réparer les façades dans la huitaine, et, après avoir institué une commission pour apprécier les dommages matériels, ils ouvrirent un crédit de deux cent mille francs, afin de pourvoir au plus pressé.

Les généraux de la bande des « cinq ou six mille coquins » n'ont aucun sentiment français ; ce sont des condottieri que Paris a vus fondre sur ses places publiques. Vainqueurs à force de trahisons et de massacres, ils ont célébré leur triomphe, comme fait l'ennemi dans une ville prise d'assaut, par un défilé solennel de quelques-unes des troupes victorieuses. Rien n'a manqué à cet odieux caractère de conquête étrangère. Le 5 décembre, vers midi, deux régiments de carabiniers en grande tenue et précédés de leurs corps de musique qui jouaient des fanfares, sont partis de la Bastille et ont parcouru au pas toute la ligne des boulevards, jusqu'à la Madeleine. Pour ajouter à l'effet de la mise en scène, ils étaient suivis de quatre brancards sur lesquels on voyait étendus des blessés de l'armée !

Il n'est aucune mauvaise passion que les conspirateurs de décembre n'aient employée. Tout moyen leur est bon pourvu qu'il les conduise à leur but. Ils n'ont pas seulement corrompu les troupes avec de l'argent, mais aussi en leur faisant faire grasse chère. Pendant leur sacrilége campagne contre Paris, ils ont nourri les soldats avec des viandes recherchées.

L'honorable M. Caizac, sous-officier au 19ᵉ de ligne, qui, sachant les ordres donnés, eut le trop rare courage de quitter son régiment le 2 au matin; M. Caizac a vu pendant quatre jours, place du Palais de Justice, apporter des charrettes à bras pleines de volailles rôties, pain blanc, vin et eau-de-vie. On distribuait tout cela à un bataillon de gardes républicains et aux servants de 2 pièces d'artillerie stationnés dans la grande cour du palais. La plantureuse distribution se faisait matin et soir aussi régulièrement que dans les casernes.

L'étranger dont nous parlions tout à l'heure rapportait aussi que, traversant les Champs-Élysées dans la matinée du 4, il vit près du cirque Franconi des groupes de soldats du 72ᵉ auxquels on distribuait des viandes de charcuterie et du vin en très-grande abondance. Frappé de ce spectacle, il se promena dans leur voisinage pour les observer.

L'ivresse les gagna peu à peu visiblement, et lorsque le général fit donner le signal de marcher, on put juger, au désordre avec lequel ils se jetèrent sur leurs armes, à leurs cris, à toute leur attitude, qu'ils étaient surexcités par les boissons spiritueuses. « Je vous assure, dit le « narrateur, qu'il y avait déjà de la menace

« dans leurs yeux ; ils semblaient préparés à
« exercer quelque vengeance ; je ne me doutais
« pas que je serais moi-même une de leurs vic-
« times. »

Il est hors de conteste que l'on a fait, surtout pendant la journée du 4, d'énormes distributions d'eau-de-vie aux soldats, pour étouffer leur sensibilité dans l'ivresse et les entraîner à tous les crimes : on n'aurait jamais pu obtenir autrement des troupes françaises les tueries et les canonnades des boulevards, ni les massacres des prisons. D'un bout de Paris à l'autre, la population, honteuse, désolée, épouvantée, les a vus privés de leur raison. Aux boulevards, il y eut un moment où ils allèrent plus loin même que ne le voulaient les conjurés. Le cerveau troublé par les vapeurs alcooliques et par la fumée non moins enivrante de la poudre, ils tiraient à tort et à travers, sans commandement, n'écoutant plus la voix des officiers. C'est encore ce qu'a constaté l'auteur apologétique de la *Révolution militaire du 2 décembre*. « ... Les
« soldats du général Cotte, *électrisés* par la
« fusillade qui les entoure, ouvrent aussi le feu,
« mais *à l'aventure*, et le continuent pendant
« huit ou dix minutes, *malgré les efforts du*
« *général et de ses aides de camp* pour arrêter
« une consommation aussi inutile de munitions,
« et qui ne pouvait faire *que des victimes*

« *innocentes* ; car, certes, *aucun combattant* ne
« dut être tenté de se montrer aux fenêtres
« pendant cet effroyable ouragan. » (Mauduit,
page 218.)

Comment ne pas admirer l'économie de ces officiers préoccupés, en première ligne, de la « consommation inutile de poudre? » Les bonnes femmes de ménage que feraient le général Cotte et ses aides de camp ! Ils auraient bien dû donner des leçons de ce genre au commandant Larochette, qui brûla vingt mille cartouches, dans les circonstances qu'on va lire :

« La gauche de la colonne du général Maru-
« laz touchait encore au pont d'Arcole, lorsque
« partirent *des croisées* du quai Pelletier *plu-*
« *sieurs coups* maladroits contre le 44ᵉ et la
« ligne de tirailleurs que le commandant Laro-
« chette avait placés en avant de l'hôtel de
« ville, pour en protéger les abords.

« Toute la place, ainsi que les quais Pelletier
« et de Gèvres jusqu'au Châtelet, *furent à l'ins-*
« *tant en feu*, et de l'extrémité du pont Louis-
« Philippe, je crus pendant près d'un quart
« d'heure, je crus, en vérité, assister à un com-
« bat des plus sérieux. *Plus de vingt mille car-*
« *touches furent brûlées*, des milliers de car-
« reaux brisés, mais seulement quelques hom-
« mes tués ou blessés dans les deux camps;
« les socialistes n'ayant exécuté *leur attaque*

« qu'avec des forces disséminées dans les mai-
« sons, et trop insuffisantes pour tenter un hourra
« sur l'hôtel de ville. » (Mauduit, page 242.)

La nuit du 4 au 5 fut, sur plusieurs points, une véritable orgie : le citoyen Domengé, ex-membre de l'université, vit de ses yeux les lanciers boire et s'enivrer sur les boulévards à côté de mares de sang et de débris humains qu'on n'avait pas encore enlevés ! Rentré chez lui, place du Panthéon, il entendit toute la nuit les chants bachiques des tirailleurs de Vincennes stationnés là. Le lendemain au matin, un de leurs officiers, ivre-mort, brandissait son sabre demandant des socialistes à exterminer. Un fourrier qui veillait sur lui pouvait à peine le contenir.

C'est ainsi que l'on est parvenu à obtenir tant de cruautés de certains soldats. Comment, s'ils avaient conservé la possession d'eux-mêmes, aurait-on osé envoyer, de l'état-major de M. Saint-Arnaud ou de M. Magnan, l'ordre pour la nuit du 4 de faire feu sur toute personne qui ne répondrait pas au cri de « qui vive? » par celui de *soldat!!!* Si atroce que soit cette consigne, on ne peut refuser d'y croire quand on a lu les ordres du jour signés Saint-Arnaud et Maupas. Elle ne fut pas générale, mais elle a certainement été donnée sur les points où l'on craignait quelque attaque. Un témoin bien renseigné nous

le certifie en ces termes : « Vous pouvez citer
« notamment le quartier du faubourg du Tem-
« ple, et de l'Entrepôt, occupé par le 58e de
« ligne. Une pauvre femme attardée, dans la rue
« de la Douane, y reçut plusieurs coups de feu
« qui heureusement ne l'atteignirent pas, pen-
« dant qu'elle essayait en vain de se faire ouvrir
« les portes. Elle ne fut sauvée que par la pitié
d'un soldat qui la fit entrer au poste de la
« douane, où elle passa la nuit. — Un garçon
« boucher qui conduisait sa voiture le long du
« canal, ne pouvant répondre au qui vive des
« homicides sentinelles dont le séparait toute la
« largeur de l'eau, vit sa voiture criblée de
« balles. Il eut la présence d'esprit de se cou-
« cher à plat ventre, et échappa à la mort ;
« mais son cheval fut tué. »

On ne peut imaginer à quel point les libations, les sentiments de haine provoqués, entretenus par certains officiers contre le civil, les excitations de tout genre avaient exaspéré quelques corps militaires. — Des soldats furieux poursuivent des citoyens désarmés. Sept de ceux-ci, après avoir vainement ébranlé une porte cochère en face de la rue Neuve Vivienne, pour y trouver refuge, se couchent au pied de cette porte, en quelque sorte les uns sur les autres, espérant éviter la mort. La troupe leur envoie une décharge presque à bout portant, et cinq sur

sept, percés de balles, ne se relèvent pas !
« Vous pouvez affirmer le fait, nous mande un
« *témoin* de cette tuerie, *j'ai recueilli l'un des*
« *survivants* dont le frère venait d'être tué sous
« lui ! » — A côté de la maison Sallandrouze,
boulevard Montmartre, est une boutique de
libraire dans laquelle se sauve un homme que
l'on poursuivait. Un capitaine de chasseurs de
Vincennes s'y précipite avec son monde, et n'y
trouvant point celui qu'il cherche, se jette à
coups de sabre sur le malheureux libraire. Au
bruit de la lutte engagée, la femme et les deux
filles du libraire sortent d'une arrière-salle où
elles étaient, et tâchent de défendre leur mari,
leur père, contre la rage du capitaine ; mais les
soldats alors se joignent à leur officier, et *le*
père, la mère, les deux filles sont massacrés à
coups de baïonnette... Le fait n'est encore que
trop vrai, il a été rapporté par un témoin oculaire qui l'affirme de la manière la plus précise,
la plus positive, après avoir été plusieurs fois
interpellé sur la parfaite exactitude de ses souvenirs. Cette horrible scène est indépendante
d'une autre, moins atroce peut-être, mais tout
aussi sanglante, qui eut lieu chez un autre
libraire, boulevard Poissonnière, à côté du
magasin de nouveautés du *Prophète*. Ici nous
avons pour garant le récit même du *Moniteur*
du 9 décembre :

« Un libraire, M. Lefilleul, établi depuis plu-
« sieurs années sur le boulevard Poissonnière,
« était occupé à fermer son magasin peu avant
« le drame du 4 décembre, quand un coup de
« pistolet tiré par un commis du voisinage sur
« un clairon de la ligne vint dissiper la foule
« qui se pressait à ses côtés, et laissa passage
« libre à *l'insurgé* pour entrer dans la boutique.
« Celui-ci était suivi de près par le clairon, qui
« parvint *à l'étendre mort* derrière un comp-
» toir, mais *qui tomba lui-même sur le cada-*
« *vre.* D'autres soldats, venus au secours du
« clairon, *blessent* au bas-ventre le malheureux
« libraire, qui n'a rien vu et qu'on prend pour
« un adversaire. Une lutte terrible s'engage
« entre M. Lefilleul et un capitaine. Le premier
« est *deux fois encore blessé* à la cuisse et au
« bras, mais *le second tombe mort, sous les*
« *coups des soldats qui cherchent à le défen-*
« *dre.* M. Lefilleul, qui, malgré ses blessures,
« conserve encore ses forces et son sang-froid,
« profite de ce terrible moment pour se déga-
« ger, et sort du magasin en y laissant TROIS
« CADAVRES. On espère sauver la vie à M. Lefil-
« leul, *honnête* commerçant, *tout à fait étran-*
« *ger aux passions politiques.* »

Les assassins, dans leur rage, s'entretuaient eux-mêmes.

Quelques-uns étaient saisis d'une sorte de frénésie. Un vieillard, père d'un des banquiers les plus célèbres de Paris, infirme, et marchant avec difficulté, traversait le boulevard des Italiens pour rentrer chez lui, rue *Laffitte*, quand il tomba frappé d'une balle. Revenu du premier choc de sa blessure, il essayait de se relever, lorsqu'il aperçut des soldats qui tiraient encore à bout portant sur d'autres blessés couchés comme lui à terre!! Il jugea prudent de ne pas donner signe de vie, et resta immobile jusqu'à ce que la troupe se fût retirée. De telles cruautés sont inexplicables sans doute; mais nous sommes obligés d'y croire, car nous en tenons le récit de source certaine, et elles nous ont été confirmées par un médecin, second témoin, parfaitement honorable, qui a vu les vêtements de plusieurs de ces malheureux prendre feu sous les décharges à bout portant!

Quand on ouvre carrière aux mauvaises passions, elles sortent toutes à la fois des abîmes du cœur humain. Il faut bien le dire, au milieu de ces journées sinistres quelques soldats ont souillé l'uniforme par des actes qui répugnent peut-être plus encore à l'honneur national que tout ce que nous venons de raconter. Un négociant accompagné de son garçon de caisse venait de toucher 5,000 fr. en or, que le garçon portait. Arrivés au boulevard, une des décharges dirigées contre les passants frappe le garçon de caisse, qui tombe. Le négociant se sauve, puis, quand le feu a cessé, il revient et cherche son pauvre serviteur, qu'il trouve sans vie. Le chagrin ne l'empêche pas de songer aux 5,000 fr.: il ouvre l'habit du mort pour les prendre... L'or avait déjà été enlevé. Le négociant alla faire sa déclaration le même jour à la police : on lui répondit qu'il mentait ! Il insista ; on ajouta alors que s'il disait un mot de plus on l'arrêterait sur-le-champ, et que, *s'il bavardait*, il aurait à s'en repentir. Cette menace est cause que nous n'avons pu obtenir le nom du négociant ; celui de ses amis, par l'entremise duquel la triste aventure est venue à notre connaissance, craint de le perdre en le nommant.

Ceux-là mêmes qui défendent l'armée de Paris confessent qu'elle *a été trop loin*, c'est leur expression. « Sans doute, dit une des correspon-
« dances bonapartistes de *l'Indépendance belge*
« (n° du 23 décembre); sans doute les soldats se
« sont, sur certains points, laissé *entraîner trop*
« *loin* par l'ardeur de la lutte ; plus d'une vic-
« time innocente a succombé, mais, etc. »

Ah ! oui, des soldats ont commis des actes bien coupables, et c'est l'âme navrée de douleur que nous en parlons. Mais, on le sait, les hommes réunis, et surtout les corps armés, obéissent à l'impulsion qui leur est donnée ; aussi accusons-nous surtout les monstres qui avaient enivré, trompé, aveuglé la troupe ; les chefs qui lui commandaient le meurtre, qui « *l'entraînaient trop loin* » par des ordres et des exemples atroces. La France aura peine à pardonner à certains officiers bonapartistes le rôle hideux qu'ils ont joué.

•Une dame de grand courage, qui, nous sachant occupé de l'histoire du 2 décembre, a daigné nous envoyer quelques notes, nous écrivait : «Je
« vous ai déjà raconté, monsieur, avoir moi-
« même entendu dire par un officier, d'un ton de
« plaisanterie, qu'il faisait des coups admirables
« entre les deux yeux au moyen d'une arme pré-
« cieuse qu'il possédait. Il se vantait d'avoir pris
« des gens, et de les avoir mené fusiller au coin
« de la rue ; ne pouvant s'empêcher d'ajouter :
« C'est qu'ils mouraient avec courage, ces co-
« quins-là ; ils ne bronchaient pas ! Un autre
« officier racontait à une dame de mes amies
« que les soldats s'amusaient à tirer *à la femme*,
« comme qui dirait à la cible, et visaient toutes
« les femmes qu'ils apercevaient aux fenêtres.
« Une autre dame, en qui j'ai toute confiance,
« m'a dit avoir traversé les boulevards, près d'un
« groupe de soldats qui dispersaient et chas-
« saient les passants les plus inoffensifs, sans
« cependant chercher à blesser les femmes,
« quand un officier des spahis, qui se trouvait là
« passant comme les autres, leur cria : Vous n'y
« entendez rien ; ce n'est pas ça ; tirez aux fem-

« mes ! tirez aux femmes ! Et alors effective-
« ment, ils commencèrent à *tirer aux femmes.*
« Une dame très-bien habillée et fort effrayée,
« qui allait de toute sa vitesse, reçut à ce mo-
« ment un coup de baïonnette dans le côté, du-
« quel elle tomba pour morte.

« Un autre officier a dit à quelqu'un que je
« connais : Nous avions une revanche à prendre
« de février, nous l'avons prise, et tout ce que
« nous regrettons c'est que cela n'ait pas duré
« davantage ! C'est le sentiment qu'expriment
« ouvertement tous les officiers supérieurs.

« Au coin de la Chaussée-d'Antin, un jeune
« homme, de qui je tiens le fait, se trouvait dans
« un groupe de gens parfaitement tranquilles
« qui se demandaient les uns aux autres des
« nouvelles. Des lanciers vinrent pour les chas-
« ser, sans cependant y mettre d'hostilité, quand
« leur officier leur cria : *Lardez-les ! lardez-*
« *les !*

« De tout cela, vous voyez qu'il y avait plus
« d'animosité chez les officiers que chez les sol-
« dats pendant cette mémorable campagne des
« boulevards. »

Il est trop malheureusement vrai que les officiers supérieurs surtout ont montré dans les
funestes journées de décembre une cruauté sauvage. Que le lecteur en reste convaincu, nos
récits ne vont pas au delà de la stricte vérité.

Nous nous regarderions comme le plus criminel des hommes si nous forgions un de ces assassinats pour en charger nos ennemis. Nous savons qu'ils attireront sur leurs auteurs la haine du monde civilisé ; nous ne pouvons non plus nous le dissimuler, ils sont un déshonneur pour le pays ; notre âme souffre à les raconter, nous les cacherions même s'ils ne servaient à montrer la scélératesse des conquérants qui écrasent la France, et particulièrement à justifier le parti républicain des infâmes accusations que toutes les factions royalistes dirigent encore à cette heure contre lui.

Hélas ! on ne saurait rien inventer de plus affreux que la réalité. Un témoin nous avait dit avoir vu le colonel des lanciers à collet jaune s'élancer sur le trottoir du boulevard des Italiens et frapper même des femmes ! Comme cette personne, demeurant encore à Paris, ne pouvait nous donner son nom, de crainte d'être transportée, nous hésitions à citer le fait, tant il nous paraissait impossible que l'on y pût croire sans la garantie d'un témoin oculaire. Eh bien ! un historiographe de l'armée, M. Mauduit, qui confesse le caractère essentiellement militaire de la conspiration, cite ce même fait comme un titre de gloire pour l'un de ses héros, et il nous apprend que le misérable qui frappait les femmes à coup de sabre s'appelle le colonel Rochefort :

« A la hauteur de la rue Taitbout, il (M. Ro-
« chefort) aperçut un rassemblement considéra-
« ble tant à l'entrée de la rue que sur l'asphalte
« près Tortoni ; ces hommes étaient *tous bien*
« *vêtus*. Plusieurs étaient armés [1]. A sa vue re-
« tentit le *cri de guerre* adopté depuis deux
« jours : *Vive la république! vive la Constitu-*
« *tion ! à bas le dictateur! A ce dernier cri,*
« aussi rapide que l'éclair, d'un seul bond, le
« colonel de Rochefort franchit les chaises et
« l'asphalte, tombe au milieu du groupe et fait
« aussitôt le vide autour de lui. Ses lanciers se
« précipitent à sa suite ; un de ses adjudants
« abat, à coup de sabre, deux individus..... En
« un clin d'œil, le rassemblement fut dispersé.
« *Tous s'enfuirent précipitamment en laissant*
« *bon nombre d'entre eux sur la place.* Le colo-
« nel continua sa marche en dispersant tout ce
« qu'il rencontrait devant lui, et *une trentaine*
« *de cadavres restèrent sur le carreau, presque*
« *tous couverts d'habits fins.* » (*Révolution militaire du 2 décembre,* pages 217 et 218.)

Lisez Tite-Live, vous ne trouverez pas une

---

[1] M. Mauduit, en disant que ces hommes *bien vêtus* étaient *armés*, cherche certainement à pallier la lâcheté de l'acte qu'il encense. Il est évident que personne n'eût été assez fou pour paraître armé sur les boulevards en face de 50,000 hommes.

page aussi odieuse dans la prise de Rome par les barbares. Les soldats gaulois insultaient les sénateurs romains, mais leurs chefs n'assassinaient point les habitants qui regardaient passer leurs phalanges.

Ce Rochefort est un vrai Trestaillon bonapartiste. Voici un autre de ses exploits où l'on retrouve tous les caractères de la plus sanglante provocation. C'est encore son panégyriste, le capitaine Mauduit, qui nous le raconte : « Le
« 3 décembre, vers dix heures et demie du soir,
« le colonel de Rochefort, du 1er de lanciers,
« reçut l'ordre de partir avec deux escadrons
« seulement pour maintenir la circulation sur
« le boulevard du Temple ; cette mission était
« d'autant plus difficile et délicate, qu'il lui
« avait été interdit de repousser par la force
« d'autres cris que ceux de : Vive la république
« démocratique et sociale !

« Le colonel, *pressentant ce qui allait arri-*
« *ver*, avait prévenu tout son détachement de
« n'avoir point à s'étonner de la foule qu'il
« aurait à traverser, et des cris poussés par
« elle; il prescrivit à ses lanciers de rester calmes,
« impassibles jusqu'au moment où il ordonnerait
« la charge. et, une fois l'affaire engagée, *de ne*
« *faire grâce à qui que ce fut.*

« A peine parvenu sur le boulevard, à la
« hauteur de la rue de la Paix, il se trouva en

« présence d'un flot de population immense,
« *manifestant l'hostilité la plus marquée, sous*
« *le masque du cri* de : Vive la république!!!
« Ces cris convenus étaient accompagnés de
« gestes menaçants.

« *L'œil attentif et l'oreille tendue*, pour or-
« donner la charge au premier cri *séditieux*, le
« colonel continua à marcher ainsi au pas,
« poursuivi de hurlements affreux, jusqu'au
« boulevard du Temple.

« Le colonel ayant reçu l'ordre de charger
« tous les groupes qu'il rencontrerait sur la
« chaussée, IL SE SERVIT D'UNE RUSE DE GUERRE,
« dont le résultat fut de châtier un certain
« nombre de ces *vociférateurs en paletots*.

« *Il masqua ses escadrons*, pendant quelques
« instants, dans un pli de terrain près du Châ-
« teau-d'Eau, pour leur donner le change et leur
« laisser croire qu'il était occupé du côté de la
« Bastille; mais, faisant brusquement demi-
« tour sans être aperçu, et prescrivant aux trom-
« pettes et à l'avant-garde de rentrer dans les
« rangs, il se remit en marche au pas, jusqu'au
« moment où il se trouva à l'endroit le plus
« épais de cette foule *compacte et incalculable*,
« avec l'intention de PIQUER tout ce qui s'oppo-
« serait à son passage.

« *Les plus audacieux, enhardis peut-être par*
« *la démonstration pacifique* de ces deux esca-

« drons, se placèrent en avant du colonel, et fi-
« rent entendre les cris *insultants* de : Vive
« l'Assemblée nationale!!! A bas les traîtres ¹!
« Reconnaissant à ce cri *une provocation*, le co-
« lonel de Rochefort s'élance, comme un lion
« furieux, au milieu du groupe d'où elle était
« partie, en frappant d'estoc, de taille et de
« lance. Il resta sur le carreau PLUSIEURS CADA-
« VRES.

« Dans ces groupes ne se trouvaient que *peu*
« *d'individus en blouse.*

« Les lanciers subirent cette *rude épreuve*
« *morale* avec une calme admirable, leur con-
« fiance n'en fut point ébranlée une minute, etc.

« De retour à la place Vendôme, et sa *mission*
« *accomplie*, le colonel de Rochefort s'empressa
« d'en rendre compte au général de division
« Carrelet. » (Mauduit, pages 176, 177 et 178).

C'est ainsi que l'on préludait déjà, le 3 décembre, aux massacres du 4.

Chose qui serait presque impossible à croire,
si l'on ne savait qu'ils sont frappés du vertige du

---

1 Nous reproduisons exactement la ponctuation de
M. Mauduit qui met trois points d'exclamation après :
Vive l'Assemblée nationale !!! et un seul après : *A bas
les traîtres !* d'où il faut conclure que le capitaine Mauduit et le colonel Rochefort trouvent le premier de ces
cris trois fois plus insultant que le dernier.

sang, les égorgeurs à grosses épaulettes; et leurs panégyristes se chargent eux-mêmes, oui eux-mêmes! de constater la sensation de douleur et d'étonnement qu'éprouvent les malheureux soldats employés à ces déloyales boucheries : « Les lanciers *subirent cette rude épreuve* « *morale* avec un courage admirable, *leur con-* « *fiance* n'en fut point ébranlée un moment! »

M. Mauduit perçoit donc bien qu'il y a quelque chose... d'extraordinaire dans ces barbaries et dans le *courage* avec lequel les exécuteurs subirent *l'épreuve morale* d'y prêter la main! Il signale que les soldats émus ne *perdirent point confiance* dans le chef qui leur faisait répandre le sang innocent! Où ira l'honneur de l'armée française avec ces confiances et ces courages-là? Hélas! hélas! n'arrivera-t-il pas un jour où l'humanité sortira de l'enfance? N'arrivera-t-il pas un jour où les lanciers n'appliqueront pas l'énergie de leur volonté à tuer, malgré la révolte de leur cœur, leurs concitoyens désarmés, uniquement parce qu'un colonel Rochefort le commande?

Les journaux du crime racontent avec des éclats affreux l'assassinat de trois gendarmes à Bédarieux. Ce qu'ils disent est-il vrai? On a droit d'en douter, car eux seuls ont la faculté de parler, et la vérité ne peut se faire jour en présence d'un conseil de guerre dont le président (colonel Dumont) intimide les témoins à décharge. Comment oser contredire ces juges forcenés qui insultent les accusés, et qui prononcent dix-sept condamnations à mort d'un seul coup? Si le compte-rendu de leurs séances n'est pas un amas de mensonges comme toutes leurs inventions de Jacquerie, il faut avouer, hélas! que là, sur un point isolé, à Bédarieux, quelques artisans méridionaux ont commis des atrocités que nous ne saurions flétrir trop énergiquement. (Il n'y a de comparables à ces crimes abominables que ceux des Chouans et des Verdets). Et cependant, leur conduite semble moins hideuse que celle du colonel Rochefort et de ses aides! Certes, si ce que l'on dit est vrai, il faudrait maudire ces hommes besoigneux et incultes qui, pour se venger des procès-verbaux dont les accablaient des gendarmes, ont ignoblement mutilé leurs cadavres après les avoir tués. Mais combien n'est pas plus infâme ce colonel, cet homme éclairé, occupant un des premiers grades de l'armée, à la tête de deux puissants escadrons, qui cherche le sang à répandre comme un tigre affamé ; qui emploie *une ruse de guerre* pour préparer un grand assassinat, qui masque ses chevaux et ses lances pour tendre un piége à des citoyens inoffensifs, et qui, tout à coup, après avoir prescrit à ses satellites *de ne faire grâce à personne*, fond sur des hommes sans armes, sans défense, parce qu'ils crient : *Vive l'Assemblée nationale!*

A bas les traîtres! et laisse sur la place *les cadavres* de ceux que trompe sa fourberie sanguinaire!

Quelle modération attendre de soldats conduits par ces tueurs?

M. Mayer nous apprend aussi lui-même, avec une naïveté vraiment effrayante, à quoi ces officiers, indignes de porter l'uniforme français, instruisent leurs hommes dans les loisirs de la caserne :

« Il faut le dire, l'armée n'était pas seulement
« convaincue, mais fanatisée. Le *brave et spi-*
« *rituel* colonel du 7ᵉ de lanciers, M. Feray,
« racontait une anecdote *qui a la valeur d'un*
« *événement*. Il se trouvait avec un escadron de
« son régiment dans les environs de Chaillot.
« On lui amène un des plus notoires démago-
« gues de cette commune, pris les armes à la
« main et les poches pleines de balles. Le colo-
« nel, voulant essayer jusqu'où allait l'obéis-
« sance chez ses soldats, appelle ses deux plan-
« tons d'ordonnance, et leur dit, en secouant la
« cendre de son cigare : *Vous allez me brûler*
« *la cervelle à ce brigand-là. Faites le mettre*
« *à genoux, et au commandement de : Feu!*
« *cassez-lui la tête*. Les deux lanciers arment
« froidement leurs pistolets, prennent à la cra-
« vate l'homme, qui se tordait et criait grâce!
« lui appliquent leur arme sur chaque tempe, et

« attendent, *avec le plus grand calme*, le com-
« mandement du colonel. — Emmenez-le, dit
« M. Feray, il est trop lâche *pour être fusillé par*
« *de braves gens comme vous*. Et il le fit con-
« duire à la Préfecture de police. *Quels hommes!*
« disait-on à M. Feray quand il raconta cet inci-
« dent. — Tout mon régiment eût fait de même,
« répondait le gendre du maréchal Bugeaud. »
Histoire du 2 décembre, page 164.)

D'autres de ces sauvages officiers du 2 décembre ont imprimé à leurs actes un cachet de barbarie raffinée dont ils semblent emprunter la tradition au moyen âge, à cette époque où l'on avait imaginé de joindre les tortures morales aux supplices physiques de l'antiquité. Partout on les voit se complaire aux terreurs qu'ils infligent à leurs victimes, alors même qu'il n'entre pas dans leurs fantaisies de les mettre à mort. A côté du *brave et spirituel* colonel Feray, comme l'appelle M. Mayer, voici un autre brave et spirituel capitaine, qui s'avise d'enfermer, la nuit, un enfant seul avec trois cadavres! Personne ne mettra en doute le trait qu'on va lire, car nous l'empruntons à M. Mauduit, qui a certainement recueilli de la bouche même des héros le récit des actes auxquels ils attachent le plus de prix.

Une compagnie de voltigeurs du 51e gardait une position rue Meslay, où il y avait eu une barricade. Ils trouvaient bon de brûler, pour se chauffer, un omnibus qui avait servi à cette barricade. Ils avaient déjà jeté au feu le timon et les roues, qu'il n'était encore qu'une heure du matin ; ils s'apprêtaient à mettre la caisse en morceaux, lorsqu'il en sortit un *gamin* qui s'y était blotti au moment de la prise de la barricade.

« En voilà encore un ! s'écrièrent les volti-
« geurs. *Il faut le fusiller;* car certainement il
« a tiré sur nos frères.

« On le fouille, et, sous sa blouse, l'on décou-
« vre un pistolet et un poignard. Les voltigeurs
« le conduisent au capitaine pour prendre ses
« ordres, et voici le châtiment qui lui fut in-
« fligé :

« Près de là, l'on avait déposé dans une mai-
« son le cadavre d'un clairon de chasseurs à
« pied, tué à l'attaque des barricades des Arts-
« et-Métiers. Près de ce clairon se trouvaient
« également les cadavres de deux hommes du
« peuple.

« Tu vas *demander pardon* à ce clairon, et
« *à genoux*, lui dit le capitaine. — Ce n'est pas
« moi qui l'ai tué, répondit le gamin, en pleu-
« rant. — Qui m'en répond ? Et d'ailleurs, *tu en
« as peut-être tué d'autres*. Ainsi, demande-lui
« pardon ou sinon !... Et le gamin se met à ge-
« noux, et demande grâce à ce malheureux sol-
« dat. — Ce n'est pas tout. Tu vas maintenant

« passer le reste de la nuit avec tes camarades
« et leur victime, et, plus tard, on verra ce que
« l'on devra faire d'un petit polisson de ton
« espèce. — Et la porte est fermée sur lui. Mais,
« *soit par remords*, soit par terreur de se trou-
« ver ainsi seul dans l'obscurité, et côte à côte
« avec trois cadavres, le gamin frappa bientôt
« violemment à la porte, en conjurant de l'arra-
« cher *au supplice moral* qui lui était infligé.

« Le capitaine, croyant la leçon assez forte,
« le fit sortir, et le renvoya à ses parents. »
(Mauduit, page 250.)

Ce ne sont pas les républicains qui forgent ces monstrueuses histoires pour les attribuer aux sauveurs de la société, ce sont les sauveurs eux-mêmes qui s'en vantent, et ils trouvent dans leur parti des écrivains pour les en complimenter!!

Comprend-on, après ce qu'on vient de lire, les orléanistes qui ont le courage de féliciter « *le prince Napoléon* » d'avoir fait en décembre « la chasse AUX BRIGANDS » [1]? Votre haine contre les républicains vous aveugle étrangement, messieurs les sujets de Louis-Philippe, et vos méprisables insultes s'égarent. Ne l'avez-vous donc pas lu : « Une trentaine de cadavres res-
« tèrent sur le carreau, presque tous *couverts*
« *d'habits fins?* » N'est-ce donc pas aussi « la

[1] *Bulletin français*, publié à Bruxelles, page 26.

chasse aux bourgeois » qu'on faisait le 2 décembre? — Et ce sera, nous en formons le vœu de tout notre cœur, ce sera un lien de rapprochement entre le peuple et la bourgeoisie que la conduite de la bourgeoisie au 2 décembre. Ceux du peuple qui se sont battus diront à leurs frères que partout où il y avait une blouse il y avait un habit ; ceux de la bourgeoisie qui ont pris les armes diront dans les salons que partout où il y avait des blouses la propriété était respectée.

Que l'on ne se méprenne pas, du reste, sur notre pensée. Que cela soit bien entendu et bien compris : nous n'accusons pas l'armée française tout entière. Personnellement, nous serions plus coupable qu'aucun autre de l'enfermer dans une réprobation générale ; car si nous sommes vivant, c'est à la loyauté de soldats et d'officiers que nous le devons. Nous accusons exclusivement les criminels qui ont poussé jusqu'à ces lâches cruautés ces animosités politiques. Nous le savons, d'ailleurs, quelque horrible soin que des hommes comme M. Rochefort, comme M. Feray, le digne gendre du général de la rue Transnonain, aient pu prendre pour monter la troupe au diapason de leur rage, ils n'ont heureusement pas toujours réussi : « Il est notoire, nous man-
« dait l'honorable femme dont nous parlions
« tout à l'heure, qu'une compagnie de vingt-cinq

« hommes, envoyée pour prendre une petite
« barricade au coin de la rue et du passage du
« Caire, a refusé de tirer sur le peuple, et dé-
« chargé ses fusils en l'air. Une jeune dame,
« fille, femme et sœur d'officiers, m'a dit que
« tous les sous-officiers et officiers simples,
« presque sans exception, sont au désespoir
« d'être forcés d'obéir à des ordres qui leur sont
« odieux ; que plusieurs sont devenus fous de
« chagrin, son propre frère entre autres. »

Nous rapportions tout à l'heure comment un étranger, atteint d'une balle, avait été sauvé par un jeune officier, comment un officier d'artillerie s'était mis à la bouche de sa pièce pour empêcher ses hommes de continuer le feu. Nous avons dit en commençant de quelle manière notre brave collègue et ami, le citoyen Bruckner, fut épargné par un soldat à la barricade du faubourg Saint-Antoine. Il y a certainement d'autres exemples de ce genre de la part d'officiers et de soldats. Ce n'est donc pas l'armée entière, l'armée dominée, égarée par le principe d'obéissance passive, qu'il faut surtout accuser, mais bien les chefs supérieurs qui l'ont vendue et poussée au massacre.

A part même l'entraînement à la violence qui se produit dans un corps dont on déchaîne les passions brutales, les troupes étaient elles-mêmes sous la pression de la terreur. Tout acte de pitié de la part des soldats les rendait suspects et les exposait à de sévères châtiments. — Nous sommes effrayé nous-même de ce que nous avons à dire. Tant de cruauté systématique est si peu croyable, que nous craignons toujours de trouver des incrédules ; et cependant nous ne disons rien qui ne soit absolument vrai. Oui, les conjurés du 2 décembre, ceux qui par une fatalité à jamais déplorable ont disposé de l'armée française, sont des hommes si pervers, si méchants, qu'ils ont puni partout jusqu'au moindre mouvement de sensibilité des soldats ! En voici une preuve, placée sous l'autorité d'un magistrat des plus honorables ; nous la trouvons dans l'ouvrage du citoyen Xavier Durrieu : *Le coup d'état de Louis-Bonaparte.*

Londres, 19 mai 1852.

« Je demeure à Argenton (Indre). Dans la
« nuit du 7 au 8 décembre, vingt-six gendarmes
« sont venus pour m'arrêter. Ma femme était
« seule avec ma fille, jeune personne de quinze
« ans. La domestique était couchée de l'autre
« côté de la rue. Ils eussent enfoncé ma porte,
« si ma fille, à qui ils ne laissèrent pas le temps
« de s'habiller, ne se fut hâtée de la leur ouvrir.
« A la vue de ces hommes, qui avaient *le sabre*
« *dans une main et le pistolet dans l'autre*, ma

« pauvre femme, malade depuis longtemps,
« tomba dans des convulsions atroces. Nos voi-
« sins, nos amis, qui s'étaient aperçus de l'ar-
« rivée des gendarmes, et qui savaient quel coup
« cette visite allait lui porter, s'empressèrent
« de se rendre auprès d'elle pour lui donner des
« soins. *Mais ils furent repoussés avec violence,*
« et ma femme, gardée par une partie des gen-
« darmes, pendant que les autres fouillaient
« partout en se faisant accompagner de ma fille,
« fut laissée seule, se tordant dans la douleur,
« et privée de tout secours.

« Cependant un maréchal des logis, nommé
« Veslet, qui ne pouvait supporter plus longtemps
« un pareil spectacle, prit sur lui d'aller cher-
« cher la domestique et de l'amener auprès de
« sa maîtresse. Ce brave homme avait les lar-
« mes aux yeux, et ne pouvait contenir sa propre
« douleur. Eh bien, savez-vous ce qui lui est
« arrivé? IL A ÉTÉ CASSÉ!... On lui a fait un
« crime de son humanité!

J. COUSSET,

« Ex-procureur de la République
« à Confolens (Charente). »

§ IV.

L'historiographe le plus intime de la faction des égorgeurs ne dissimule pas que ses maîtres et ses héros n'aient fait couler le sang innocent. La vérité était trop évidente ; elle avait trop de témoins pour qu'on pût la nier. Il s'applique seulement à justifier le mal, et voici en quels termes : « La proclamation de M. Maupas devait
« et voulait dire pour tout le monde, excepté
« pour les sourds et les aveugles : Il y aura
« aujourd'hui une grande bataille, que *ceux qui*
« *ne veulent pas être tués* n'aillent pas sur le
« champ du combat. Cette pièce *répond et a*
« *répondu à tous les reproches d'inhumanité, à*
« *toutes les évocations de sang innocent répandu*
« que les partis, depuis le fatal *combat* du bou-
« levard Poissonnière, ont essayé de faire re-
« monter jusqu'au gouvernement. » (P. Mayer,
« page 151.)

Le sang innocent répandu, dont M. Mayer parle avec si peu de souci, est cependant, à son propre compte, celui de « *cinquante ou soixante*
« *infortunées victimes.* » (P. 170.) SOIXANTE VICTIMES dans le quartier le plus riche, le plus paisible de la ville, où il est reconnu que pas une barricade ne fut élevée, que pas la moindre résistance ne fut faite!!! Mais, reprend encore

le panégyriste du 2 décembre, « le préfet de « police avait dit clairement à tout le monde : « N'allez pas *sur les boulevards, car les attrou-* « *pements seront dissipés par les armes et sans* « *sommations préalables*, etc. CELA DIT TOUT « ET JUSTIFIE TOUT ! » (Page 171.)

Voilà l'oraison funèbre que M. Mayer accorde à des citoyens innocents, immolés sans distinction d'âge ni de sexe ! C'est vraiment un digne historien du président Obus.

Après la boucherie des boulevards, une partie des morts, restés sur le carreau, furent portés, le soir, dans la Cité Bergère. Un médecin de notre connaissance y a compté soixante-deux cadavres, parmi lesquels ceux de deux ou trois enfants de douze à quinze ans. « Tous, à de « très-rares exceptions près, dit-il, apparte- « naient à la classe aisée ; un grand nombre « étaient fraîchement gantés et en bottes vernies, « l'un d'eux avait encore son lorgnon encastré « dans l'œil droit, à la manière des élégants. Il « était vraiment impossible de les prendre pour « des *bohémiens*, comme disaient les soldats de « leurs adversaires. » Un autre témoin oculaire nous rapporte avoir aussi remarqué les enfants et de plus une femme. « Plusieurs des cadavres, « dit-il, avaient les vêtements percés de coups de « baïonnette à la hauteur du ventre. » Ces victimes, en effet, n'étaient pas toutes tombées sous les décharges des boulevards ; un certain nombre avaient été assassinées à coups de baïonnette.

Dans une liste prétendue authentique des citoyens sacrifiés les 2, 3 et 4 décembre (publiée par P. Mayer), M. Trébuchet, le statisticien officiel, indique *cinquante* personnes comme tuées boulevards des Italiens, Montmartre et Poissonnière. Voici leur condition sociale d'après ce document :

Adde, *libraire*, boulevard Poissonnière, *chez lui.*

Avenel, allumeur de gaz, boulevard Montmartre.

Boyer, *pharmacien*, boulevard des Italiens.

Bertaux, garçon marchand de vins, boulevard des Italiens.

Boyer, cocher, boulevard des Italiens.

Bidois, *employé*, boulevard des Italiens.

Brun, *négociant*, boulevard des Italiens.

Boulet Desbarreaux, *clerc d'huissier*, boulevard Montmartre.

Boquin, *menuisier*, boulevard Montmartre.

Colet, *carrossier*, boulevard Poissonnière.

Carpentier, *clerc d'avoué*, boulevard Montmartre.

Coquard, *propriétaire*, à Vire, boulevard Montmartre.

Charpentier de Belcourt, *négociant*, boulevard Montmartre.

Carrel, tourneur, boulevard Montmartre.

Chaussard, domestique, boulevard Montmartre.

Derains, *avocat*, boulevard Montmartre.

Durand, *charpentier*, boulevard Montmartre.

Devart, *entrepreneur*, boulevard Poissonnière.

Deransart, *coiffeur*, boulevard Poissonnière.

Debauque, *négociant*, boulevard Poissonnière.

Duchesnay, *propriétaire*, boulevard Montmartre.

Friedel, *menuisier*, boulevard Poissonnière.

Février, *propriétaire*, boulevard Poissonnière.

Filly, *commis*, boulevard Poissonnière.

Frois du Chevalier, *négociant*, boulevard Poissonnière.

Gaugeon, domestique, boulevard Montmartre.

Grellier (*demoiselle*), femme de ménage, boulevard Montmartre.

Grimaud, *arçonnier*, boulevard Montmartre.

Hoffe, *rentier*, boulevard Poissonnière.

Jouin, scieur de pierres, boulevard Poissonnière.

Lièvre, *négociant*, boulevard Bonne-Nouvelle.

Lemière, *commis libraire*, boulevard Bonne-Nouvelle.

Labitte, *bijoutier*, boulevard Saint-Martin, *chez lui*.

Lemercier, broyeur, boulevard Poissonnière.

Lelièvre, *commis*, boulevard Poissonnière.

Loly, *homme d'affaires*, boulevard Poissonnière.

Merlet, *ancien sous-préfet*, boulevard Montmartre.

Monnard, domestique, boulevard Montmartre.

Mathos, *chapelier*, boulevard Montmartre.

Maloisel, *coiffeur*, boulevard Poissonnière.

Molin, *courtier*, boulevard Poissonnière.

Pontet, *propriétaire*, boulevard Montmartre.

Poninski (le comte), *rentier*, boulevard Montmartre.

Pilon, ouvrier bijoutier, boulevard Montmartre.

Pariss, *pharmacien*, boulevard Montmartre.

Robert, *peintre en bâtiments*, boulevard Montmartre.

Rio, *professeur de langues*, boulevard Montmartre.

Roussel, *employé*, boulevard Montmartre.

Selan, *propriétaire*, boulevard Montmartre.

Thirion de Montauban, *propriétaire*, boulevard Montmartre [1].

---

[1] M. Thirion est, nous assure-t-on, le père du consul de France à Venezuela. Il avait été attiré sur les boulevards par ses affaires.

Thiébault, paveur, boulevard Montmartre.
Vial, cocher, boulevard Montmartre.

Ou tous ces morts étaient des *insurgés*, des *brigands*, d'après le langage officiel, et l'on voit que parmi eux se trouvent en nombre des négociants, des rentiers, des propriétaires, qu'il s'y rencontre même des nobles ! Ou tous étaient des curieux, des hommes inoffensifs, et alors, qui pourra jamais excuser la conspiration militaire d'avoir volontairement, inutilement, sans aucune nécessité, sans le moindre prétexte sérieux, versé tant de sang innocent ?

A quelque réserve que le caractère national l'obligeât, M. Trébuchet a été forcé par l'évidence de constater que des femmes, des enfants étaient tombés sous les coups des soldats, sauveurs de la société. Il a officiellement enregistré sur la liste mortuaire un enfant nommé Boursier, âgé de 7 ans et demi, et neuf femmes, dont voici les noms :

Mesdames Grellier (demoiselle), femme de ménage.
        Guillard, dame de comptoir.
        Vidal.
        Ledoust, femme de ménage.
        Noël (demoiselle), giletière.
        Raboisson, couturière.

Mesdames Séguin, brodeuse.
        Simas (demoiselle), demoiselle de boutique.[1]

Après ce qu'on vient de lire, après ce qu'on a lu plus haut, page 259, sur les personnes tuées chez elles, concevrait-on, si l'on ne savait pas que M. Bonaparte est le mensonge incarné ; concevrait-on l'audacieuse impudence de cet homme qui, se chargeant de répondre de sa main au *Times*, ose dire : « Quant aux personnes « blessées accidentellement, par bonheur le « nombre s'est élevé à peine à HUIT ou DIX ! » (*Moniteur* du 30 août.)

Le misérable est en face de *cinquante* cadavres de promeneurs, étendus sur les boulevards, de neuf cadavres de femmes, du cadavre d'un enfant de 7 ans, de trois cadavres de citadins, de pauvres citadins tués à travers les vitres, les volets, les rideaux de leurs appartements, tout cela officiellement publié par la préfecture de police (nous ne parlons ici que de ce qu'ils ont avoué eux-mêmes), et il vient dire devant l'Europe qui lit le *Moniteur*, que le nombre des personnes *blessées* accidentellement s'élève à peine à « huit ou dix ! » N'est-ce pas le cas de reprendre les propres paroles si mal adressées par M. Bonaparte au *Times*, et de dire : *En présence*

---

[1]. *Histoire du 2 décembre*, pages 298 à 304.

de documents positifs opposés aux assertions mensongères d'un intéressé, qu'on juge de la bonne foi de S. A. I. monseigneur le prince-président de la république française ?

D'après le soi-disant relevé authentique de M. Trébuchet, le nombre total des personnes étrangères à l'armée, tuées à Paris, dans les journées de décembre, ou mortes des suites de leurs blessures, ne s'élèverait qu'à 191 (P. Mayer, page 170) :

Provenant de l'ambulance de la Cité Bergère (tués sur les boulevards Montmartre et Poissonnière). . . .	35
Transportés par ordre des commissaires de police.	3
Provenant des barricades et portés à la morgue	43
Décédés dans les hôpitaux, la plupart insurgés, *quelques-uns inoffensifs,* morts dans leur domicile . . .	110
Total. . .	191

De quel air dégagé est jeté là négligemment ce *quelques-uns inoffensifs, morts dans leur domicile!* C'est pourtant d'hommes, de femmes lâchement massacrés chez eux, que parlent ainsi les écrivains qui nous appellent les héritiers de Carrier !

Évidemment, ce relevé est inexact. Ainsi, pour ne citer qu'un exemple, sur *neuf femmes* qui s'y trouvent, on ne voit pas celle qui a été *fusillée* par le 36e de ligne ! On n'y compte ensuite que *six* malheureux *passés par les armes !*...

Bien que M. Mayer ait consacré une page d'affirmation à dire que le chiffre de M. Trébuchet est d'une exactitude scrupuleuse, mathématique, il est maintenant reconnu par le *Moniteur* que M. Trébuchet s'est trompé de 200 au moins ! Dans la réponse au *Times*, dont nous parlions tout à l'heure, M. Bonaparte dit : « Tout le « monde le sait, le relevé officiel porte le nom- « bre des personnes tuées pendant l'insurrec- « tion à 380. » (*Moniteur* du 30 août 1852.)

Nous ne savons pas de quoi se compose ce nouveau chiffre officiel, tout aussi peu exact que le premier. Nous ne savons pas non plus si M. Trébuchet se réjouit beaucoup qu'on lui donne, en août, un pareil démenti, après lui avoir fait jurer, en décembre, « devant Dieu et devant les hommes » (Mayer, page 169), que le nombre de 191 était le seul vrai. Les bonapartistes sont de rudes maîtres à servir. Il ne fut jamais de gouvernement au monde qui ait menti aussi effrontément que le leur. C'est le règne des imposteurs.

Il est impossible de donner le nombre réel

des victimes de la conjuration militaire. En province il a été énorme ; mais où trouver les bases d'un dénombrement quelconque, tant que ceux qui ont intérêt à le dissimuler auront les clefs de l'administration? Quant à Paris, où les relevés sont plus faciles, il est certain que l'ancienne liste fournie par M. Trébuchet, et la seconde par M. Bonaparte, sont aussi mensongères l'une que l'autre. Elles n'approchent pas même de la vérité. C'est une guerre d'extermination que les factieux du 2 décembre avaient déclarée à la société française : il s'est trouvé des Radetzki, des Haynau parmi eux, et ils ont exécuté à la lettre l'ordre, signé à l'Élysée, de passer au fil de l'épée tout homme pris construisant ou défendant une barricade. Des soldats fanatisés à l'instar des plantons du *brave et spirituel* colonel Feray, *brûlaient la cervelle* à tous les *démagogues* qu'on leur disait de tuer, « *froidement, avec le plus grand calme,* » comme la guillotine coupe indifféremment toutes les têtes qu'on lui livre.

Deux révélations qui paraissent avoir un grand caractère d'autorité, et qui se confirment l'une par l'autre, portent à 1,200 au moins le nombre des habitants de la capitale que les bonapartistes ont sacrifiés à leur brutale ambition. Nous copions dans le *Times* du 7 septembre la lettre suivante :

« Paris, rue d'Anjou, 1ᵉʳ septembre 1852.

« Monsieur,

« Le *Moniteur* a nié la vérité de votre récit
« des massacres du 4 décembre. L'immense
« crédit dont jouit votre journal dans le monde
« entier m'engage à vous en envoyer le relevé
« authentique tel qu'il m'a été donné par un
« général, le jour même. Vous me permettrez
« de ne pas nommer ce militaire. Il suffira de
« dire qu'il fut appelé au ministère de la
« guerre pour être prêt à remplacer tout géné-
« ral qui serait tué ou blessé, et qu'il est resté
« pendant tout le combat à la disposition du
« ministre, qui lui a montré les papiers origi-
« naux et les rapports qu'il avait reçus de cha-
« que officier supérieur. Le nombre de soldats
« tués fut de 25. Celui des *insurgés* 1,250. Ce
« nombre renferme l'immense quantité de mal-
« heureux spectateurs qui périrent sur les bou-
« levards. Je fais mention du nombre de sol-
« dats tués, parce qu'il me fut communiqué au
« même moment par la même autorité et que le
« gouvernement le publia officiellement deux
« jours plus tard. Le général ajouta que, dans
« les deux catégories, les blessés n'étaient pas
« compris, et que le nombre des morts aug-

« menterait de ceux qui succomberaient à leurs
« blessures.

« Je suis, etc.

« Un Français. »

On sait que le *Times* n'insère jamais de lettres, même non signées, sans en connaître l'auteur.

Déjà le citoyen Victor Hugo avait dit : « Un
« des témoins que nous avons interrogés de-
« mandait à un chef de bataillon de la gen-
« darmerie mobile, laquelle s'est distinguée
« dans ces égorgements : Eh! bien voyons! le
« chiffre, est-ce quatre cents? — L'homme a
« haussé les épaules. — Est-ce six cents? —
« L'homme a hoché la tête.— Est-ce huit cents?
« —Mettez douze cents, dit l'officier, et vous
« n'y serez pas encore. » (*Napoléon le Petit*, page 174.)

Si le nombre des morts est de 1,200, celui des blessés, comme on le pense bien, a dû être au moins égal. Nous ne voyons nulle part d'éléments qui permettent de fixer ce dernier nombre d'une manière précise; mais ce que nous pouvons affirmer, c'est que l'on a offert de l'argent, des récompenses et même la *croix d'honneur* à des blessés! Ceux-là étaient nécessairement placés dans une position à ne pouvoir être transportés « s'ils déblatéraient. » Nous affirmons la chose, nous la tenons d'une personne parfaitement honorable à qui des offres ont été faites. La croix donnée comme indemnité d'assassinat! Voilà un trait qui manquait à l'histoire fort édifiante de la Légion d'honneur. De telles offres prouvent, du reste, que les factieux ne sont pas bien persuadés, quoi qu'ils en disent, de n'avoir massacré sur les boulevards que « des brigands et des forçats libérés. »

Sur le chiffre de 1,200 à 1,250 personnes tuées, à Paris seulement, nous ne croyons pas dépasser la vérité, après toutes les nouvelles informations prises, en disant que plus de la moitié ont péri hors de combat, vilainement, lâchement assassinées!

Cherchons des preuves, si difficiles qu'elles soient à obtenir. Le 4, à midi, quelques hommes de cœur, parmi lesquels les citoyens Artaud, Dussoubs, Lebloy, Longepied, et J. Luneau, ancien lieutenant de la garde républicaine qui avait intrépidement revêtu son uniforme, s'emparèrent de la mairie du 5e arrondissement, où il n'y avait que dix gardes nationaux du poste de service. Ils trouvèrent trois cents fusils et des munitions qu'ils distribuèrent aussitôt. Ils n'étaient pas même assez de combattants pour les employer tous! Le citoyen Dussoubs excita vainement les gardes nationaux présents à se joindre aux défenseurs de la Constitution. Ceux-ci ne se découragèrent pas, ils élevèrent pour se protéger trois barricades qui coupaient en échelons le faubourg Saint-Martin. A deux heures, ils furent abordés par des chasseurs de Vincennes, et, après avoir repoussé deux premières attaques, ils durent céder, vers les trois heures, à un ennemi infiniment plus nombreux qui les prit en tête et en queue, par le haut et par le bas du faubourg. Une trentaine d'hommes, se croyant plus en sûreté dans la mairie, allèrent y chercher un refuge. Ils en furent cruellement punis, car tous, sans en excepter un seul, nous assure le lieutenant Luneau, furent massacrés par les chasseurs de Vincennes !... Un autre, blotti entre des balles de coton qui formaient l'une des barricades (rue des Marais), fut aperçu par le deuxième peloton, et *lardé* à coups de baïonnette. *La Patrie* du 6 décembre dit, en parlant de la barricade de la porte Saint-Martin : « NOS TROUPES N'ONT ÉPARGNÉ AUCUN INSURGÉ. »

Le citoyen Ruin a vu ce même jour, 4, à huit heures du soir, rue Maubert, les cadavres d'une vingtaine de jeunes gens saisis là et fusillés par la gendarmerie mobile concentrée dans ce quartier. A sa connaissance, quinze autres subirent le même sort vers minuit rue Rambuteau.

De huit à neuf heures du soir, nous est-il encore affirmé, un feu peu nourri s'engagea au bas des rues Saint-Jacques et de la Harpe; trente-cinq hommes environ, presque tous sans armes et occupés à faire une barricade, furent pris entre deux bataillons qui se contentèrent de les mener au Luxembourg. Le général Sauboul, commandant la brigade de ce quartier, reprocha durement aux officiers de n'avoir pas exécuté les ordres du ministre de la guerre, et il fit égorger les trente-cinq prisonniers!...

La preuve de ce crime, nous demandera-t-on? Nous répondons : Elle sera produite quand il deviendra possible de dire la vérité en France sans craindre la transportation. On nous avait aussi affirmé que vingt-cinq ou trente prisonniers avaient été passés par les armes à onze heures du soir au coin de la rue Mandar. Le même scrupule (la crainte de compromettre un témoin encore à Paris) nous aurait empêché d'en fournir la preuve si M. Mauduit, parfaitement instruit de tous les faits militaires, n'était venu donner à cette révélation une authenticité presque officielle : « Le 4, dit-il, vers neuf heures du
« soir, une colonne du 51e enlève, non sans per-
« tes, toutes les barricades que l'on venait de
« reconstruire dans la rue Montorgueil et du
« Petit-Carreau. Des fouilles sont aussitôt or-
« données chez les marchands de vin, une cen-
« taine de prisonniers y sont faits, ayant la plu-
« part les mains encore noires de poudre, preuve

« évidente de leur participation au combat ;
« *comment alors ne pas appliquer* A BON NOMBRE
« D'ENTRE EUX *les terribles prescriptions de*
« *l'état de siége ?* » (Mauduit, *Révolution militaire*, page 248.)

Singulier langage, vraiment! Voilà des scélérats qui s'embusquent dans un bois ; le capitaine fait un ordre du jour où il déclare que tous les voyageurs qui passeront devront être dépouillés et assassinés. Puis l'historien de la bande s'en vient, d'un air de componction, nous dire : « Cent voyageurs passèrent. Comment alors ne pas appliquer à bon nombre d'entre eux les terribles prescriptions du capitaine ? »

« Plus d'une fois, nous écrivait une personne
« étrangère à la politique, mais révoltée de ce
« qu'elle a vu, plus d'une fois on a sacrifié des
« malheureux soupçonnés seulement de s'être
« battus ; on les amenait au coin d'une rue ou
« dans une cour de maison, et on les fusillait sans
« vouloir rien entendre. Un ecclésiastique qui
« habite près de la cour des Postes m'a dit
« avoir entendu, rue Jean-Jacques-Rousseau,
« dans la nuit du 3 au 4, des cris et des sup-
« plications de personnes qui demandaient
« grâce de la vie, et qui protestaient de leur
« innocence ; sept coups de fusil résonnèrent à
« une minute de distance l'un de l'autre, et puis
« plus rien. Une dame qui m'a parlé a vu, de

« ses yeux, le 4, dans la cour d'une maison,
« quatorze cadavres, au nombre desquels ceux
« de plusieurs enfants de douze à quinze ans
« et celui d'un vieillard qui tenait encore à la
« main un parapluie. »

Nous nous rendons très-bien compte de l'incrédulité que de pareilles tueries peuvent rencontrer dans l'esprit du lecteur. Et cependant il est impossible de les mettre en doute. Elles ne sont que le résultat des sanguinaires consignes parties de l'Élysée. Il faut y croire, malgré toutes les révoltes du cœur; les propres aveux des bourreaux sont là pour forcer la foi. M. le lieutenant-colonel Lebrun, du 58e de ligne, président d'un des conseils de guerre de Paris, a déclaré en pleine audience que LES ORDRES DE FUSILLER LES PRISONNIERS ÉTAIENT FORMELS!!! Cette déclaration a été enregistrée par tous les journaux de Paris.

Et on ne tua pas seulement sur place. Les troupes, malgré les prescriptions de l'état de siége et l'ordre du jour Saint-Arnaud, firent des prisonniers, au sujet desquels il court mille rumeurs sanglantes. Il paraît certain que des exécutions nocturnes ont eu lieu à la Préfecture de police, à la Conciergerie, à Mazas, au Champ-de-Mars.

M. Domengé nous dit : « J'ai vu à Paris, dans une maison de la rue de Grenelle Saint-Honoré, un gendarme mobile saisi d'une fièvre chaude causée par le remords d'avoir participé aux assassinats de la Préfecture de police. Ce malheureux voyait, dans ses accès de délire, les fantômes de ceux qu'il avait fusillés. La voix publique attribue à des remords de même nature le suicide d'un sergent de ville qui s'est brûlé la cervelle à Montrouge. Deux de mes plus intimes amis rentrant chez eux le 4, vers neuf heures du soir, ont rencontré une forte troupe de gendarmes mobiles et de sergents de ville qui menaient une soixantaine de prisonniers le long du Louvre, dans la direction des Champs-Élysées. Au moment où ils passaient sur le pont des Arts, un de ces malheureux leur cria : « Adieu, frères! on va nous fusiller! » Et sa voix fut étouffée immédiatement.

On lit, dans une lettre d'un détenu du fort d'Ivry, qu'un journal de Bruxelles a publiée le 10 mai : « Parmi nos compagnons s'en trouvait
« un âgé de dix-sept ans. Il nous raconta sou-
« vent que, le 4 décembre, en présence d'un
« grand nombre de prisonniers, parmi lesquels
« il se trouvait, on en avait fusillé dix-sept à
« Mazas. Ce spectacle l'avait profondément
« ébranlé, et il en souffrait encore. »

Nous trouvons dans une de nos correspondances : « Pendant que les juges délégués au parquet de Paris commençaient à instruire le procès des défenseurs de la Constitution, un magistrat a été témoin de ceci. Des brigadiers de gendarmerie venaient inspecter les mains des prisonniers, puis quand ils en trouvaient dont l'état annonçait qu'ils avaient pris part au combat, ils les arrachaient à la justice déjà saisie, pour les fusiller dans la cour. Partout les soldats ont exécuté la loi martiale, et passé par les armes des hommes placés sous l'égide de la loi, sous la protection même des juges.

M. Magen relate les ténébreuses confidences qu'on va lire : « Après trois jours passés dans « les corps de garde et les casernes de Ménil« montant et du faubourg du Temple, Guillot, « délégué de Belleville au comité socialiste, fut « conduit à la Préfecture le 6 décembre. Dans « un petit bureau où on le fit entrer, il enten« dit parfaitement ces mots qu'à mi-voix un « agent disait à l'employé de service : « La voi« ture est là pour emporter les cadavres. » « Guillot était en compagnie des citoyens Ve« nart et Castellino ; on les conduisit dans une « espèce de cellule où celui qui distribuait le « pain, un boiteux, leur dit mystérieusement : « Il est heureux pour vous de n'être arrivés « qu'aujourd'hui à la Préfecture ; il s'y est « passé de terribles choses ces jours derniers. » (*Mystères du 2 décembre*, page 78.)

Qu'il y ait eu des exécutions à la Préfecture

de police, c'est ce dont il est impossible de douter. Après le rapport de M. Magen, nous avons l'affirmation de l'ancien lieutenant-colonel de la garde républicaine, M. Caillaud, arrêté le 4 au milieu du jour et mené à la Préfecture. Il entendit pendant presque toute la nuit des cris, tantôt aigus, tantôt plaintifs. Mais on va lire un fait plus précis et sur lequel les souvenirs du colonel Caillaud ne lui laissent aucune espèce de doute. Ce que nous allons répéter, il nous l'a certifié de la façon la plus positive.

Le 5 décembre, à neuf heures du matin, M*** (le colonel Caillaud ne se rappelle pas le nom, mais il est facile de le retrouver, c'est le beau-frère du général Leflô, juge d'instruction à Morlaix); M*** entre dans une cellule où était le citoyen Caillaud avec sept ou huit autres prisonniers. Il avait la figure bouleversée, l'air consterné; on s'étonne de tant de faiblesse. « Ah! dit-il, ce n'est pas de moi qu'il s'agit, je suis encore tout épouvanté du spectacle que je viens d'avoir sous les yeux... Là, tout à l'heure, au moment où ma voiture touchait au coin de la rue de Jérusalem, j'ai vu sortir un homme en casquette et en blouse bleue, marchant devant trois gardes républicains. Ils l'ont mené à l'entrée de la descente qui conduit au bord de l'eau en face de la rue de Jérusalem, et deux de ces soldats ont tiré sur lui par derrière, à quelques pas de distance ! Il est tombé, le troisième garde s'est alors approché et, remarquant sans doute qu'il n'était pas mort, il lui a tiré à bout portant un coup dans la tête... » Le lendemain le colonel Caillaud interpella un gardien qu'il connaissait sur la mort de cet infortuné ; le gardien nia d'abord, et finit par convenir que tout était vrai !

Les noms sont attachés au récit que nous venons de transcrire. Voyons, assassins de l'Élysée, qu'avez-vous à répondre ? Comment pourrez-vous jamais expier tout ce sang répandu, et le noble caractère du militaire français que vous avez avili en poussant de malheureux soldats enivrés et aveuglés à des meurtres abominables ?

Ces massacres dans les prisons sont de notoriété publique à Paris ; nous en avons mentionné ce qui revêtait à nos yeux tous les caractères de la vérité. Nous avons rejeté bien des notes dont les personnes à qui nous les devions ne pouvaient se nommer. Ces personnes assurément ne nous sont pas suspectes ; mais leurs récits contenaient des choses si énormes, qu'il ne nous a pas paru possible de les publier sans une garantie pour le lecteur. La terreur enveloppe encore les détails et l'étendue des décembrisades d'un mystère qui sera pénétré un jour.

Nous fermerons donc cette douloureuse nomenclature en citant deux derniers faits que personne ne révoquera en doute, car nous les tenons de M. Deville, le professeur d'anatomie. Il importe qu'on sache bien de quelle aveugle fureur les condottieri du 2 décembre avaient animé de malheureux soldats auxquels l'ivresse enlevait la raison.

M. Deville, n'ayant été arrêté que le 13 décembre, a pu suivre les hôpitaux où se trouvaient des blessés des barricades. La plupart étaient, dit-il, horriblement maltraités. Il a remarqué, entre autres, dans le service de M. Velpeau, à la Charité, un homme (un Rouennais) qui était tombé blessé à la barricade de la rue Montorgueil. Lorsque la troupe parvint à s'emparer de cette barricade, les soldats, le voyant à terre, lui avaient tiré plusieurs coups de feu dont deux avaient occasionné de nouvelles et graves blessures, puis ils l'avaient *lardé* à coups de baïonnette. *Onze plaies* éparses sur son corps attestaient la férocité des vainqueurs ! Et, il faut le dire, il se plaignait d'avoir été ensuite dépouillé par eux de tout ce qu'il portait sur lui, sans excepter son mouchoir ! Parlez donc du gendarme de Clamecy !

Le second cas observé à la Charité par M. le professeur Deville est celui d'un jeune homme dont l'histoire est aussi merveilleuse que lamentable. Ce jeune homme traversait le Pont-Neuf le 4 décembre. Il portait une carabine cachée sous sa blouse. Des gendarmes mobiles qui gardaient le pont aperçurent l'arme, et tirèrent aussitôt sur l'homme comme sur une bête fauve! Une balle lui fracassa le haut de la cuisse ; il tomba; un gendarme courut à lui et le lança par-dessus le parapet dans la rivière!... Mais le froid de l'eau lui ayant fait reprendre ses sens, il avait eu le courage et la force, malgré son horrible blessure, de nager jusqu'aux bains de la Samaritaine, où il s'était accroché, et avait été recueilli par des étrangers qui le portèrent à la Charité. Il y guérit!

Nous nous rappelons avoir connu, au Mexique, un homme qui avait été une fois fusillé et une fois pendu lors de la guerre d'indépendance. L'histoire de notre heureux concitoyen a failli être plus extraordinaire encore, puisque, après avoir été, le même jour, fusillé et noyé, l'autorité judiciaire avait ordonné de le poursuivre comme combattant des barricades ! Il ne manquait plus aux braves du 2 décembre que de l'assassiner une troisième fois en vertu d'un bon jugement de ces conseils de guerre qui condamnent aujourd'hui à mort leurs plus courageux adversaires. Le procès était commencé ; on avait trouvé des juges pour l'instruire, comme on trouve toujours des bourreaux pour pendre. Cependant, malgré la main mise sur la presse, cette affaire fut connue, l'opinion publique s'en émut; sur quoi un digne magistrat du prince clément a dit : « Eh bien ! nous tournerons la difficulté : nous ne le jugerons pas, puisque cela produirait un mauvais effet; nous allons tout simplement le transporter. » Et, nous assure-t-on, il a été transporté !

Chose étrange, presque surnaturelle, parmi les citoyens que les soldats massacrèrent par ordre, il en est un autre qui ressuscita. La mort elle même a été moins implacable que les décembriseurs! Elle n'a pas accepté tous ceux qu'on lui envoyait; elle en a laissé quelques-uns sortir du tombeau, comme si elle voulait qu'ils pussent venir témoigner devant le monde entier et convaincre les plus incrédules, en faisant toucher à chacun les plaies de leurs corps troués par les balles des lâches. Le citoyen Voisin, membre du conseil général de Limoges, pris en combattant à la barricade Montorgueil, fut passé par les armes quelques heures après ! L'officier qui commandait cette bonapartisade vint lui donner un coup de pointe pour s'assurer qu'il était bien mort! Nous disons que l'officier français qui commandait cette bonapartisade vint donner au fusillé un coup de pointe pour s'assurer qu'il était bien mort!!

Cependant, par un de ces hasards dont il y a quelques exemples, ni les quinze balles que le citoyen Voisin avait reçues, ni le coup de sabre du boucher à épaulettes d'or n'étaient mortels. Il fut ramassé par une vieille femme et conduit à l'hospice Dubois. La police des insurgés le découvrit là, et à peine convalescent elle s'empara de lui! Les détenus du fort d'Ivry le virent arriver à la fin de mars, non encore guéri; ils entendirent de sa bouche le récit de la violation de toutes les lois de l'humanité et de l'honneur dont il avait été l'objet; ils comptèrent sur son corps les seize cicatrices. La justice intervint; mais, le croirait-on? ce n'est pas aux égorgeurs de prisonniers qu'elle s'attaqua, ce fut au prisonnier égorgé! La justice de France a passé au service des assassins. Un magistrat, oui, un magistrat français, se chargea d'interroger *le coupable!* En vain lui dit-il : Je n'existe plus pour vous, j'ai été fusillé, je suis mort, *non bis in idem*. Il n'en fut pas moins condamné à la déportation! Et il est aujourd'hui en Afrique!!...

Ce que nous venons de dire est vrai, absolument vrai; nous le tenons directement de M. Napias qui a vécu avec M. Voisin, à Ivry, dans la même casemate.

Il est vrai aussi que l'évêque de Nevers, voulant célébrer le passage à Nevers du héros de ces boucheries, a permis solennellement « de faire gras » le jour où M. Louis-Napoléon Bonaparte était dans la ville épiscopale, « bien que ce fût mardi des Quatre-Temps. » Ce qui explique comme quoi le sanglant triomphateur a répondu au discours de l'évêque : « Monseigneur, je suis très-sensible aux sentiments que vous venez de m'exprimez ; *c'est à l'aide des prières des prélats qui vous ressemblent* que j'espère rétablir en France l'ordre et la sécurité et obtenir du ciel la prospérité de notre pays. » (*Dépêche télégraphique* du 16 septembre.)

Quant à l'homme assassiné sur le Pont-Neuf par les compagnons de ce prince pieux, si un fait rapporté par M. Deville, comme témoin oculaire, avait besoin de confirmation, nous dirions que celui de l'homme du Pont-Neuf a été avoué, en ces propres termes, par M. Mauduit, le panégyriste de l'armée du 2 décembre :

« Un individu, porteur d'armes *sous sa blouse*,
« ayant été arrêté au moment où il voulait
« forcer la consigne, *fut fusillé* à l'entrée du
« Pont-Neuf, *et son corps jeté aussitôt à la*
« *Seine,* etc. Il se nommait Berger, jardinier à
« Passy. Il a survécu à sa blessure, et *a osé*
« protester de son innocence en disant que sa
« carabine était hors de service, tandis qu'elle
« était chargée. » (Mauduit, page 238.) Parmi ces bonapartistes, on ne sait quels sont les plus haïssables, des égorgeurs ou des historiens. En voilà qui, après avoir fusillé un homme, le

jettent, encore vivant, à la rivière parce qu'il a une carabine *sous* sa blouse ; et un autre, en vous racontant une pareille atrocité, s'indigne de quoi ? de ce que cet homme *ose* protester de son *innocence* tandis que son arme était chargée !

Au surplus, le malheureux Berger n'est pas le seul que les généraux des cinq ou six mille coquins aient ainsi traité, le capitaine Mauduit se charge de le constater avec une sauvage désinvolture : « Il n'y eut rien de sérieux dans « la Cité ; tout s'y borna à un émeutier tué et à « trois individus arrêtés, porteurs d'armes, de « munitions, de proclamations ou de fausses « nouvelles, et *qui furent passés par les armes* « *et lancés dans la Seine.* » (Page 240.)

Rien de sérieux, on a seulement fusillé et jeté à l'eau trois hommes parce qu'ils portaient des armes ou de fausses nouvelles !!! Oh ! les modérés, les modérés [1]...

---

[1] Le capitaine Mauduit est un type parfait du modéré, et, sous ce rapport, il ne sera pas sans intérêt d'observer une minute cet ennemi forcené des socialistes. Celui qui raconte, avec l'horrible sang-froid qu'on vient de voir, les actes monstrueux du jour fondait tendrement en larmes, le matin, en suppliant le Seigneur de bénir les drapeaux du parjure !

« Pendant que l'armée de Paris, dit-il, marchait au « combat, je me dirigeai, le cœur profondément agité, « vers l'église de Saint-Roch ; j'y entrai au moment où

Est-ce bien en France, ou chez un peuple de cannibales, que se passent de pareilles choses ?

Nous le demandons sans colère : que peut-on penser de l'état moral d'une armée où des sol-

« le ministre de Jésus-Christ montait à l'autel de la
« Vierge pour y célébrer le saint sacrifice.

« Je m'agenouillai, mon front s'inclina, mon cœur
« s'émut, mes yeux se mouillèrent, et bientôt des larmes
« abondantes tombèrent sur mon prie-Dieu. » (*Révolu-
« tion militaire*, etc., page 204.)

Pour bien faire connaître la nature de pareils hommes, pour dévoiler ce qu'il y a au fond de leur cœur, il faut rapprocher de ces élans religieux le passage suivant du même livre :

« En 1840, dit M. Mauduit, je me reposais de mes
« fatigues de conjuré de Henri V, dans l'une des plus
« gracieuses villas du bois de Boulogne. Je m'y livrais
« *aux douces jouissances de famille...* J'assistais, en
« voisin de charmille, aux tendres épanchements de
« l'un des ministres les plus austères du roi dont je
« sapais le piédestal depuis dix ans. J'assistais aux rou-
« coulements de ce tourtereau de cinquante-huit ans
« avec une tourterelle de soixante, et déjà célèbre en
« Europe ; je souriais, du milieu d'une touffe épaisse
« de lilas, aux agaceries amoureuses de ce puritain gene-
« vois. J'étudiais, à la faveur d'une lampe merveilleuse
« dont le reflet frappait d'aplomb sur le visage de la
« belle étrangère, j'étudiais, dis-je, à la faveur de l'astre
« des amants, en ce moment dans toute sa splendeur,
« les émotions de cet intermède amoureux, lorsque je
« m'entends appeler dans le jardin. Il était neuf heures

dats tirent sur un homme qui passe, uniquement parce qu'il porte une carabine ; une carabine dont évidemment il ne se servait pas alors, puisqu'elle était *sous sa blouse?* Que peut-on penser des sentiments d'honneur et de patriotisme des soldats qui, après avoir abattu cet homme, leur concitoyen, le jettent à l'eau, sanglant et tout vivant? Nous le demandons avec calme, que peut-on penser de l'humanité des amis de l'ordre et de la religion, qui disent aux troupes coupables de ces froides barbaries, quatre fois répétées en deux jours : « Honneur,

« du soir et je ne saurais dire ce qui se passa après le
« baiser dont je fus le témoin. Honni soit qui mal y
« pense. » (Page 52.)

Quelles peintures ! Quels détails ! Voyez-vous ce héros d'ordre et de morale. Il ne se contente pas tour à tour de pleurer au pied de l'autel de la Vierge, et de se cacher dans les buissons pour étudier « les émotions d'un intermède amoureux; » il se réserve d'ajouter à ce bas et obscène espionnage l'indignité plus grande encore de divulguer ce qu'il a vu, et ce qu'il n'a pas vu !...

Nous ne connaissons guère de caractère qui nous paraisse plus beau, plus enviable que celui d'un homme vraiment modéré, maître de ses passions, charitable, indulgent pour les fautes d'autrui; mais nous n'en connaissons pas de plus odieux que celui de ces hommes méchants, impitoyables, dévots et libidineux, qui ont déshonoré le nom presque sublime de modéré en se l'appliquant.

gloire et pensions à vous ! Vous avez sauvé la société ! » Nous le demandons sans haine, que peut-on penser des idées chrétiennes d'archevêques comme M. Sibour, qui disent en bénissant les étendards de l'armée de décembre : « Les « armées sont dans la main de Dieu comme de « puissants instruments d'ordre public ! »

Ces actes féroces sont dus à des soldats sans haine personnelle pour les victimes, soumis à la discipline, guidés par des chefs instruits. Comparez leur affreuse multiplicité avec les trois ou quatre faits de cruauté à jamais regrettables que l'on peut reprocher à la résistance; cruautés produites, d'ailleurs, par des vengeances privées, commises par des hommes complétement incultes, isolés, et que réprouve le généreux parti dont ils usurpent le drapeau. Comparez, et dites ce que pèse l'assassinat des trois malheureux gendarmes de Bédarieux, si horrible qu'il soit, auprès de cette masse énorme de crimes hideux, *loués, glorifiés, récompensés* par les civilisateurs du 2 décembre et *bénis* par leurs prêtres !

§ V.

Et nous ne disons pas tout, bien s'en faut ! Il est impossible de savoir encore la vérité entière. On en jugera par ce que nous écrivait, à la date du 20 février, un patriote dévoué, auquel nous avions demandé quelques preuves irrécusables :

« Vous ne sauriez croire le nombre de démar-
« ches directes et indirectes qu'il faut faire pour
« arriver au moindre renseignement certain.
« Chacun se tait rigoureusement, non-seulement
« pour ne pas se compromettre soi-même, mais
« pour ne pas compromettre les victimes vivan-
« tes des attentats. Ce qu'il est surtout impossi-
« ble d'obtenir, ce sont les noms de témoins que
« vous demandez toujours pour garantir des
« faits. Tant d'individus ont été arrêtés pour une
« plainte, transportés pour un mot, exilés pour
« avoir *bavardé*, que tous tremblent et aiment
« mieux taire même leurs propres griefs que
« risquer l'emprisonnement ou l'exil. Soyez sûr
« que vous ne trouverez ni un homme, ni non
« plus une femme (car les femmes ne sont pas
« épargnées), voulant rester en France, qui ha-
« sarde sa signature au bas d'une révélation
« quelconque. Plus le fait est grave, plus l'at-
« testation serait dangereuse. Signer une décla-
« ration publique de ce genre, serait signer tout
« au moins son arrêt de bannissement. Il y a
« encore, chaque jour, des arrestations *pour*
« *propos tenus* dans le cercle restreint d'un
« salon. Les espions sont partout : en blouse, en
« *habit, en uniforme, en robe de dentelle, en bon-*
« *net.* On vous enlève de chez vous, on vous

« jette en prison, et tout est dit. Vous y restez
« tant qu'il plaît à ces messieurs, heureux en-
« core quand on ne vous envoie pas à Cayenne
« ou à Lambessa. Vous ne pouvez imaginer cet
« odieux régime ; c'est au point que quiconque
« l'approuve ou l'excuse ne peut être qu'un in-
« fâme. »

Les vainqueurs du 2 décembre ne s'en tiennent pas effectivement à la force ouverte, ils poussent l'affreux système de l'espionnage plus loin qu'on ne le fit aux époques les plus laides de l'histoire.

Grâce à ces grands amis de l'ordre, tous les esprits en France sont saisis d'une inquiétude pleine de soupçon ; chacun se demande s'il peut se fier à son voisin. A Paris surtout, comme la ville et les faubourgs sont peuplés de mouchards en habit noir et en veste, on ne s'aborde plus qu'avec une réserve extrême. La façon dont on engage la conversation sur le terrain de la politique ressemble à ce que la Fontaine raconte si bien de Raton tirant les marrons du feu. On se tâte, on s'avance, on se retire, et pour peu qu'à un mot échappé, à une inflexion de voix, on ait jugé qu'on ne soit pas en face d'un agent de M. Maupas, c'est une explosion de colère commune.

Ceci peint tout à la fois et la terreur que produisent les arrestations arbitraires en masse, et les sentiments qui sont au fond de beaucoup de cœurs honnêtes, mais trop craintifs.

Oh! oui, vraiment, l'ordre qui règne dans notre malheureux pays est une chose haïssable; nul n'y est en sûreté, nul n'y trouve de garantie. C'est le régime russe avec toutes ses surprises, toutes ses fantaisies, tous ses excès, l'anarchie de l'arbitraire le plus effréné. Venise, aux plus mauvais temps du conseil des Dix, ne vit jamais rien de pareil. Le règne qu'ont sanctionné, dit-on, sept millions et demi de suffrages est le règne du silence, de la peur et de la délation. Depuis que les bonapartistes sont tout à fait les maîtres, la France est sous l'empire de cette terreur qui remplit l'air à de certaines époques néfastes, et qui s'infiltre peu à peu jusque dans les âmes les plus fortes. Voyez plutôt : on nous indique une famille qui, deux jours après la bataille, avait recueilli et soigné un blessé; nous faisons prendre des informations... On ne veut rien dire; on a peur de raconter aujourd'hui ce qu'on n'a pas eu peur de faire au plus fort du danger. Les âmes se sont affaissées.

On s'expliquera sans peine, après ce qu'on vient de lire, que nous ne donnions les noms d'aucune personne encore en France à qui nous devons des renseignements. Le jour où le gouvernement des casemates, de la déportation, de la police et de l'assassinat ne craindra pas que la lumière se fasse sur ses actes, et laissera les juges seuls condamner les calomniateurs si on le calomnie, ce jour-là nous dirons nos correspondants, et l'on verra mille voix s'élever terribles, éclatantes, vengeresses, pour accuser les crimes du 2 décembre.

Tout ce que nous pouvons répéter dans notre âme et conscience, c'est que pas une page de ce livre n'a été écrite légèrement ; c'est que tous nos auteurs sont des personnes sérieuses ; c'est que nous avons étouffé nos passions contre les proscripteurs pour ne rien pousser trop loin ; c'est que nous avons recherché la vérité avec scrupule et respect, comme on doit le faire lorsqu'on dépose au tribunal de l'histoire.

Après tout, il est échappé assez d'aveux aux conjurés pour confirmer d'une manière absolue la vérité de ce que nous avons avancé, pour ne pas laisser le moindre doute au dernier des incrédules.

Où trouver des preuves plus irrécusables que celles émanant des journaux ou des généraux du guet-apens ? Eh bien, lisez.

« *Quatre heures du soir*. — La barricade de
« la porte Saint-Denis, où l'émeute avait con-
« centré toutes ses forces, vient d'être enlevée
« par la troupe *à coups de canon* et après une
« vive fusillade. *Nous n'avons eu que quelques*
« *soldats blessés*. L'intérieur de la barricade est

« rempli des cadavres de ceux qui s'étaient char-
« gés de la défendre. Ceux qui ont échappé se
« sont repliés sur la porte Saint-Martin, où ils
« se sont trouvés entre deux feux. NOS TROUPES
« N'ONT ÉPARGNÉ AUCUN INSURGÉ. » (*Patrie*, 5
décembre.)

Essayez de traduire ces derniers mots autrement que par ceux-ci : « Nos troupes ont massacré tous les prisonniers tombés entre leurs mains. »

Le *Moniteur parisien* va nous dire maintenant, sous sa responsabilité de journal dévoué, comment de simples officiers mêmes, et tout seuls, faisaient aussi fusiller à tort et à travers :

« Un ancien gardien de Paris, reconnu comme
« ayant fait partie de la *bande* des Montagnards
« de Sobrier et Caussidière, passait aujourd'hui,
« vers deux heures après midi, sur le pont
« Saint-Michel, et menaçait les gardes républi-
« cains qui étaient en sentinelle. Arrêté et con-
« duit à la préfecture de police, on a trouvé sur
« lui des munitions et deux poignards. Comme
« *il opposait une vive résistance aux gardes qui
« le conduisaient,* persistant dans ses menaces
« et proférant des cris de mort contre les agents
« de l'autorité, *le chef du poste* L'A FAIT FUSIL-
« LER *par deux de ses soldats dans la rue de
« Jérusalem.* Il avait une blessure au bras droit,
« et ses mains étaient encore toutes noircies par

« la poudre des barricades. » (*Moniteur parisien*, 6 décembre.)

Voici donc un lieutenant, ou un sous-lieutenant, ou un capitaine, qui, de son autorité privée, fait mettre à mort un homme au coin d'une rue, parce que cet homme aurait opposé résistance ou adressé quelques injures aux gardes qui l'arrêtaient !...

Quelle différence y a-t-il entre ce meurtre infâme et celui du général Bréa, tant et si perfidement exploité par la réaction contre la république, quoiqu'il ait été commis par des bonapartistes [1] ?

Suivons : « Plus tard, dans la soirée du 3,
« de nouvelles barricades ayant été construites
« dans la rue Beaubourg, le colonel Chapuis,
« du 3e de ligne, emmenant avec lui un batail-
« lon de son régiment et une compagnie du
« génie, parcourut de nouveau ces quartiers et
« essuya un feu très-vif qui ne put arrêter
« l'élan de la colonne. Tous les obstacles furent
« enlevés au pas de course, *et ceux qui les*
« *défendaient* PASSÉS PAR LES ARMES. » (*Rap-
« port* du général Magnan, 9 décembre.)

Ils l'avouent !... Le général en chef de l'armée

---

[1] Voyez aux ANNEXES, n° 3, *l'assassinat du général Bréa a été commis par les bonapartistes.*

des insurgés l'avoue ! ils ont passé par les armes des prisonniers !!

Des feuilles hollandaises contiennent l'extrait suivant d'une lettre de Java du 2 mai de cette année :

« Dans un des derniers combats qu'une par-
« tie de la garnison de Patnam eut à soutenir
« contre les tribus sauvages de l'intérieur, un
« soldat hollandais fut blessé et tomba entre les
« mains des sauvages, qui, on le sait, étranglent
« tous leurs prisonniers, etc. »

L'écrivain hollandais semble croire qu'il n'y a plus sur la terre que les sauvages des environs de Patnam qui mettent à mort leurs prisonniers. Qu'il se détrompe. Il existe en France une tribu d'autres sauvages, appelés les bonapartistes, qui, réfractaires à toute civilisation, rivalisent avec ceux de Patnam ; seulement, au lieu d'étrangler leurs prisonniers, ils les fusillent. Hâtons-nous de le dire pour l'honneur de notre siècle, on ne connaît plus sur le globe que les hordes javanaises et les hordes bonapartistes qui n'aient point renoncé à ces coutumes barbares.

Les prisonniers fussent-ils des criminels, ce serait toujours une atrocité que de les massacrer. Mais les terroristes du 2 décembre présenteront les choses comme ils voudront, ils pourront répéter à satiété toutes les déclamations de la rue de Poitiers contre les rouges, nous les défions de prouver que les vaincus, lâchement baïonnettés par le colonel Chapuis, n'étaient pas des hommes qui accomplissaient un devoir en soutenant les pouvoirs constitués, l'ordre établi. Dira-t-on qu'il ne fallait pas recourir aux armes? Mais comment défendre sans coups de fusil la Constitution attaquée à coups de canon?

Il n'est pas un légiste en France, en Europe, pas un tribunal sur la terre, pas un conseil d'hommes d'État, fût-ce à Vienne ou à Pétersbourg, qui ne déclarera le colonel Chapuis et ceux qui ont exécuté ses ordres coupables d'un assassinat politique. Le triomphe des conjurés de décembre ne les justifie pas plus que le succès ne justifie l'empoisonneur heureux et impuni. Ils sont aux Tuileries, soit : il n'en reste pas moins certain, incontestable, que le droit, la loi, la Constitution étaient du côté des citoyens qui faisaient et défendaient des barricades.

Les hommes qui moururent alors sous les balles parricides de la troupe sont les martyrs des temps modernes. Honte à leurs bourreaux !

Nous avons, de la bouche des insurgés, un autre aveu des odieux homicides qu'ils ont commis contre tout droit des gens. Au milieu de la liste des morts n'appartenant pas à l'armée, liste fournie par M. P. Mayer, on trouve six N avec cette note : « Inconnus, dont on n'a pu constater « l'identité, PASSÉS PAR LES ARMES, ou trouvés

« morts sur les barricades » (page 301). La chose est dite fort tranquillement, mais elle établit officiellement une fois de plus qu'il y a eu des hommes **PASSÉS PAR LES ARMES** après le combat! Quand on récompense et glorifie l'armée souillée de tels forfaits, on peut se donner à soi-même le titre de modéré, mais on ne méritera jamais que celui de barbare.

Lisez maintenant, dans *la Patrie* du 11 décembre, une lettre signée *Vincent N.*, *caporal aux chasseurs d'Afrique :*

« A la deuxième barricade, dans une maison
« d'où l'on a tiré le plus de coups de fusil, et où
« nous sommes entrés, nous avons trouvé plus
« de trois cents *insurgés*. On aurait pu les pas-
« ser à la baïonnette; mais, comme le Français
« est toujours humain, nous ne l'avons pas fait.
« Il n'y a que *ceux qui n'ont pas voulu se rendre*
« *qui* ONT ÉTÉ FUSILLÉS SUR-LE-CHAMP. Dans
« une chambre, nous en avons trouvé qui de-
« mandaient pardon, en criant : Nous n'avons
« rien fait, nous faisons des remèdes pour les
« blessés ; mais ils avaient bien soin de cacher
« plusieurs moules et cinq ou six cuillers ou
« fourchettes en plomb avec lesquelles ils fon-
« daient des balles. NOUS AVONS TUÉ UN INDIVIDU
« qui, en tombant, s'écriait : *Ne me tuez pas,*
« *car ce serait malheureux de mourir pour dix*
« *francs.*

« Je craignais beaucoup les émeutes à Paris ; « je croyais toujours que l'on se battait pour un « parti ou l'autre, ou bien contre des ouvriers « qui demandent du travail. Mais on n'a pas « trouvé parmi *ces individus un ouvrier digne* « *de figurer au nombre des travailleurs.* Ce « *sont des hommes qui sont poussés par l'ar-* « *gent, et qui se battent sans savoir ni pour* « *qui ni pour quoi. Ils ne cherchent qu'à pil-* « *ler.* Les ouvriers intelligents, ainsi que les « habitants, les dénoncent eux-mêmes ou les « font prendre. Les habitants ne sont contents « que quand ils voient la troupe garder leurs « maisons.

« Nous avons passé plusieurs nuits dehors « sur les boulevards, mais nous n'étions pas « malheureux. Tous les habitants *vidaient leurs* « *caves pour donner du vin aux soldats,* fai-« saient la soupe et donnaient du bois pour nous « chauffer toute la nuit. On criait de toutes parts : « *Ne les ménagez pas, fusillez-les de suite.* »

Par cette lettre, que *la Patrie* recueille avec amour, on peut juger des idées et des sentiments que les chefs avaient su inspirer aux soldats. Le caporal Vincent N. ne dissimule pas qu'ils ont FUSILLÉ SUR-LE-CHAMP les constitutionnels *qui ne voulaient pas se rendre,* et TUÉ un malheureux qui demandait la vie! Le caporal Vincent répète que les héros de la loi se battaient pour de l'argent, et au même instant il déclare que « les honnêtes gens » vidaient leurs caves pour encourager la troupe au massacre, en lui criant : « Ne les ménagez pas ; FUSILLEZ-LES !! »

Sera-ce la dernière orgie de l'ordre?

Hélas! plusieurs n'ont que trop écouté ces barbares provocations. Des soldats français ont fait à Paris PLUS que les Autrichiens n'avaient fait en Hongrie ; ils ont fusillé jusqu'à des femmes, oui, jusqu'à des femmes!... Ce crime monstrueux est hors de toute contestation. Ce sont les journaux de l'attentat qui se sont chargés de le publier. On le trouve, avec les honneurs de l'entre-filets, dans le *Moniteur parisien* du 6 décembre :

« UNE FEMME DU PEUPLE PORTANT VINGT-CINQ
« POIGNARDS A ÉTÉ ARRÊTÉE, CE SOIR, ET FUSIL-
« LÉE PAR LES SOLDATS DU 36e DE LIGNE. »

Les généraux de MM. Persigny et Bonaparte, jaloux des faveurs de leurs maîtres, n'ont pas voulu rester au-dessous de ce bourreau de la Hongrie auquel le peuple anglais a infligé une sévère correction. Ils ont déshonoré le caractère français en poussant la rage au delà même des fusillades. Un homme auquel le nom de fouetteur restera comme une tache indélébile d'ignominie, le général Herbillot, « faisait donner le fouet aux
« *insurgés* âgés de moins de vingt ans qu'on lui
« amenait, *et les livrait ensuite aux sergents*

« *de ville !* » C'est M. P. Mayer qui le constate, page 165 de son livre, en ajoutant : « La béni-
« gnité du fils d'Hortense « se communiquait,
« comme sa volonté absolue, à ses derniers
« agents, et donnait une autorité de plus à ces
« vérités que nous espérons voir un jour vul-
« garisées, que *la tolérance n'enlève à la justice*
« *aucun de ses droits !* »

§ VI.

En province, on n'a pas moins prodigué le canon, on n'a pas observé avec une ponctualité moins sauvage le mot d'ordre : FUSILLER. Les chefs avaient été bien choisis ; ils ont tous fait ce qu'on attendait d'eux, et, en vérité, l'on peut s'étonner qu'il y ait tant d'hommes cruels en France.

Citons :

« Les *insurgés* (en province comme à Paris,
« les révoltés du 2 décembre affectent de donner
« ce nom, qu'eux seuls méritent, aux citoyens
« armés pour la défense des lois), les *insurgés*,
« à deux kilomètres de Crest (Drôme), furent
« aperçus se déployant en longues files à droite
« et à gauche de la reconnaissance ; leur nombre
« n'était pas moindre de dix-huit cents à deux
« mille, et l'on distinguait parfaitement leurs

« cris, leurs menaces. *Deux coups d'obusier,*
« qui portèrent juste, les arrêtèrent d'abord.
« Mais la fusillade s'engagea bientôt, et deux
« chevaux de la pièce furent blessés. Ces *for-*
« *cenés* s'avançant avec une grande résolution
« pour tourner la position, le commandant or-
« donna la retraite et fit occuper fortement une
« *barricade* formant tête de pont sur la Drôme,
« et où la pièce de huit se tenait prête à agir.

« L'*obusier* fut placé sur le quai intérieur de
« la ville, de manière à battre la route qui, à
« une longueur de cent mètres, débouche sur la
« Drôme, perpendiculairement au quai. Les dé-
« fenseurs *des autres ouvrages* sur le périmètre
« de la ville occupèrent aussi les points assignés,
« et tous se tinrent prêts à bien faire leur de-
« voir.

« Au bout de vingt minutes, une colonne
« *d'insurgés* se présenta bien unie, et s'avançait
« en masse compacte pour déboucher sur la pe-
« tite place où était située *la première barricade*
« formant tête de pont. *L'obusier fit feu et la*
« *mitraille, tirée tout au plus à deux cents mètres,*
« *fit un grand effet.* On vit tomber un grand
« nombre d'ennemis, et, à compter de ce mo-
« ment, la route fut évacuée, et aucune *bande*
« n'osa plus s'y montrer. — ... Mais d'autres
« masses *d'insurgés* avaient gagné les bords de
« la Drôme et s'avançaient résolûment sur la

digue. L'*obusier* fut alors dirigé de ce côté, etc. »
— (*Rapport du général Lapène*, 13 décembre [1].)

[1] Faisons remarquer ici que les militaires, qui reprochent tant au peuple « la guerre des barricades et des fenêtres » (tout en construisant des bastions et des meurtrières pour résister aux ennemis du pays) ne se refusent jamais ni les barricades, ni les fenêtres quand ils peuvent s'en servir. Le rapport du général Lapène suffirait seul à bien fixer le lecteur sur ce point. Toutefois, voici un article du *Toulonnais* (10 décembre) qui sert à confirmer notre observation :

« Le plan des *insurgés* était de faire un coup de main
« sur la préfecture à Draguignan, comme cela est ar-
« rivé à Digne ; mais les préparatifs formidables de dé-
« fense qui ont été faits aux abords de la préfecture les
« ont détournés de ce projet, et, tournant Draguignan,
« ils se sont portés sur Lorgues, puis de là, par Flayose,
« sur Aups, sans que la colonne partie de Toulon soit
« parvenue à les atteindre.

« La préfecture a présenté pendant plusieurs jours
« *l'aspect d'une forteresse ; des barricades gardées par*
« *le 50ᵉ de ligne*, sous le commandement du chef de ba-
« taillon Monguin, avaient été élevées à l'extrémité de
« toutes les rues qui aboutissent à la préfecture, depuis
« cet hôtel jusqu'à la hauteur de la prison ; *les maisons*
« qui commandent l'arrivée de Trans et ces diverses
« rues *avaient été occupées militairement.*

« Une compagnie du 8ᵉ de ligne, sous le commande-
« ment du major Zaccone, stationnait *derrière la grille*
« dans la cour de l'hôtel, dont *toutes les fenêtres étaient*
« *également garnies d'hommes armés.* »

« A Villeneuve-sur-Lot, M. le sous-préfet
« Vesine-Larue n'a pu contenir la municipalité
« qui s'est ruée tout entière sur la sous-préfec-
« ture, et a contraint ce magistrat à s'adjoindre
« une commission de dix membres pour admi-
« nistrer l'arrondissement. La municipalité de
« Villeneuve est rouge entièrement. A peine cette
« fâcheuse équipée était-elle connue, que M. le
« préfet a mandé à M. Vesine-Larue *l'ordre de*
« *faire* FUSILLER *les municipaux qui voudraient*
« *s'immiscer dans l'administration pour trou-*
« *bler le pays*. CET ORDRE A RAMENÉ LE CALME. »
(*Journal de Lot-et-Garonne*, 10 décembre.)

« ... Les *insurgés* de Clamecy envoyèrent
« des *parlementaires* qui ne furent point écoutés,
« et *des éclaireurs qui furent saisis et* FUSILLÉS.
« Ils se décidèrent alors à attaquer la troupe, etc. »
(*Patrie*, 15 décembre.)

« On écrit d'Aups, 12 décembre : Les *révoltés*
« ont fui à travers champs, et les cent cavaliers
« qui marchaient avec l'infanterie les ont pour-
« suivis ET EN ONT FAIT UN GRAND MASSACRE.
« Sur les routes de Lorgues, Salerne, Tourtour
« et Aups, on a vu plusieurs cadavres d'*insurgés*.
« La colonne A FUSILLÉ PRESQUE TOUS LES *re-*
« *belles* QU'ELLE A RENCONTRÉS. Les troupes se
« trouvaient à peu de distance d'Aups, lorsqu'elles
« aperçurent un homme à cheval, qui, en les
« voyant, partit au grand galop. Les cavaliers

« s'élancent à sa poursuite, l'atteignent, et re-
« connaissent en lui *une estafette* qui allait an-
« noncer aux *insurgés* leur arrivée. *La prendre*
« *et* LA FUSILLER *fut l'affaire d'un instant.* »
(*Moniteur*, 17 décembre.)

« Marseille, 12 décembre : Toutes les nou-
« velles reçues des colonnes expéditionnaires,
« dans les Basses-Alpes et le Var, sont *des plus*
« *favorables;* partout où elles rencontrent *les*
« *bandes d'insurgés*, elles les attaquent, les dis-
« persent, et PASSENT PAR LES ARMES *tous ceux*
« *qui sont pris les armes à la main.* » (*Le*
Constitutionnel, 16 décembre.)

« Informé, à minuit, par un gendarme qui
« avait essuyé une décharge, qu'il y avait, à un
« kilomètre d'Avignon, un rassemblement qui
« attendait *les bandes* d'Apt, j'envoyai un piquet
« d'infanterie et de cavalerie pour les disperser.
« LE CHEF REÇUT L'ORDRE DE FUSILLER TOUT
« INDIVIDU PRIS LES ARMES A LA MAIN..... Ayant
« appris à Lisle (près d'Avignon) qu'il y avait
« quelques *bandes* aux environs de Cavaillon, le
« commandant de France alla les y chercher ;
« il en rencontra une près de Cavaillon, il lui
« tua quelques hommes, reprit les drapeaux
« enlevés à la mairie de Lisle, et FIT FUSILLER
« DEUX OU TROIS INDIVIDUS *qui tombèrent entre*
« *ses mains.* » (*Rapport du général d'Antist*, 7
décembre. *Patrie*, 19 décembre.)

« A Saint-Étienne, la colonne du comman-
« dant Vinoy a fait également de bonnes prises ;
« HUIT individus, pris les armes à la main, ont
« été FUSILLÉS sans désemparer. » (*Patrie*, 22
décembre.)

« Nevers, 8 décembre : « Quelques troubles
« ont éclaté à Neuvy, petite commune de l'ar-
« rondissement de Cosne. Ils ont été réprimés
« avec énergie ; TROIS *insurgés, pris les armes
« à la main, ont été* FUSILLÉS. Tout est rentré
« dans l'ordre. » (*Journal de Lot-et-Garonne*,
11 décembre.)

Bornons-nous à ces quelques citations prises
çà et là dans les journaux de l'ordre. Ce serait
attrister inutilement le lecteur que de les multiplier autant qu'on le pourrait. Celles-ci suffisent
à montrer quelle exécrable guerre les décembriseurs ont faite à la France qui se soulevait partout contre eux. Ils n'ont point reculé devant des
actes dont rougirait une armée de Cosaques. Es-
tafettes, éclaireurs, parlementaires, prisonniers,
ils ont tout massacré impitoyablement, lâchement, contre les principes les plus vulgaires
même des lois de la guerre. Et ils le publient,
ils le signent !... Par ce qu'ils révèlent, jugez de
ce qu'ils croient devoir céler ! Voilà ce que ces
nouveaux Barbares appellent « rasseoir la so-
ciété sur des bases solides et durables !... »

Comme détail, nous pouvons dire ici dans

quelles circonstances furent massacrés les deux hommes dont parle le rapport du général d'Antist qu'on vient de lire à la page 355. Plusieurs républicains d'Avignon, instruits que toute la commune d'Apt s'était soulevée, sortirent de la ville avec leurs fusils pour aller se joindre aux défenseurs de la Constitution. Arrivés entre Notre-Dame-de-Lumière et Roubyon, Antoine Carle, qui devançait ses camarades d'une centaine de pas, reçut à un détour de la route, *sans sommation, par surprise*, une décharge qui le tua. Ses compagnons descendirent aussitôt dans un ravin, et ils reconnurent ensuite, en se jetant au milieu des broussailles de la petite montagne de Byberon, qu'il y avait là 250 à 300 hommes du 53e de ligne. Il leur devenait impossible de pousser plus avant, ils résolurent de retourner chez eux. En passant à Lisle, ils eurent à se défendre contre des hussards du 3e régiment auxquels s'étaient réunis les carlistes de l'endroit. Jacques Carle, maçon, frère d'Antoine Carle, tué la veille, reçut dans cet engagement un coup d'épée qui lui perça le bras gauche. Parvenus cependant à se dégager, ils se dirigeaient vers Carvaillon, lorsque, à 250 pas de la ville, ils distinguèrent des traces de sang et apprirent ce qui suit des paysans des environs. Deux patriotes fatigués se reposaient sur un tas de paille, à peu de distance de la route. Un escadron de hussards en marche de ce côté vit qu'ils avaient chacun un fusil, et leur demanda ce qu'ils faisaient là. — « Nous nous reposons. — Prenez vos armes et allez-vous en. » Ils se lèvent, partent, mais ils n'avaient pas fait vingt pas qu'ils furent tués par une fusillade !

Nous tenons ce récit de Jacques Carle lui-même, aujourd'hui réfugié à Londres. Voilà comment M. France FIT FUSILLER DEUX HOMMES *qui tombèrent entre ses mains*. Si des exécutions sommaires de cette nature ne sont pas des assassinats, qu'est-ce qui méritera ce nom ?

Hélas ! nous pourrions citer bien des épisodes semblables de la guerre des méchants contre les bons. Les proclamations sanguinaires de leurs ministres, préfets et généraux, leurs récits multipliés des prétendues barbaries des Jacques, avaient exaspéré même des soldats jusqu'à la cruauté. Fournissons-en un dernier exemple. Nous prévenons le lecteur que ce qu'il va lire nous a été dit par la victime même de l'événement, le citoyen Avias, ancien soldat ; il comprend parfaitement toute la gravité des faits dont il dépose, et il les affirme sur l'honneur. Quant à nous, nous certifions avoir vu les cicatrices des blessures dont il parle ; elles sont énormes, effrayantes.

Le citoyen Avias, soldat au 11e dragons, abandonna son régiment à Marseille, au moment où l'armée française se disposait à marcher contre Rome. Il eut le trop rare courage d'aimer mieux porter le nom de déserteur que de tremper dans cette infâme et néfaste expédition. Réfugié à l'étranger, il rentra en France dès qu'il apprit l'attentat, malgré une condamnation à mort qui pesait sur sa tête. La résistance vaincue, il se dirigeait vers la frontière, le 11 décembre, avec une soixantaine d'hommes de son village (Jaugac, Ardèche) lorsque, à la Voulte (seize kilomètres de Valence), ils rencontrèrent un petit corps de 250 voltigeurs flanqué de cinq gendarmes à cheval. Avias et les siens se jettent dans les mûriers et les vignes du bord de la route, la troupe reste sur la chaussée, d'où elle échange des coups de fusil pendant une heure, craignant de s'engager dans les vignes avant de savoir à combien et à quel genre d'ennemis elle a affaire. Avias, alors, monte sur un mur pour voir la disposition des assaillants; un garçon de 15 ans, qui se trouvait là, le suit par curiosité. A peine sont-ils en vue, le premier reçoit une balle qui lui fracasse le pied, et le second une autre balle qui lui traverse le bras. Ils tombent; mais Avias a eu le temps de reconnaître la supériorité numérique des soldats, il crie « sauve qui peut! » à ses amis. La troupe se lance à leur poursuite et découvre les deux blessés restés seuls. Un voltigeur s'approche d'Avias, qui fait le mort, et lui porte au bas des reins un coup de baïonnette qui pénètre de trois ou quatre pouces. Saisi de douleur, Avias se redresse ; le même homme lui donne en pleine face un second coup de baïonnette qui perce le nez et la lèvre. Le malheureux blessé retomba cette fois privé de connaissance. Mais il paraît que ses adversaires étaient de grands bonapartistes, car Avias, en revenant à lui, se sentit une troisième blessure très-profonde entre la cinquième et la sixième côte. Enfin, on reconnut plus tard, à plusieurs empreintes de souliers ferrés sur ses habits, que les soldats avaient marché sur son corps qu'ils croyaient un cadavre !...

Lorsqu'il reprit ses sens, il se trouva seul, se traîna au bord de la route et demanda secours à deux voituriers qui vinrent à passer. La terreur était si grande que les voituriers refusèrent d'abord : « Non, c'est impossible, mon pauvre homme ; nous nous ferions fusiller ! » Quel régime que celui où l'on répond ainsi à un blessé ! Quelle terrible accusation que ces mots pour les sauveurs de la société ! Heureusement, la compassion fut plus forte que la peur, ils le portèrent dans une maison voisine ! Là aussi il y avait des gens de cœur qui bravèrent les menaces de mort de toutes les proclamations pour ceux qui donneraient secours aux combattants. On lui fit un lit dans une cave, et quelques jours après on parvint à le transporter en Piémont où il subit l'amputation du pied droit.

Avant de recevoir le premier coup de baïonnette, le citoyen Avias avait entendu l'enfant frappé près de lui demander la vie à un gendarme qui l'avait découvert : « Ne me tuez pas ! criait l'enfant, ne me tuez pas ! » — « Ah ! gredin ! » répondit le gendarme, « tu vas payer pour les autres ! » Et il lui brûla la cervelle à bout portant !... On dit dans le pays que ce misérable s'appelle Barot ; avant d'être à Valence, il avait été longtemps à Saint-Péray. C'est un des gendarmes le plus gendarme que l'on puisse voir. Les gens de la localité le connaissent bien pour un vrai défenseur de l'ordre et de la famille, car il a fait, disent-ils, mourir sa femme à force de coups et de mauvais traitements. Nous trouvons la chose vraisemblable, puisqu'il a pu, lui père, tuer un enfant de 15 ans blessé ! Nous avons plusieurs fois demandé à Avias s'il était bien sûr que ce fût le gendarme Barot qu'on pût accuser ainsi ; il nous a répondu qu'il ne se trompait pas, que tout Valence et tout Saint-Péray savaient ce qu'il révélait....

On voit la conduite des sauveurs ; écoutons le langage des sauvés : « Espérons, écrit une mo-
« dérée de Cuers à son frère, espérons mon cher
« ami, que *la justice divine inspirera la justice
humaine*, et que la France *sera bientôt déli-*

« *vrée de tous ces indignes citoyens*. C'est, de
« l'avis *de bien estimables personnes*, le seul
« moyen de rendre à notre patrie le calme dont
« elle a besoin, et de la faire toujours marcher *à*
« *la tête des nations civilisées.* »

Le *Courrier du Havre* a trouvé ces vœux si pieux et si touchants qu'il s'est empressé de les publier dans son numéro du 13 décembre.

La soif du sang éclate mieux encore dans une lettre de Marmande, signée *Pasquier*, publiée par *l'Estafette* du 14 décembre :

« Au moment où nous traçons ces lignes,
« nous entendons le tambour ; ce sont de nou-
« velles colonnes de paysans qui arrivent dans
« notre ville, et qui vont immédiatement se ran-
« ger en bataille dans les cloîtres de la sous-
« préfecture. On remarque avec émotion et en-
« thousiasme M. le maire *et M. le curé de Cour-*
« *drot, fusil en main,* en tête de plus de 300
« hommes.

« Rien n'est plus curieux et plus significatif
« que l'armement de quelques-uns de ces bons
« campagnards : les uns portent des fourches,
« des faux ; les autres sont armés de serpes em-
« manchées et de broches ; *tout ce qui peut*
« *fendre, couper, hacher, percer, leur est bon,*
« *disent-ils, pour anéantir les démagogues et*
« *les pillards !* Aussi, comme nous sommes dis-
« posés à les seconder! »

Ainsi parlent les modérés qui nous qualifient chaque jour de buveurs de sang.

§ VII.

Il faut le dire, il faut que la France et l'Europe le sachent, l'initiative et la responsabilité de cette guerre d'extermination reviennent tout entières aux conjurés de l'Élysée. Dès le 3 décembre, ils affichaient leurs farouches projets. Après leurs premières barricades que les représentants du peuple inaugurèrent de leur sang, le guerrier du guet-apens publiait la proclamation suivante :

« Habitants de Paris,

« Les *ennemis de l'ordre et de la société* ont engagé la lutte. Ce n'est pas le gouvernement qu'ils combattent ; *ils veulent le pillage et la destruction.*

« Que les bons citoyens s'unissent *au nom de la société et des familles menacées.*

« Restez calmes, habitants de Paris ! Pas de curieux inutiles dans les rues ; ils gênent les mouvements *des braves soldats qui vous protégent de leurs baïonnettes.*

« Le ministre de la guerre,

« Vu la loi sur l'état de siége,

« Arrête :

« Tout individu *pris construisant des barricades, ou défendant une barricade, ou les armes à la main*, SERA FUSILLÉ.

« Paris, le 3 décembre 1851.

« DE SAINT-ARNAUD. »

Mettons de côté pour un moment tout ce qu'il y a de sauvage, d'offensant pour l'humanité et la civilisation dans ces exécutions sommaires appliquées à des actes de guerre civile. Examinons-les au simple point de vue du bon sens, et nous verrons qu'en définitive cette proclamation se réduit à ceci : Quiconque défendra, les armes à la main, la Constitution, que nous violons à main armée, sera fusillé ! » O défenseurs de la civilisation !

L'art. 68 de la Constitution dit : « Toute me-
« sure par laquelle le président de la république
« dissout l'Assemblée est un crime de haute
« trahison. » L'article 110 ajoute : « L'Assem-
« blée nationale confie le dépôt de la présente
« Constitution et des droits qu'elle consacre à
« la garde nationale et au patriotisme de tous
« les Français. »

Or, le président de la république dissout l'Assemblée. En vertu de l'article 68, l'Assemblée nationale prononce sa déchéance. La haute cour le met en accusation pour crime de haute trahison. Des citoyens auxquels l'article 110 confie le dépôt de la Constitution prennent les armes pour la défendre. L'ex-président, en révolte ouverte contre les lois, contre la représentation nationale, contre la justice, soutient son crime à coups de canon ; vingt cinq jours plus tard, le 1er janvier 1852, à des éloges furieux de M. Baroche, avocat, magistrat, ministre de la justice, par conséquent l'homme de la légalité s'il en fut, il réplique textuellement : « La France a ré« pondu à l'appel *loyal* que je lui avais fait. Elle « a compris que je n'étais SORTI DE LA LÉGALITÉ « que pour entrer dans le droit. Plus de sept « millions de suffrages viennent de M'AB« SOUDRE, etc. »

L'ex-président confesse donc lui-même, par sa propre bouche, qu'il a violé la loi le 2 décembre, qu'il est sorti de la légalité ; il reconnaît, en outre, que c'était bien un crime, puisqu'il ajoute en avoir été ABSOUS. Et cependant, les citoyens, ouvriers, bourgeois, représentants du peuple, qui prêtèrent main-forte à la Constitution, main-forte à l'Assemblée, main-forte à la haute cour, « sont des ennemis de l'ordre et de la civilisa« tion, qui *engagent la lutte*, qui menacent les « familles ; » et il faut « LES FUSILLER au nom « de la société *en légitime défense!* » C'est M. Leroy, dit de Saint-Arnaud, qui le déclare ;

c'est M. Leroy l'escroc, M. Leroy l'ami de M. Bonaparte, qui nous impute publiquement « de vouloir le pillage et la destruction! »

Le langage du ministre des insurgés paraît plus repoussant encore, quand on sait qu'il ne dit pas ce qu'il pense; il n'a pas même pour excuse de croire, comme certains fanatiques de l'ordre, que ceux qu'il ordonne de fusiller étaient des *brigands*. On en trouve la preuve dans la note suivante, que nous devons à M. Domengé :

« M. Leroy Saint-Arnaud, dans une visite qu'il fit à l'Ecole polytechnique le jour même de la lutte, déclara devant les employés de la maison (adjudants, professeurs, répétiteurs) qu'il serait, le soir, maître de la situation, parce que le peuple ne bougeait pas et « qu'une partie seulement *de la bourgeoisie* s'était battue. » Il ajouta que l'affaire la plus chaude avait été celle du boulevard, où, dit-il, « une quarantaine de « jeunes gens appartenant aux meilleures fa« milles avaient été tués. » Ce propos m'a été personnellement rapporté par l'un de nos plus remarquables savants, répétiteur à l'Ecole polytechnique, qui venait de l'entendre à l'instant même de la bouche du général. Il peut être utile de rapprocher ce fait des proclamations où M. Saint-Arnaud dénonçait les *insurgés* à la France comme « l'écume de la population ar« mée pour le pillage. »

Digne ministre de l'assassin de Boulogne, M. Leroy dit de Saint-Arnaud sue le sang, chacune de ses paroles est un vœu de carnage : quelques jours après le 2 décembre, il envoyait cette dépêche aux généraux commandant les divisions militaires (*Patrie*, 12 décembre) :

« Toute insurrection armée a cessé dans Paris
« par une répression vigoureuse. La même éner-
« gie aura les mêmes résultats partout.

« Des bandes qui apportent *le pillage, le viol*
« *et l'incendie se mettent hors la loi*. Avec elles,
« *on ne parlemente pas, on ne fait pas de som-*
« *mation :* on les attaque, on les disperse.

« Tout ce qui résiste doit être FUSILLÉ *au*
« *nom de la société en légitime défense.*

« *Le ministre de la guerre,*

« Signé : DE SAINT-ARNAUD. »

Qu'est-ce que les proclamations de Radetzki, qui vouèrent son nom à l'exécration de l'univers, ont de plus hideux que celles du ministre de l'Elysée ?

Pour M. Maupas, ce ne fut point encore « assez de fusiller les barricadeurs, » il condamna à mort les citoyens les moins hostiles, pour crime de *rassemblement* et même de *stationnement*.

Le 4, il ensanglantait les murs de Paris de l'ordonnance suivante :

« Habitants de Paris,

« Comme nous, vous voulez l'ordre et la paix,
« comme nous, vous êtes impatients d'*en finir*
« *avec cette poignée de factieux qui lèvent de-*
« *puis hier le drapeau de l'insurrection*, etc., etc.
« *L'état de siège est décrété.*
« Le moment est venu d'en appliquer les con-
« séquences *rigoureuses*.
« Usant des pouvoirs qu'il nous donne, nous
« préfet de police, arrêtons :
« Art. 1er...
« Art. 2. Le *stationnement* des piétons sur la
« voie publique et la formation des groupes sont
« absolument interdits; *ils seront*, SANS SOM-
« MATION, dispersés *par les armes.*
« Que les citoyens paisibles *restent à leurs*
« *logis; il y aurait péril sérieux* à contrevenir
« aux dispositions arrêtées.
« Fait à Paris, le 4 décembre 1851.

« *Le préfet de police,*
« DE MAUPAS. »

§ VIII.

Revenons à la résistance de Paris. Malgré les ordres sanguinaires du ministre de la guerre et du préfet de police des insurgés, les barricades de Paris furent vaillamment défendues. Le plan adopté, le 3 au soir, par les membres de la Montagne et les chefs du peuple qui s'étaient mis en rapport, avait été de ne pas accepter d'abord d'engagement sérieux avec la troupe, de la tenir en haleine, de la fatiguer nuit et jour par des marches et des contre-marches, de se retirer chaque fois qu'elle avancerait. On voulait ainsi gagner du temps, afin que la province pût se soulever tout entière, et l'on comptait réunir toutes les forces de la démocratie pour livrer un grand et décisif combat le vendredi. Cette résolution était inspirée, sans même qu'on s'en rendit bien compte, par la réserve des masses populaires. Mais les hommes d'action ne comprennent pas ces habiles tactiques. Ceux qui furent aux barricades s'y rendirent avec des armes, et y bravèrent, malgré l'inégalité du nombre, le choc d'une armée entière lancée contre eux.

Le rapport de M. Magnan, général en chef des insurgés, donne exactement le détail des différentes positions de toutes les barricades et des opérations de guerre ; nous le copions :

« ... Le 4, à deux heures de l'après-midi, toutes ces troupes s'élancèrent en même temps.

« La brigade Bourgon balaye le boulevard jusqu'à la rue du Temple, et descend cette rue jusqu'à celle de Rambuteau, enlevant toutes les barricades qu'elle trouve sur son passage.

« La brigade de Cotte s'engage dans la rue Saint-Denis, pendant qu'un bataillon du 15e léger était lancé dans la rue du Petit-Carreau, déjà barricadée.

« Le général Canrobert, prenant position à la porte Saint-Martin, parcourt la rue du faubourg de ce nom et les rues adjacentes, obstruées par de fortes barricades, que le 5e bataillon de chasseurs à pied, aux ordres du commandant Levassor-Sorval, enlève avec une rare intrépidité.

« Le général Dulac lance, à l'attaque de la barricade de la rue de Rambuteau et des rues adjacentes, des colonnes formées des trois bataillons du 51e de ligne, colonel de Lourmel, et de deux autres bataillons, l'un du 19e de ligne, l'autre du 4e, appuyés par une batterie.

« En même temps, la brigade Herbillon, formée en deux colonnes, dont l'une était dirigée par le général Levasseur en personne, pénétrait dans le foyer de l'insurrection par les rues du Temple, de Rambuteau et Saint-Martin.

« Le général Marulaz opérait dans le même sens par la rue Saint-Denis, et jetait dans les rues transversales une colonne légère aux ordres de M. le colonel de la Motterouge, du 19e léger.

« De son côté le général Courtigis, arrivant de Vincennes, à la tête de sa brigade, balayait le faubourg Saint-Antoine, dans lequel plusieurs barricades avaient été construites.

« Ces différentes opérations ont été conduites sous le feu des *insurgés*, avec une habileté et un entrain qui ne pouvaient pas laisser le succès douteux un instant. Les barricades, attaquées d'abord *à coups de canon*, ont été enlevées à la baïonnette. Toute la partie de la ville qui s'étend entre les faubourgs Saint-Antoine et Saint-Martin, la pointe Saint-Eustache et l'hôtel de ville, a été sillonnée en tous sens par nos colonnes d'infanterie, les barricades enlevées et détruites, les insurgés dispersés et tués. Les rassemblements qui ont voulu essayer de se reformer sur les boulevards ont été chargés par la cavalerie du général Reybell, qui a essuyé, à la hauteur de la rue Montmartre, une assez vive fusillade.

« Attaqués de tous les côtés à la fois, déconcertés par l'irrésistible élan de nos troupes, et par cet ensemble de dispositions enveloppant, comme dans un réseau de fer, le quartier où ils nous avaient attendus, les *insurgés* n'ont plus osé rien entreprendre de sérieux, etc. »

En raison même du petit nombre de combattants, les barricades étaient d'une construction légère et faites avec des matériaux peu propres à une longue résistance. On voit cependant qu'il ne fallut pas moins que le canon et des forces considérables pour écraser le noyau de braves qui prirent le fusil. Ceux qui sont morts méritent les honneurs, ceux qui ont survécu méritent les récompenses que la patrie décerne à ses défenseurs. Leur courage a été admirable, leur conduite irréprochable. Disons incidemment de quelle manière ces généreux citoyens, que les honnêtes gens de l'exploitation napoléonienne appellent des « brigands, » se livraient « au pillage et à la destruction. »

A peine se sont-ils emparés de la mairie du 5e arrondissement, un employé se présente à un des chefs de la colonne. « Monsieur, je suis le « caissier des pauvres. La caisse est ici, je vous « en préviens. — C'est bien, monsieur. Je la « laisse sous votre garde, et je la mets sous la « responsabilité de tous nos hommes. — Oui ! « oui ! s'écrient les blouses, et mort aux vo-« leurs ! » Alors un des combattants ramasse un morceau de pierre blanche et écrit sur les portes de la mairie : **Mort aux voleurs !** Le caissier des pauvres du 5e arrondissement est sans doute encore à son poste, s'il n'est pas républicain ; qu'il nous démente !

Nous ne citons pas cet épisode comme digne de grands éloges ; rien n'est plus simple, et nos amis nous sauraient fort mauvais gré de les louer d'avoir respecté une caisse ; nous voulons seulement donner un des mille exemples de la manière dont les défenseurs de la république démocratique et sociale ont mérité le titre de pillards.

Mais ce que nous avons le droit de rappeler avec orgueil, ce sont des traits d'une intrépidité rare, d'une grandeur d'âme sublime. Il faut citer, entre autres, celui de Denis Dussoubs.

Denis Dussoubs avait depuis longtemps souffert pour la cause du bien. Autrefois membre de *la Société des familles*, et de *la Société des saisons*, où figuraient en première ligne nos chers et honorés amis Barbès et Martin Bernard, il avait pris part contre le gouvernement de juillet aux luttes que chacun sait ; disciple de Pierre Leroux, il avait prêché partout la foi démocratique et socialiste avec enthousiasme ; victime de la réaction qui sapait la république après l'avoir acclamée, il avait été condamné à la suite des évènements de 1848, à Limoges. Il sortait de Belle-Ile depuis six mois, au moment où le guet-apens du 2 décembre vint déshonorer Paris. Le scepticisme des masses en présence de ce crime l'affecta profondément, et il conçut le dessein de donner au prix de sa vie un exemple éclatant de protestation. Plusieurs fois dans la journée du 4, ses amis l'entendirent répéter, d'un air grave et pensif : « Il faut faire quelque chose ; il faut faire quelque chose ! » Voici ce qu'il fit.

Son frère, Gaston Dussoubs, représentant du peuple, atteint de douleurs rhumatismales aiguës, ne pouvait littéralement se mouvoir. Denis s'empara de son écharpe, et, profitant d'une grande ressemblance fraternelle, il se donna pour le représentant aux barricades où il courut. Qui le blâmera de cette usurpation d'un titre, alors que ce titre était à la fois un drapeau et un danger ? Ainsi se présenta-t-il à la prise de la mairie du 5e arrondissement dont nous avons déjà parlé. Vaincu sur ce point, il se dirige aussitôt vers le quartier Montorgueil, où s'élevaient plusieurs barricades, et vient se placer à celle de la rue Saint-Eustache. Dès que les troupes parurent, il descendit de leur côté pour les haranguer. L'officier commandant, ému de la généreuse ardeur qui animait ses gestes, ses paroles, et qui rehaussait la beauté mâle de son visage, voulut le préserver du fatal destin. Il essaya de lui montrer l'inutilité de la résistance en face des forces supérieures des insurgés. Le noble jeune homme repoussa cette honorable sollicitude, et n'ayant pu réussir à entraîner les soldats hors de leur fratricide discipline, il retourna vers la barricade. Mais au moment où il en gagnait le sommet en criant : Vive la république ! le dos encore tourné aux soldats, quelques-uns de ceux-ci firent feu, certainement sans ordres ! Ils étaient ivres. Denis Dussoubs, frappé de deux balles à la tête, tomba foudroyé. Il était sans armes ; il venait de conjurer ces malheureux de ne pas se faire les bourreaux de la république ; ils l'ont tué par derrière. Il n'y a malheureusement pas à en douter. Son camarade, M. Tallandier, a vérifié sur son cadavre la marche des balles meurtrières.

Jeune homme au cœur chaud et plein de dévouement, Denis Dussoubs était vivement aimé de ceux qui le connaissaient. Ses amis firent de longues, de pénibles, d'infatigables recherches pour avoir son corps, et parvinrent à le trouver au cimetière des hospices où on l'avait porté après l'avoir déposé à la Morgue. Ils l'inhumèrent avec larmes et respect, sans avoir même la consolation de pouvoir écrire sur sa tombe : « Mort pour la République ! »

Denis Dussoubs, après ce qu'il avait vu depuis deux jours, après ce qui venait de se passer sous ses yeux faubourg Saint-Martin, où les bras manquèrent aux fusils, ne gardait plus d'espérance dans le succès de la bataille, mais il avait résolu de porter jusqu'à la mort le devoir de la résistance. Il allait bien au combat comme un drapeau, car, blessé à la main droite quelques jours auparavant, il ne lui était pas possible de tenir une arme ; il recevait le feu sans pouvoir le rendre. Un sentiment tout spiritualiste le poussait vers un beau trépas. Avec son bras impuissant, son cœur indomptable, et son écharpe qui le désignait aux coups de l'ennemi, ce jeune homme était comme la protestation vivante du droit contre la force brutale. Sa mort héroïque couronne une vie d'apostolat, il est un de ceux par qui l'honneur de la république et du socialisme a été sauvé, un de ces glorieux martyrs de la liberté auxquels la patrie élèvera un monument de reconnaissance. C'est pour elle un devoir ; elle l'accomplira à la prochaine révolution qui doit faire remonter la France au rang d'où elle est un instant déchue.

Racontons encore un trait qui repose un peu l'âme au milieu de ces scènes de désolation. Au numéro 17 ou 19 du boulevard Poissonnière, est une grille qui ouvre sur une allée conduisant à la loge de la portière. Une pièce de canon était braquée en biais sur cette maison qui fut une des plus maltraitées du boulevard. La portière, sortie pour voir ce qui se passait, aperçut des canonniers prêts à faire feu, et rentra. Le coup partit et vint frapper justement là où elle se trouvait deux secondes auparavant.

Après l'explosion elle entendit des cris terribles et distingua le bruit de sa grille fortement ébranlée. Elle eut l'idée qu'on cherchait un refuge chez elle; elle tira aussitôt le cordon, la grille s'ouvrit toute grande, et deux hommes blessés tombèrent à l'entrée de l'allée. La fusillade et la canonnade continuaient; les balles grêlaient autour de la tête de la courageuse femme. Rien n'arrête sa compassion. Elle s'avance jusqu'aux deux blessés, les prend l'un après l'autre, et, les traînant par-dessous les bras fort lentement, car elle n'avait pas assez de force pour les porter, elle les amène jusque dans sa loge. Là elle les soigne de son mieux, étanche leur sang, essaye de soulager leurs souffrances, puis enfin, quand le passage est rétabli sur les boulevards, elle court chercher un chirurgien, qui a raconté le fait. Quel regret nous avons de ne pas savoir le nom de cette noble femme! Au bout de chaque page que le peuple fournit aux annales de l'humanité, il ajoute toujours : Anonyme !

D'autres barricades s'élevèrent encore dans la soirée, rues Saint-Honoré, Montmartre, Montorgueil, Pagevin et Fossés-Montmartre, ainsi qu'à la Chapelle-Saint-Denis et à Belleville. Un moment quelques vaillants y tinrent bon, mais les gros bataillons les accablèrent. Le nombre manqua toujours à la valeur de ceux qui agirent. Leur dévouement n'en est que plus glorieux.

Le lendemain matin, 5, deux dernières barricades, commencées barrière Rochechouart et faubourg Poissonnière, furent trop faibles pour ne pas être abandonnées à l'approche de l'ennemi.

La légalité, le droit, l'honneur étaient décidément vaincus... Les forces énormes de l'insurrection, sa puissante organisation préparée depuis plus d'un an, la trahison de l'armée, l'absence de la garde nationale, la froideur du peuple, la difficulté de combiner des moyens de défense suffisants rendirent infructueux les efforts de la résistance. La grande et illustre capitale de la France, traîtreusement surprise et enveloppée d'un cercle de fer pendant son sommeil, avait en vain cherché à se dégager, elle dut se soumettre aux hordes prétoriennes.

§ IX.

Nous cherchons, le plus que nous pouvons, à nous entourer du témoignage de nos ennemis. Ce que nous avons à dire est si peu vraisemblable, on aura tant de peine à admettre que de telles choses puissent se passer encore au dix-neuvième siècle, au milieu d'une des cités les plus civilisées de la terre, que nous voulons forcer tout le monde à les croire en en montrant la confirmation dans la propre bouche des conquérants.

M. Mauduit est un ardent admirateur de M. Bonaparte et un amant passionné de l'armée. Il dit à chaque page que l'armée avait à venger « les injures de 1830 et de 1848 ; » il l'approuve de s'être vengée ; il a donné pour titre à son livre le vrai nom du 2 décembre : *Révolution militaire du 2 décembre.* Ce qu'il dit de l'aspect de Paris, le 4 et le 5, de la consternation des habitants, il l'a vu, il l'a noté avec la satisfaction d'un vainqueur, et en si méchant style qu'il le raconte, il faut l'en croire, car ce n'est que l'expression de la vérité.

Eh bien ! M. Mauduit, qui cherchait partout, avec l'anxiété paternelle, son fils, aide de camp du général Cotte, rapporte ceci :

« Le 4, à huit heures du soir, je me détermi-
« nai à m'aventurer vers la Chaussée-d'Antin.
« Dans le passage Delorme, je trouvai l'un de
« mes anciens camarades de régiment, qui me
« dit : « Vous ne pourrez traverser le boule-
« vard, mon cher ami, *sans vous exposer à des
« coups de pistolet ou de lance de la part des
« vedettes* placées à chaque angle des rues ; les
« boulevards sont jonchés de cadavres, etc. »

(Page 254.) « Je m'acheminai seul vers les bou-
« levards ; de loin en loin, quelques individus
« attardés rentraient chez eux, mais nul cu-
« rieux, nul groupe causant sur le seuil des
« portes, comme c'est l'ordinaire en pareilles
« conjonctures ; *partout un aspect lugubre !*
« N'allez pas vers les boulevards, » me dit à
« voix basse un passant qui en revenait, et que
« je trouvai au milieu de la rue de la Michodière,
« *on tire sur tout ce qui traverse.* » — « Merci,
« monsieur, de votre bon conseil, répondis-je,
« mais il me faut à tout prix me rendre dans la
« Chaussée-d'Antin. » Je continuai et traversai
« le boulevard à la hauteur des Bains-Chinois.

« Un groupe assez nombreux, mais *consterné*,
« était formé au débouché de la rue du Mont-
« Blanc ; on y écoutait le récit d'un individu qui
« venait, disait-il, de voir rangés sur l'asphalte
« qui borde le grand dépôt d'Aubusson *une tren-*
« *taine de cadavres bien vêtus, et parmi eux*
« *celui d'une femme.*

« *Une impression de terreur dominait dans*
« *ce groupe.* et semblait paralyser tout le monde,
« car chacun se retirait en silence après avoir
« recueilli sa part des sinistres nouvelles du
« moment.

» J'arrivai enfin à l'hôtel de mon fils ; il n'y
« avait pas paru, etc.

« Je revins sur mes pas avec la ferme inten-

« tion d'arriver jusqu'à sa brigade... Mais im-
« possible, le boulevard est partout intercepté,
« l'on ne peut même aborder une vedette pour
« en obtenir le plus léger renseignement.

« En reprenant la rue de la Michodière, un
« monsieur vint à moi et me demanda de l'ac-
« compagner. — « Que d'affreux malheurs,
« monsieur ! s'écria-t-il, et que de malheurs
« plus affreux encore, *si tous les honnêtes gens*
« *ne se réunissent pour* ARRÊTER CETTE HOR-
« RIBLE BOUCHERIE *en envoyant supplier le*
« *président de la république de renoncer à son*
« *coup d'état* et de résigner son autorité !... De-
« main, tout Paris sera sous les armes et les
« rues couvertes de barricades. — Je n'en crois
« rien, répondis-je ; le combat a été trop vigou-
« reusement accepté et soutenu par les soldats,
« pour laisser aux Parisiens quelque illusion sur
« l'issue d'une lutte prolongée. La population
« parisienne ne s'est jamais montrée crâne que
« devant des adversaires faibles en nombre,
« irrésolus dans leurs plans et prêts à lui céder
« le champ de bataille ; il n'en sera pas de même
« du président de la république, ni de l'armée,
« *qui se dévoue à l'accomplissement de son*
« *œuvre*. Demain, Paris *sera dans la stupeur*,
« je ne le conteste pas, mais nullement tenté de
« prolonger la lutte. » (Pages 255, 256.)

« La victoire restait à Napoléon... Jetons,

« lecteurs, jetons un voile funèbre sur les vic-
« times nombreuses de nos discordes, *qui gi-*
« *sent çà et là* depuis Tortoni jusqu'à la porte
« Saint-Denis, et parfois *par groupes réunis !...* »
(Page 257.)

« Dès sept heures du matin, le lendemain 5,
« je recommençai mes pérégrinations histo-
« riques. Peu d'habitants s'étaient encore ha-
« sardés à sortir. L'aspect du quai depuis l'hôtel
« de ville jusqu'aux Champs-Élysées était sombre.
« Les quelques passants que je rencontrais por-
« taient sur leurs traits l'empreinte de l'inquié-
« tude, quelques-uns même de la stupéfac-
« tion... » (Page 261.)

Des Champs-Élysées, le capitaine prend les
boulevards à partir de la Madeleine. « Au dé-
« bouché de toutes les rues, et jusqu'à la Bastille,
« se trouvait un peloton de cuirassiers ayant
« tous des vedettes ambulantes, *le sabre pen-*
« *dant à la dragonne et le pistolet au poing.*
« Les abords de Tortoni et de la Maison Dorée
« étaient occupés par les mêmes groupes que
« les deux jours précédents, et presque aussi
« compactes, mais les figures y étaient *sombres*
« et généralement silencieuses et non provoca-
« trices comme la veille. *La colère s'était con-*
« *centrée, mais non calmée.* » (Page 264.)

« A l'entrée du faubourg Poissonnière, le
« boulevard offrait l'image du plus affreux dé-

« sordre : *toutes les maisons étaient criblées de*
« *balles*, tous les carreaux brisés, toutes les
« colonnes vespasiennes démolies, et leurs dé-
« bris de briques répandus çà et là sur la
« chaussée; des avant-trains d'artillerie brisés
« brûlaient encore à un feu de bivac qui, en
« ce moment, achevait de dévorer une roue. Les
« pièces attelées *étaient en batterie* sur le milieu
« de la chaussée, prêtes à repousser toute atta-
« que venant du boulevard du Temple; mais
« l'armée socialiste était vaincue. » (Page 266.)

« Parvenu à la rue Rambuteau, je me dirigeai,
« comme le public, en procession, vers Saint-
« Eustache, et ne tardai pas à voir toutes les
« têtes en l'air et les yeux fixés sur plusieurs
« maisons, particulièrement sur celle qui forme
« l'angle de la rue du Temple, et qui, en effet,
« *était criblée*. A ses pieds se trouvaient encore
« les débris de l'omnibus qui avait servi de base
« à la barricade, *cause de tous ces dégâts*.

« L'omnibus fut démoli *à coups de canon*,
« tout rempli de pavés qu'il fût, et servit à
« alimenter le bivac pendant la nuit.

« Une compagnie de grenadiers du 43e de
« ligne occupait les maisons des quatre angles
« des rues du Temple et Rambuteau. *A chaque*
« *croisée se trouvait un grenadier assis sur une*
« *chaise, ayant le fusil chargé et prêt à faire*
« *feu au moindre geste hostile* de cette population

« *plus comprimée que satisfaite* de ce qu'elle
« voyait : les figures étaient *mornes*. » (Pages
« 269, 270.).

« J'entrai dans la rue Saint-Denis, où s'étaient
« livrés les combats les plus sanglants. Deux
« *énormes brèches* à deux angles de maisons
« annonçaient que là s'étaient arrêtés *deux obus*
« avant leur explosion, qui, par leur détonation,
« avaient brisé tous les carreaux du voisinage.
« Plus loin, à la maison formant l'angle gauche
« de la rue Saint-Denis et du boulevard Bonne-
« Nouvelle, il ne reste plus un carreau ni aux
« devantures des magasins ni aux croisées.
« C'est le résultat des détonations *des pièces*
« que l'on avait dû mettre en batterie *pour battre*
« *en brèche* les barricades élevées devant la
« porte Saint-Martin. » (Page 274.)

« Me voici sur le boulevard, que je remonte
« dans la direction de la Madeleine ; presque
« toutes les maisons du boulevard Bonne-
« Nouvelle, et particulièrement celles des angles
« des rues Poissonnière et Mazagran, *sont*
« *criblées de balles*, et peu de carreaux ont
« échappé à l'ouragan. Sur le boulevard Pois-
« sonnière, *l'ont voit encore* sur les marches
« du grand dépôt d'Aubusson *une mare de sang*
« que l'on eût bien dû faire disparaître en en-
« levant *les vingt-cinq ou trente cadavres que*
« *l'on y avait rangés et laissés exposés*, pendant

« vingt-quatre heures, aux regards d'un public
« *consterné. Un* coup de fusil, parti de ce vaste
« établissement, sur la tête de la colonne du
« général Canrobert, *a causé ces malheurs.* Des
« maçons sont occupés à réparer *les brèches*
« faites à la façade de ce bel hôtel *par la mi-*
« *traille et les boulets.*

« *Une expression de stupeur se fait remar-*
« *quer sur toutes les figures.* On ne s'aborde
« qu'avec hésitation et pour se demander avec
« inquiétude : Comment cela finira-t il ? *Peu*
« *de figures ne sont pas au moins soucieuses;*
« quelques-unes *peignent la rage et la colère*
« *concentrées*, et s'expriment à mi-voix ou ne
« respirent *que la haine ou la vengeance !...*
« *contre le président, contre les généraux et la*
« *graine d'épinards.* (Pages 273, 274).

« ... Je repris, à la porte Saint-Martin, la
« ligne des boulevards que je suivis cette fois
« jusqu'à la Madeleine. La population habi-
« tuelle de ce séjour de la *flânerie* conservera
« longtemps le souvenir des charges du 1er de
« lanciers, et saura que s'il y a du courage à se
« battre sur une barricade, l'on ne tire pas tou-
« jours impunément *du fond d'un salon bril-*
« *lant* et même masqué par la poitrine d'une
« jolie femme, contre une troupe armée *unique-*
« *ment* de lances et de pistolets. Plus d'un brave
« de cette espèce ont payé cher leurs injures et

« leur fusillade *à la Jarnac ;*... plus d'une ama-
« zone du boulevard *a payé cher également* son
« imprudente complicité à ce nouveau genre de
« barricade... Puissent-elles en profiter pour
« l'avenir!... » (Page 278.)

A défaut du reste, ces derniers traits si calomnieux contre la bourgeoisie, cette satisfaction hideuse à rappeler la mort des femmes « qui ont « payé cher leur complicité, » révèleraient un capitaine bonapartiste. Ce récit est donc bien, on le voit assez, celui d'un ami de la *révolution militaire.* Quelle impression en résultera-t-il pour tout le monde? C'est que l'armée française a fait la guerre à Paris ; c'est que partout l'armée française a tiré le canon au milieu de la capitale du monde civilisé, et fait brèche à mille maisons pour soutenir une violation flagrante des lois ; c'est que, *pendant la bataille,* tout le monde était rempli de consternation ; c'est que les hommes paisibles abordaient alors les passants et exprimaient le désir « qu'on fît cesser la boucherie en suppliant le président de renoncer à son coup d'état; » c'est que le *lendemain,* l'armée, comme en une ville ennemie prise d'assaut, se tenait à tous les coins des rues, le pistolet au point, les canons en batterie; c'est enfin que partout, dans les quartiers du peuple comme dans ceux de la bourgeoisie la plus riche, au Carré Saint-Martin comme devant Tortoni, la physionomie de « la population, plus comprimée « que satisfaite, exprimait une colère concen- « trée. »

Ainsi, de l'aveu même d'un décembriseur, l'armée française a la gloire d'avoir vaincu Paris dans ce qu'il y a eu de résistance; mais la grande ville, surprise, trahie, abîmée sous la mitraille, « respire la haine et la vengeance « contre le président et les généraux »

Jamais rébellion du pouvoir ne réussit par des moyens plus sanguinaires. Ce que Charles X et Louis-Philippe n'osèrent ou ne voulurent pas faire pour défendre leur trône, M. Bonaparte l'a fait pour voler le sien : il a tiré le canon dans nos rues; des maisons du quartier le plus opulent, dans lesquelles rien n'était plus facile que de pénétrer, qui ne se défendaient pas, ont croulé sous les boulets de ses artilleurs. Le Bourbon de Naples en fit autant à Messine. L'Italie indignée le stigmatisa du nom de roi Bomba. M. Bonaparte aura le nom de président Obus.

FIN DU TOME PREMIER.

TABLE ANALYTIQUE

DU TOME PREMIER.

Préface, 5.
Introduction, 11.

CHAPITRE PREMIER.

ARRESTATIONS PRÉVENTIVES.

§ 1er. — L'opinion publique endormie sur le guet-apens, 31. — C'est une conspiration militaire, 33. — Si nous faisions des généraux ! Mission en Algérie pour corrompre les généraux envieux, 33. — Choix particulier des troupes composant l'armée de Paris. Excitation à la haine de l'armée contre la population. Instructions de combat lues aux officiers de chaque régiment, 36-38. — Moyens préparatoires employés pour faire les arrestations, 39. — Complicité des commissaires de police, 39-41.

§ II. — Arrestation de M. Greppo, 42. — Calomnies contre les victimes, 44. — Le général Lamoricière menacé du bâillon, 47. — Arrestation du général Bedeau, 48. — Les agents de police armés pour assassiner ceux qui résisteraient, 53. — Arrestation de M. Charras, 54 ; de M. Valentin, 59. — Les sergents de ville et les *policemen*, 61. — Arrestation de M. Nadaud, 63. — M. Nadaud et M. Thiers au greffe, 66. — Le colonel Espinasse s'empare du palais législatif par trahison, 67. — Le 42e de ligne à Paris et à Boulogne, 70. — Arrestation de M. Baze, 71 ; du général Leflô, 72. — Noms des soixante et douze citoyens arrêtés en même temps que les représentants, 76.

§ III. Les chefs et les généraux du parti de l'ordre enfermés dans des cellules de voleurs, 77. — Leur transfèrement à Ham dans les voitures cellulaires des galériens, 78. — Leur mise au secret pendant quatorze jours, 82. — La moindre correspondance, même avec la famille, interdite par les amis de la famille. Petites tortures, 83. — Madame Leflô, 84. — Le service fait par des condamnés, 86. — La liberté offerte en échange du déshonneur, 87. — Les prisonniers de Ham expulsés de France par M. Léopold Lehon, 88. — Violation de territoires étrangers. Note du colonel Charras au gouvernement belge, 89. — M. Baze et sa famille faisant partie de la suite d'un agent de police, 94. — Les transporteurs transportés, 96. — Les représentants gardés à Mazas au secret pendant quatorze jours, 96.

§ IV. — Deux cent cinquante membres de l'Assemblée arrêtés en masse et jetés au milieu des chevaux dans une cour de caserne, 97. — Le sou de poche, 99. — L'anniversaire d'Austerlitz et M. Montebello en voiture de galériens, 100. — Transfèrement des deux cent cinquante représentants au Mont-Valérien, à Mazas et à Vincennes. Grossièreté des insurgés, 101. — Les légitimistes et les orléanistes mis en liberté, 102. — Nouvelle marque de la loyauté des conspirateurs, 103. — Le maréchal Vaillant et le général Oudinot, 103. Le régime des criminels appliqué aux représentants à Mazas, 104. — On libère les criminels pour faire place aux hommes politiques en prison, 104. — Concentration à Sainte-Pélagie des derniers représentants détenus, 105. — Ils y sont servis par des condamnés qui les espionnent, 106. — Comme l'arbitraire est facile en France, 107. — Pourquoi notre histoire n'est qu'une longue révolution depuis soixante ans, 108.

CHAPITRE II.

PREMIERS ACTES DE L'INSURRECTION.

Toutes les imprimeries fermées et occupées militairement, 111. — La garde nationale trahie et paralysée par ordre direct de l'ex-Président, 112. — Les sauveurs de la société ont peur de la garde nationale, 114. — Les insurgés ont agi la nuit comme les voleurs, 114. — Les placards de la révolte imprimés à l'imprimerie nationale, 115. — Consigne de fusiller les ouvriers qui tenteraient de sortir de l'établissement, 115. — Texte des trois placards, 118. — Le peuple n'en comprit pas la perfidie, 125. — L'impopularité de l'Assemblée cause du succès de la conjuration, 126. — Élargissement de M. Hubert qui avait dissous la Constituante, 127. — Moralité des ministres du 2 décembre, 128. — Refus de serment, 128.

CHAPITRE III.

RÉSISTANCE DE L'ASSEMBLÉE.

La majorité. — Séance du 10e arrondissement.

§ 1er. — Les premiers membres de l'Assemblée qui se présentent au palais législatif repoussés à coups de baïonnette, 131. — Quelques-uns parviennent dans la salle des séances où ils prononcent la déchéance du Président, 133. — Des soldats les arrachent violemment de leurs siéges, 135. — Lâcheté du président de l'Assemblée, 137. — Brutalité du colonel Gardereins envers des représentants qu'il arrête, 138. —

Réunion de quelques membres chez M. Crémieux, 139.

§ II. — Réunion des trois cents membres à la mairie du 10ᵉ arrondissement, 139. - Compte-rendu sténographié de la séance, 140. — Décret qui requiert la 10ᵉ légion pour défendre l'Assemblée, 144. — Décret qui ordonne à tous les directeurs de maisons d'arrêt de délivrer les représentants arrêtés, 148. — Décret qui déclare M. Bonaparte déchu de la présidence, 165. — Arrestation en masse de la réunion au 10ᵉ arrondissement, 171. — Elle aurait dû se défendre à force ouverte, 175. — La majorité avait le sentiment du mal qu'elle avait fait, 176. — Elle choisit pour protéger la souveraineté du peuple le général de l'expédition de Rome, 177. — Demi-heure d'attente fatale à l'honneur, 178. — Les moyens révolutionnaires pouvaient seuls sauver la situation. Impuissance des parlementaires, 179. — Les officiers ont sciemment violé la Constitution, 179. — Le général Forey plus coupable qu'aucun autre, 180. — La population voit passer les représentants sans les délivrer, 182. — Des représentants viennent eux-mêmes se constituer prisonniers, 182.

La minorité. — Barricade du faubourg Saint-Antoine.

§ Iᵉʳ. — Les membres de la Montagne ne se rendent pas au palais de l'Assemblée. Ils ne veulent pas non plus se joindre à la majorité au 10ᵉ arrondissement, 183. — Première réunion. On propose de descendre immédiatement dans la rue. Crainte perpétuelle d'engager la majorité du parti par un acte de la minorité, 184. — Texte d'un appel aux armes adressé au peuple, 186. — Deuxième réunion obligée de se disperser à l'approche d'un corps de sergents de ville. La police toujours instruite de nos démarches, 188. — Troisième réunion. On nomme un comité de résistance, 189. — Quatrième réunion, où l'on décide de se transporter le lendemain au milieu des ouvriers et de les appeler au combat, 190.

§ II. — Nécessité d'une résistance armée, 190. — Le peuple se plaint avec amertume d'avoir été désarmé après Juin 1848, 191. — Action puissante des hommes non-officiels. Leurs démarches pendant la nuit, 192. — Les représentants de la majorité, que l'on conduit à Vincennes, engagent les ouvriers à ne pas les délivrer, 194. — Réunion le 3 décembre, salle Roysin, 194. — Résolution de provoquer au combat, 195. — Conte ridicule des insurgés à ce sujet, 196. — Les Montagnards se répandent dans le faubourg Saint-Antoine, appelant aux armes, 196. — Barricade au coin de la rue Sainte-Marguerite. Prise de deux postes pour avoir des fusils, 196. — Personne ne comptait là sur la victoire par les armes, 198. — Les rouges essayent de ramener la troupe au devoir, 200. — Les soldats ne tirent pas sur eux, 201. — Trait d'intrépidité du représentant Bruckner, 202. — Prise de la barricade impossible à défendre. Mort du Montagnard Baudin et d'un homme du peuple, 203. — Mot sublime de Baudin, 204. — Le drapeau de la résistance planté, 205. — Le jeune soldat tué, 205. — Vains efforts des représentants qui cherchent encore à soulever le peuple, 206. — Démenti à M. Mauduit, 208. — Appel aux armes du représentant Madier-Montjau à Belleville, 209. — Les membres de la Montagne partout, 210.

§ III. — Le comité de résistance fait son devoir, 211. — Arrêt de la haute cour de justice qui met le Président en accusation, 213. — Des soldats chassent les magistrats délibérant, 213. — Texte de quatre décrets rendus par le comité de résistance, 215. — Les *rouges* repoussent la dictature, 221. — Proclamation à l'armée, 222. — Si tout le monde avait fait son devoir, 225.

§ IV. — Les représentants républicains n'ont pas failli à leur mandat, 226. — Pas un d'eux ne s'est rendu au vainqueur, 227. — Le *Moniteur* publie une fausse lettre d'adhésion d'un Montagnard, 228. — Puissent les honnêtes gens être aussi intègres que les partageux ! 230. — Conduite de la Montagne à l'Assemblée législative, 231.

§ V. — Cynisme des poursuites contre les représentants démocrates, 236. — Arrestation du citoyen Viguier par le procureur général Corbin, 237. — Les vainqueurs pénètrent avec effraction chez madame Carnot, 239. — Leur grossièreté. Ils ne craignent pas les monarchistes, 239 — Listes des *éloignés* et des *expulsés*, 241. — Déloyauté des conspirateurs, 242. — Cinq Montagnards destinés à la transportation, 243.—Les bannis ne cèdent qu'à la force brutale, 244.—L'Assemblée n'est dissoute que de fait, 244. — Tout ce que font les factieux maîtres du gouvernement est nul, 244.

CHAPITRE IV.

LA RÉSISTANCE A PARIS.

§ Ier. — Il fallait épouvanter pour réussir, 245. — Premières escarmouches, 246.—Appel du comité central des corporations, 247. — Attitude hostile de la bourgeoisie, 250. — On engage tout d'abord la troupe en la faisant tirer sur des groupes inoffensifs, 251.

§ II. — Première décharge sur les maisons, boulevard des Italiens, 254. — Les fusils chargés à l'Elysée, 257.—Les soldats ajustent des femmes aux fenêtres, 258. — Citoyens tués chez eux, 259. — Marchands tués dans leurs boutiques. Un pharmacien assassiné parce qu'il secourait une femme blessée, 260.— Envahissement de la maison du Grand-Balcon, 261. — Envahissement de l'hôtel Brandus, 262. — On en arrête tous les habitants, 264.—Collisions provoquées entre la population et l'armée. Les amis de l'ordre ne sont pas épargnés, 266.—Fusillades et canonnades des boulevards. Lettre du capitaine Jesse, 267. — Massacre des habitants de la maison Sallandrouze, 269. — Aveux de *la Patrie*. Déposition d'un étranger blessé. Bénédiction de M. Célestin, archevêque de Bourges, pour les mitrailleurs, 270.—Indignation universelle, 280.—Echafaud et fusillades, 281.— Aspect du théâtre du carnage, 282.—Les cadavres laissés sur le terrain pour achever de terroriser Paris, 282.—Défilé des troupes des conquérants, 283.

§ III. — Distributions de viandes recherchées et d'eau-de-vie aux soldats, 284.—Ils tirent à l'aventure, 285. — Vingt mille cartouches brûlées quai Pelletier, 286. — Orgie, 287. — Sentinelles tirant sur une femme, 288. — Citoyens inoffensifs fusillés à bout portant, 288. — Toute une famille massacrée chez elle, 289. —Scène de carnage chez le libraire Lefilleul, 290. — Blessés que l'on achève, 291. — Vol sur un mort, 291. — Aveu que la troupe a été trop loin, 292. — Les chefs surtout sont coupables. Propos et actes de quelques officiers, 293. — Le colonel Rochefort assassine trente personnes inoffensives, 295. — Sa ruse de guerre pour tuer les passants, 297. — Ses cruautés plus hideuses que celles de Bédarieux, 300. — Le colonel Feray commandant à deux soldats de brûler la cervelle à un prisonnier, 302. — Un enfant enfermé la nuit avec trois cadavres, 303. — Les orléanistes félicitent le *prince* Napoléon, 305. — Soldats qui ont refusé de tirer ; ce n'est pas l'armée mais ses chefs qu'il faut accuser. La pitié sévèrement punie, 306.

§ IV. — Justification des décembriseurs, 310. — Soixante cadavres d'hommes et d'enfants déposés Cité Bergère, 311. — Liste d'hommes tués sur le boulevard, 312. — La plupart étaient des bourgeois. Liste de femmes tuées. Audacieux mensonge du *Moniteur* sur le nombre des morts, 315. — Inexactitude de la liste générale officielle des morts. Documents officiels démentis les uns par les autres. Le chiffre des morts est de 1,200, 318. — Prisonniers fusillés, 323. — Ordres officiels de ne pas faire de prisonniers, 326. — Massacres dans les prisons, 326. — Le blessé de la barricade Montorgueil. Un Blessé jeté tout vivant à la Seine, 331. — Un homme transporté après avoir été fusillé, 332. — Trois prisonniers fusillés et précipités dans la rivière, 336. — Un type de modéré, 336. — Atrocités récompensées par les sauveurs de la civilisation, 337.

§ V. — La terreur règne en France, 339. — Pourquoi nous taisons les noms de ceux qui nous renseignent, 342. — Aveux de nombreux assassinats par les journaux et les généraux du crime, 343. — Les hommes que l'on a fusillés étaient les défenseurs du pouvoir constitué, 346. — Parallèle entre les sauvages de Patnam et la horde bonapartiste, 346. — Témoignage d'un chasseur d'Afrique sur les fusillades, 348. — Une femme fusillée, 350. — M. Herbillot, le général fouetteur, 350.

§ VI. — Le canon à Crest (Drôme), 351. — La troupe fait la guerre des barricades et des fenêtres, 353. — Prisonniers et parlementaires fusillés dans les départements, 354. — Assassinat de deux républicains près Cavaillon. Autre assassinat près Valence, 355. — Langage de certains modérés, 361.

§ VII. — Ordre du jour sanguinaire du général Saint-Arnaud, 363.— L'ex-Président confesse qu'il est sorti de la légalité, 364. — Et les défenseurs de la Constitution sont déclarés des ennemis de l'ordre, 366. — Dépêche atroce aux commandants des divisions militaires, 367.—M. Maupas prononce la peine de mort pour crime de stationnement, 368.

§ VIII. — Plan des constitutionnels. Position, défense et prise des différentes barricades, 369. — Quelques vaillants contre toute une armée, 372. — Comment les brigands pratiquaient le pillage, 372. — Beau trépas de Denis Dussoubs, 373. — Trait héroïque d'une portière, 376. — Dernières barricades, 378.

§ IX. — La consternation de Paris. Les dévastations des conquérants avouées par eux-mêmes, 378. — L'armée française a fait la guerre à Paris, 381.—Le président Obus, 387.

www.ingramcontent.com/pod-product-compliance
Lightning Source LLC
Chambersburg PA
CBHW052036230426
43671CB00011B/1680